GASTRO BANDA

Jakub Milszewski
Kamil Sadkowski

GASTRO BANDA

WSZYSTKO, CO POWINIENEŚ WIEDZIEĆ, ZANIM WYJDZIESZ COŚ ZJEŚĆ

Sopot – Warszawa 2016

Edytor: Anna Świtajska
Redakcja i korekta: Anna Mackiewicz, Paweł Goźliński
Projekt graficzny i skład książki: Agnieszka Karmolińska
Projekt okładki: Agnieszka Karmolińska
Zdjęcia na stronach: 8, 15–18, 33–36, 41, 44, 112, 148, 152–153, 206, 236, 245–248, 297–298, 302–303: © Joanna Ogórek Photography
Zdjęcia autorów: © Tomasz Sagan
Zdjęcia na stronach: 2, 6–7, 16–17, 60–61, 70–71, 84–85, 110–111, 132–133,146–147, 201–205, 234–235 oraz na okładce: © istockphoto.com

ISBN 978-83-64846-63-2 (okładka ze skrzydełkami)
ISBN 978-83-64846-64-9 (oprawa broszurowa)

Druk: Drukarnia Abedik

Smak Słowa
ul. Sobieskiego 26/4
81-781 Sopot
www.smakslowa.pl

Agora SA
ul. Czerska 8/10
00-732 Warszawa
www.wydawnictwoagora.pl

Spis treści

Wstęp

Od czego zacząć wstęp do książki takiej jak ta? Od „dzień dobry"? Albo od „cześć", żeby nie było tak oficjalnie? A może „porzućcie wszelką nadzieję, wy, którzy tu wchodzicie"?

To ostatnie wydaje mi się najodpowiedniejsze. Za chwilę bowiem, za pośrednictwem tej osobliwej książki, zostaniesz wprowadzony, drogi czytelniku, w bardzo dziwny świat. Gastronomia to rzeczywistość wielce niejednorodna. Każdy jej pracownik jest praktycznie niewyczerpanym źródłem historii, anegdot, przygód i przestróg. Zebraliśmy ich trochę, by przekazać je tobie. Po co? Żeby zdemitologizować gastronomię i żebyś nie wpadł w pułapki zastawione przez kucharzy i kelnerów. Wiemy, że kochasz dobre jedzenie, ale to nie znaczy, że powinieneś naiwnie łykać każdą gastrobajkę i każde dziwo na talerzu!

Zanim jednak o tym, jeszcze parę słów o nas. Książkę niniejszą wymyśliliśmy i popełniliśmy we dwóch: ja, Jakub Milszewski, i on, Kamil Sadkowski. Nasza znajomość i współpraca zaczęła się od cyklu „Mucha w zupie", który prowadzimy razem na łamach miesięcznika „Live&Travel". W ramach tego cyklu co miesiąc odwiedzamy kogoś z branży gastronomicznej i zadajemy mu ten sam zestaw pytań. „Mucha" powstała, żeby pokazać czytelnikom „Live&Travel", że restauracyjne i hotelowe gotowanie wygląda zupełnie inaczej, niż im się wydaje. Skąd bowiem przeciętny Kowalski miałby wiedzieć, co się dzieje w restauracji za ścianą, która oddziela jego stolik od kuchni? Z telewizyjnych programów kulinarnych, które pokazują nowiutkie, czyściutkie i wymuskane wnętrza, pełne lśniących naczyń i garnków, w których nudne do porzygu osoby nieśpiesznie przygotowują swoje dania? A może z prezentowanych w telewizji agresywnych show kulinarnych, w których liczy się to, kto ugotuje szybciej i lepiej, ale tak naprawdę wszyscy oglądają je tylko po to, żeby móc się pośmiać, kiedy ekipa prowadzących przejedzie się po którymś z uczestników jak po burej suce? A może z prasy, w której fotoszopowe ręce komponują potrawy przypominające dzieła sztuki?

Bzdura. To wszystko jest fajne, może interesujące, może nawet praktyczne, ale z prawdziwym przemysłem gastronomicznym nie ma absolutnie nic wspólnego. Jeśli jesteś osobą z zewnątrz, spoza restauracyjnych i hotelowych kuchni, to śmiem twierdzić, że nie masz pojęcia o tym, jak gastrobranża (tak, wymyśliłem ten neologizm) funkcjonuje. Skutki tego są katastrofalne: w każdym sezonie tysiące knajp w całej Polsce upada, ponieważ ich klienci po jednej łyżce odgrzanego w mikrofali strogonowa wiedzą, że już nigdy tu nie wrócą, a właściciele i szefowie kuchni zupełnie nie wiedzą, jak powinno się prowadzić przyzwoitą restaurację. W ich miejsce powstaje tyle samo nowych, równie często tworzonych przez kolejnych naiwnych, którym się wydaje, że pozjadali wszystkie rozumy.

Dla jasności: my też nie wiemy wszystkiego. Całe życie się uczymy, ale przede wszystkim potrafimy słuchać i nie zgrywać ludzi z patentem na mądrość. Ja osobiście nie wiem prawie nic, jestem tu odpowiedzialny za stawianie literek, bo tym też się przez całe życie zajmuję zawodowo. Na co dzień robię to jednak na potrzeby magazynów zrzeszonych pod wspólnym szyldem platformy Anywhere.pl, dla których piszę o fajnych rzeczach i rozmawiam z fajnymi ludźmi. Dla kilku wydawnictw muzycznych stawiam nieco inne literki i rozmawiam z nieco innymi ludźmi, którzy zresztą też są fajni. Jest mi z tym wszystkim, muszę przyznać, całkiem nieźle. Kamil Sadkowski, współautor tejże książki, to co innego. Przeszedł przez niemal wszystkie szczeble gastronomii: zaczynał jako kelner, był barmanem, kucharzem, organizatorem kuchni, pracował w firmie dostarczającej produkty dla gastronomii, uczestniczył w kulinarnych podróżach podczas tworzenia najbardziej rozpoznawalnego programu kulinarnego, a teraz realizuje się jako współtwórca Akademii Kulinarnej Fumenti. To on i jemu podobni ludzie z branży są źródłem wiedzy, z której trzeba korzystać, zwłaszcza jeśli chce się wejść w ten biznes.

Ale *Gastrobanda* to nie jest książka wyłącznie dla adeptów sztuki kulinarnej i restauracyjnych padawanów z ambicjami zdobywania gwiazdek Michelin. To przede wszystkim, książka dla mnie – zwykłego koleżki, którego wiedza kulinarna ogranicza się do świadomości, w którym momencie do jajecznicy potrzebne są jajka. I, który z tego właśnie powodu często stołuje się na mieście – w fast foodach, barach mlecznych, bistrach, sieciówkach, mniejszych i większych restauracjach, a jak go fantazja i portfel poniosą, to i do wykwintnych lokali się przejdzie zasmakować luksusu w postaci fine dining. I kiedy tak sobie chadzam po tych wszystkich miejscach, to niejednokrotnie zachodzę w głowę: jak to możliwe, że usmażyli tego kurczaka tak szybko? Co to jest puder z chleba? Czy kucharze zawsze noszą te śmieszne czapki? Czy szef kuchni to to samo co właściciel? Czy prowadzenie restauracji jest opłacalne? Dlaczego ten kawałek mięsa, ta nieprzypominająca ryby ryba, ten kopiec z warzyw kosztuje aż tyle? Za co właściwie płacę? I co tak naprawdę jem? Podejrzewam, że jeśli tak jak ja jesteś odbiorcą produktów przemysłu gastronomicznego, to podobne pytania często kłębiłą się w Twojej głowie. Mam nadzieję, że większość odpowiedzi znajdziesz na kolejnych stronach tej książki.

Musisz jednak wiedzieć jedno – wszystkie sytuacje i schematy, które opisujemy w *Gastrobandzie*, to zaledwie przykłady, pewne charakterystyczne modele i ramy, w jakich ta branża funkcjonuje. Jeśli zatem piszemy, że kelnerzy marzą, żeby cię wydoić do zera, to nie znaczy, że wszyscy kelnerzy to potencjalni złodzieje. Jeśli piszemy, że szefowie kuchni ćpają (a faktycznie tak piszemy), nie oznacza to, że sto procent ludzi pełniących tę funkcję regularnie wali w żyłę albo do nosa. Oznacza to jednak, że wielu z nich tak robi i jeśli poznasz kilkudziesięciu szefów kuchni, to raczej nie powinieneś zakładać, że żaden z nich nigdy nie miał rozszerzonych źrenic. Jeśli piszemy, że kuchnia musi być poukładana tak i tak, to nie znaczy, że nikt nie zmodyfikował tego modelu, by go lepiej dostosować do własnych potrzeb. Nie zrozum mnie źle – w *Gastrobandzie* nie ściemniamy, ale nie powinieneś przekładać wszystkiego jeden do jednego na znajomych pracujących w branży. Zachowaj dystans.

Dystans przyda ci się także ze względów językowych. To nie jest książka dla, powiedzmy językowych wegan. Tu się rzuca mięsem. Pozwól, że zademonstruję: chuj i kurwa. Jeśli te dwa słowa przyprawiły Cię o zawał albo wzbudziły w tobie gwałtowną potrzebę leżenia krzyżem, to lepiej nie czytaj dalej.

Dlaczego posługujemy się takim językiem? Z dwóch powodów. Po pierwsze – w znakomitej większości wypadków jest to język używany w restauracyjnych kuchniach. Gordon Ramsay nie kłamie. Ponadto jest to język używany w redakcjach gazet. Stacjach telewizyjnych. Stacjach radiowych. Siedzibach portali. Korporacjach farmaceutycznych. Tramwajach. Ośrodkach naukowych. Rozumiesz, co chcę powiedzieć? Wszyscy klną jak szewcy, nie tylko szewcy. I to jest właśnie drugi powód: wulgaryzmy są integralną częścią naszego języka. Jeśli wiesz, jak ich używać, nie traktujesz ich jako znaku przestankowego, to nie powinny Cię też odstraszać w druku. Jeśli odżegnujesz się od nich, to sorry, ale nie operujesz językiem w sposób należyty, bo nie wykorzystujesz w pełni jego możliwości.

Są jeszcze dwie kwestie językowe, które wymagają wyjaśnienia, zanim pozwolę Ci przewrócić stronę. Po pierwsze, jest pewien dysonans między tym, co widzisz na okładce, a tym, co przeczytasz w środku. Na okładce znalazły się bowiem dwa nazwiska: Kamil Sadkowski i Jakub Milszewski. To dobrze, bo autorów jest dwóch. Ale w książce zlaliśmy się w jedną osobę i zdecydowaliśmy, że będziemy prowadzić narrację w liczbie pojedynczej. Niektórych z opisanych sytuacji doświadczył Kamil, niektórych doświadczyłem ja, a jeszcze inne zasłyszeliśmy lub przydarzyły się naszym znajomym, ale podpisujemy się pod nimi obaj. Tak jest po prostu łatwiej i wygodniej nie tylko dla nas, ale i dla ciebie. Nasze odrębne doświadczenia opowiadamy zatem jako jedna osoba: ktoś w rodzaju Kamilokuba Sadkomilszewskiego.

Po drugie, lubimy kuchenny slang. Dlatego też w książce określenia „w kuchni" i „na kuchni" stosujemy wymiennie jako wyrażenia synonimiczne. I choć w polszczyźnie zwrot „na kuchni" oznacza „na palniku kuchennym", to tutaj zazwyczaj odnosi się do pomieszczenia. Czyli w kuchni. Ale nie jesteś przecież głupi, wyłapiesz z kontekstu. Aha, gdybyś napotkał jakieś fachowe słowo, którego znaczenie nie wynika jasno z kontekstu, ani nie jest wytłumaczone w treści książki, to poszukaj go na końcu – zamieściliśmy tam słowniczek z kilkoma przydatnymi pojęciami.

W końcu przyszedł czas na podziękowania. Należą się Ani i Szymonowi Świtajskim za to, że w jakiś przedziwny sposób uznali, że taką książkę warto by wydać. Wyrazy wdzięczności składamy także na ręce znakomitych reprezentantów branży: Adama Woźniaka, Grzegorza Labudy, Piotra Zastróżnego i Grzegorza Wejera, którzy służyli nam fachową radą.

Ja, czyli Jakub, ze swojej strony dziękuję również Ani za to, że powiedziała, że remont może poczekać do czasu, aż skończę się pierdzielić z tą książką.

Kamil zaś przesyła podziękowania Patrycji i Stefanowi, którzy godnie znoszą braki godzinowe w domu, oraz wszystkim bliskim ze świata rodzinnego i dobrym ludziom w branży, których tu nie brakuje.

Jakub Milszewski
Kamil Sadkowski

1. Sztos, czyli ewolucja branży

Choć z dzisiejszej perspektywy może się to wydawać dziwne i głupie, ale jakiś czas temu gastronomia była branżą zamkniętą. Jeśli chciałeś pracować jako kelner, to nie wystarczyło odpowiedzieć na ogłoszenie (chociaż mi się tak zdarzyło) czy zanieść CV do baru. Musiałeś mieć plecy, innymi słowy, ktoś musiał cię polecić. Dlaczego tak? Ano dlatego, że gastronomia była całkiem fajnym torcikiem do podziału, a jak się dzielić, to tylko ze swoimi. Ktoś więc musiał cię wprowadzić.

Pierwsza praca

Wiem, że to brzmi trochę cudacznie, kiedy piszę, że w gastro można było się obłowić, ale faktycznie tak to wyglądało.

Jeszcze kilkanaście lat temu to kelner dyktował warunki uczestnictwa w życiu rozrywkowym. Było mało restauracji, a ludzie mieli mnóstwo waluty, więc wydawali w lokalach naprawdę dużo pieniędzy. Pamiętam historię o pewnym kelnerze, który pracował w klubie nocnym w dużym hotelu. Wprowadził system polegający na tym, że do knajpy wpuszczani byli ci klienci, którzy położyli na szybie banknot o najwyższym nominale. Kelner był wtedy panem restauracji, a kucharz totalnym debilem – teraz wszystko się zbilansowało. Mnie jednak życia w gastronomii uczył kelner właśnie, Chudy Guru. Kiedy go spotkałem – dystyngowanego kolesia z dawnego, jeszcze społemowskiego sortu, zawsze w krochmalonej koszuli i wyświeconej kamizelce – byłem zupełnym żółtodziobem bez pleców. A plecy są ważne, jeśli chcesz wejść do branży, w której mając łeb na karku, mogłeś zarabiać naprawdę niezłe pieniądze, ale pod warunkiem, że wuj, stryj lub dziadek załatwili ci robotę tam, gdzie płynęła zieleń. Nie było łatwo, bo kiedy szukałem pracy na początku lat 90., lokali gastronomicznych było o wiele mniej niż dziś. A ilu kucharzy czy kelnerów może zatrudniać jedna knajpa? Siłą rzeczy musiałeś funkcjonować w jakimś układzie, jeśli chciałeś dostać się do środka. Ale ja o dziwo znalazłem pierwszą pracę dzięki ogłoszeniu w prasie. Najwyraźniej posada była na tyle mało interesująca dla ludzi z branży, że można ją było zaoferować światu. Rozpoczynałem więc swoją przygodę z gastro na posadzie, której nikt nie chciał, w miejscu, którego nikt nie cenił. Tak zaczynałem ja, tak zaczynało wielu innych. I pewnie nic by ze mnie nie było, gdyby nie Chudy Guru.

Przekręty

Pewnego dnia Chudy Guru pokazał mi sztuczkę. W tamtych czasach restauracje funkcjonowały dzięki bonom, nie dzięki rachunkom. Kelner, przyjmując zamówienie od klienta, wypisywał bon, który następnie dostarczał do kuchni lub do baru. Później na jego podstawie wystawiał rachunek. Żeby klient miał pewność, że płaci za to, co zamówił, bon wypisywało się przez kalkę i do klienta wędrowała jego kopia wraz z rachunkiem. Rachunek też był w dwóch egzemplarzach. Chudy Guru w kieszeni koszuli nosił po dwa długopisy – jeden piszący, drugi niepiszący. Do wystawienia rachunku używał niepiszącego długopisu. Notował nim to, co zostało przez klienta zamówione i co kuchnia i bar mu wydały. Niepiszący długopis przebijał przez kalkę i zostawiał odpowiedni ślad na egzemplarzu, który restauracja zatrzymywała do rozliczeń. A w ręku zachowywał się czysty blankiet rachunku, który wystawiał klientowi. I mógł szaleć. Dopisywał koszt serwisu, czego nie wolno było robić, ba, dopisywał koszt roweru dla córki. Do restauracyjnej kasy oddawał sumę, która była na jej rachunku, a resztę zabierał dla siebie.

Kiedy już poznałem ten myk mogłem oszukiwać klientów tak, że byli tym faktem szczerze ucieszeni, i sam zaczynałem powolutku pełnić funkcję króla imprezy. Ale uspokajam – teraz, w czasach kas fiskalnych i studentów z tacą, takie rzeczy raczej się nie zdarzają.

Oczywiście i wtedy wszystko wiązało się z ryzykiem. Ktoś mógł sprawdzić, poprosić kierownika sali. Ale jeśli moja pensja miesięczna wynosiła wtedy marnych kilka stówek, a jednego dnia potrafiłem wyciągnąć 5–6 stów dodatkowo, to nie ma o czym rozmawiać – gra była warta świeczki. Miałem szczęście, że nikt mnie nigdy na tym nie przyłapał, choć oczywiście różne jazdy się zdarzały. Jakiś Rosjanin na przykład przyczepił się, że jego pstrąg nie waży tyle, ile jest napisane na rachunku (bo był na wagę), a on jest rybakiem i się na tym zna. W takich wypadkach wciskaliśmy na przykład kit, że ważymy razem z glazurą, która się potem roztapia. Pamiętasz *Sztos* i scenę, w której Nowicki i Pazura zamawiają golonkę? To podstawa.

Ilu kelnerów, tyle sposobów wyciągnięcia kasy od klienta. Chociaż nie – pomnóżcie liczbę kelnerów razy trzy, bo przecież byliśmy kreatywni. Zarabialiśmy na przykład na wymianie waluty, bo załapałem się na pracę kelnera jeszcze wtedy, gdy przeważali klienci walutowi – z dolarami albo markami. Dyktowałeś gościowi swój kurs, on mówił, że mu nie pasuje. Jak nie pasuje, to niech spierdala – pracuję w polskiej restauracji i chcę mieć zapłacone w złotówkach. Dziewięćdziesiąt procent przypadków kończyło się tym, że klient pasował i wymieniał szmal po kursie narzuconym przez kelnera, więc trzeba było być przygotowanym i zawsze mieć parę złotych na wymianę. Zdarzało nam się także zamieniać potrawy. W karcie coś się nazywało na przykład „Polski miks", a była to sałatka z ogórkiem i pomidorem, i taki bon dawało się na kuchnię, a w rachunku pisało się „Sałatka z ogórkiem i sałatka z pomidorem" – dwie odrębne pozycje, a różnica w złotówkach lądowała w naszych kieszeniach.

Eldorado się jednak skończyło wraz z ucywilizowaniem przepisów podatkowych. Chcąc nie chcąc, kelner musiał przestać kantować i zdać się na głodową pensję oferowaną mu przez pracodawcę. Może dlatego teraz kelnerzy często wyglądają, jakby ich wyciągnięto prosto z kosza z psim gównem. Nie bardzo mają jak, biedaczyska, rąbać klientów na kasie. Oczywiście wszystko jest do obejścia – możesz po prostu nie nabijać zamówienia na kasę, bo przecież kto przy zdrowych zmysłach upomni się o paragon? Na cholerę mu ten świstek? Wierzcie mi więc – najważniejszy jest czynnik ludzki. Nam za starych czasów opcja „krętacz" włączała się za każdym razem przy odbiorze wypłaty. Najzwyczajniej w świecie zmuszała nas do tego sytuacja finansowa. Dziś nawet najbardziej chujowy napęd do tacy jest w stanie pozwolić sobie na więcej za jedną pensję niż my wtedy (choć wciąż wygląda jak wyciągnięty z kosza z psim gównem). To nie okazja czyni złodzieja, ale konieczność. Kantowanie klienta teraz się też zwyczajnie nie opłaca. Nie da się nikogo wydymać przy stoliku w taki sposób, żeby się nie kapnął, a jednocześnie żeby ryzyko opłaciło się dymającemu i knajpie – chyba że prowadzisz sieć szemranych klubów nocnych i ściągasz zagapionemu na cycki frajerowi sto tysięcy z karty za mojito. Duża kasa, duże ryzyko, a nabrudzić sobie można.

Ale wiecie, czego nie potrafią robić młodzi kelnerzy? Wydawać pieniędzy. Załóżmy, że mają wydać klientowi 80 złotych. Ci debile zawsze wydają w ten sposób: 50, 20, 10. Same banknoty. A powinni mieć w kieszeni dużo drobnych i tych 20 złotych wydać na przykład w piątakach. Wielu gości uniesie się honorem przed swoimi kumplami, znajomymi, dziewczynami, żonami, kochankami i stwierdzi „blaszaków nie biorę". I zostawi je jako napiwek. Przypuszczam, że gdyby młodzi trzymali się tej zasady, mogliby dorobić w ten sposób jakieś 15–20% do miesięcznej wypłaty.

Oczywiście bar daje możliwość robienia przekrętów, bo jeśli jesteś zupełnie przeciętnym klientem i wypiłeś już trochę, to jak masz poznać, czy w butelce faktycznie jest burbon Four Roses, czy burbon z dyskontu? Obecnie wiele butelek ma już zabezpieczenia przed takimi przelewkami, ale oczywiście takie rzeczy się zdarzały. Piętnaście lat temu niejaki Dżordż sprzedawał czterdziestkę najdroższego Hennessy za 70 złotych. Ale czasami w butelce miał mocną herbatę zmieszaną z wódą i jakąś słabą brandy. I taki specyfik opychał co bardziej podchmielonym gościom za gruby hajs. Teraz chyba takie rzeczy zdarzają się rzadziej, ale jak jesteś dziabnięty, to barman może cię oszukać na ilości. Kupujesz setkę, a dostajesz osiemdziesiątkę – ty się nie kapniesz, bo jest ci tak naprawdę wszystko jedno, a on ma superatę, która mu się przyda. Kiedy przychodzi remanent, okazuje się, że w papierach ma sprzedane litr i 200 mililitrów danego alkoholu, a tak naprawdę sprzedał go tylko litr. Tę nadwyżkę może sprzedać, nie nabijając tego na kasę fiskalną. I cały koszt drinka ląduje w jego kieszeni. Traktuje to jako napiwek.

Odwieczny mit – chrzczone piwo. Kega nie da się otworzyć i basta. Nie da się ochrzcić piwa, a już na pewno nie w knajpie, więc jeśli twierdzisz, że dostałeś chrzczone piwo, to jesteś debilem. W sporadycznych przypadkach możesz trafić na butelkę wódki, w której będzie sama woda – zdarzały się sytuacje, że w supermarketach typy spod ciemnej gwiazdy bez odkręcania butelek wyciągały z nich trunek, a w zamian wstrzykiwały wodę za pomocą strzykawek z długimi igłami. Zdarzyło mi się też kiedyś, że kupiłem na lotnisku w Finlandii dwie butelki lokalnego trunku. Zawartość jednej z nich była przepyszna, miętowa i trzepała po bani jak należy, w drugiej była woda. Producent nie potrafił wytłumaczyć tego fenomenu, ale pewnie po prostu jakiś pracownik podłączył nie tę rurę co trzeba i cała partia produktu była trefna.

Relacje kelnerów z kuchnią

W czasach, kiedy nie było jeszcze kas fiskalnych, sala i kuchnia się dogadywały – musiały zawierać sojusze, żeby wspólnymi siłami wpływać korzystnie na swoje miesięczne przychody. Pamiętajmy, że nie było obrotu fiskalnego. Jeśli zatem nie istniała żadna kontrola, można było robić totalne przewały na bonach, na towarze, na czymkolwiek. Deal zawarty między kelnerem a kucharzem był korzystny dla nich obu, bo najczęściej dzielili się zyskiem po połowie. Oczywiście wszyscy w układzie musieli być dyskretni, żeby na przykład wścibscy współpracownicy nie przechwycili bonów. Pomysłów nie brakowało i naprawdę wszyscy byli zadowoleni. Wszyscy oprócz właściciela restauracji, który zazwyczaj ponosił stratę.

Ale znów – pojawiły się kasy fiskalne i pewne możliwości się skończyły. I teraz trwa wojna. Oczywiście niesnaski były zawsze, ale mam wrażenie, że od pewnego czasu się to nasiliło. Kucharze uznają kelnerów za debili, których jedyną umiejętnością jest noszenie tacy. Kelnerzy uważają kucharzy za garkotłuki i twierdzą, że chuja się znają na swojej robocie. Kiedy gość mówi, że mięso jest niedopieczone, to kelner opieprza kucharza. A tamten się odgryza. A jeśli kelner akurat za tym kucharzem nie przepada, to opieprza go razy pięć. A tamten się odgryza razy pięć, i tak w kółko. I to nie odbywa się na zasadzie: „hej, tu jest niedosmażone, wrzuć to jeszcze na patelnię, okej?". Jest raczej: „tłusta kurwo, to jest niedosmażone, dosmaż to albo cię, chuju, sam wyślę na salę, żebyś się tłumaczył". I równie miła odpowiedź w stylu: „spierdalaj, kutasie". Czasami sytuacja była tak zaogniona, że dochodziło nawet do rękoczynów. Kelner tłukł się z kucharzem w kuchni. Szczerze mówiąc, nie wiem, skąd się to bierze, ale jedni z drugimi się nie kochają. Oczywiście wszyscy mają świadomość, że tworzą jeden organizm i pracują do jednego gara. To trochę jak na boisku – kiedy zawodnicy wychodzą na murawę, przybijają piątki, podczas meczu tną się i leją po pyskach, a po meczu idą razem na piwo. W gastro jest podobnie. Podczas pracy trwa wojna, jedni drą się na drugich, rzucają mięsem dosłownie i w przenośni. Po skończonej robocie idą razem na drina i obrabiają dupę właścicielowi albo menedżerowi. Albo jego żonie. Dziwne to trochę. Może wpływają na to finanse? Kucharze nie są głupi i wiedzą, że kelnerzy zarabiają więcej pomimo niższej pensji podstawowej, i uznają to za niesprawiedliwe. Te różnice widać czasami po pracy: kucharz i kelner wychodzą z knajpy, podają sobie ręce, kucharz idzie na tramwaj albo nocny autobus, kelner zamawia taksówkę i jedzie na balet, a następnego dnia opowiada o nocnych przygodach. Wojny biorą się też z obsuwy czasowej i niskiej jakości potraw. Praca w kuchni to praca na czas. Trzeba ogarnąć spływające bony, żeby gość nie musiał długo czekać, żeby było smaczne, żeby dobrze wyglądało. Większość zarzutów kelnerów pod adresem kucharzy bierze się stąd, że coś idzie za wolno, że kucharz się opierdala. Kelner cały czas ma z tyłu głowy hajs. On wie, że musi dobrze obsłużyć klienta, bo ten albo nie wróci, albo zamiast 50 złotych zostawi 10. I na dodatek, jeśli na talerzu coś będzie zjebane, to kelner dostanie opierdziel za coś, na co nie miał wpływu, i to on jest upokorzony, a nie ten, kto tę rybę spierdolił.

Jeśli kelner miał w kuchni zaufaną osobę, to mógł zawrzeć z nią układ i na przykład część towaru wyprowadzić bokiem. To już oczywiście przekręty uderzające we właściciela knajpy. Ci mieli pecha, bo regularnie byli wypierdalani w kosmos przez taką prawie przestępczą wewnętrzną organizację. Tak zwany Bidulek, czyli właściciel jednej z knajp, w której pracowałem, dostawał od nas z utargu jakieś grosze. A jak jeszcze kogoś wkurzył, to nie dostawał nic. I tak barman po całym dniu wychodził z 1000 złotych, a Bidulek dostawał stówkę, bo „kiepski utarg był" – właściciela nie było w knajpie przez cały dzień, więc nie wiedział, jak naprawdę sprawy się miały, nie było też przecież kamer. Nie istniała żadna kontrola – totalny samopas. Pamiętam akcję z jednej z restauracji, w której akurat nie pracowałem. Kuchnia potrzebowała 150 kilogramów mięsa, ale właścicielowi przekazała informację, że potrzebuje 300. Ten zamówił. Oczywiście 150 kilo kucharze opchnęli na wolnym rynku za pół ceny i dorobili dodatkową wypłatę.

Zdarzały się też normalne, jebitne kradzieże. Pracowałem kiedyś w restauracji chętnie odwiedzanej przez grupę Azerów (nie traktujcie tego jako przytyku do jakiejkolwiek nacji – nie moja wina, że to byli akurat Azerowie, a nie Francuzi). Wybierali tylko te lokale, w których był największy ruch. Kiedy wchodzili, od razu czuło się, że coś wisi w powietrzu. Na sali stał wieszak. Wieszali swoje kurtki na inne płaszcze, po czym siadali do stolika, zamawiali herbatę czy jakąś przekąskę i wychodzili. Potrafili być na tyle bezczelni, że podczas zabierania swoich kurtek z wieszaka wyjmowali komuś z kieszeni portfel, a następnie zabierali z niego na przykład jedną z kilku kart kredytowych. Dzięki temu ofiara czasami przez kilka miesięcy nie była świadoma, że została okradziona. Ostatnio się dowiedziałem, że ten proceder trwa nadal, więc uważajcie. Zdarzały się też sytuacje, w których gość omyłkowo zostawiał kartę na barze, a potem tygodniami korzystali z niej różni ludzie, łącznie z pracownikami knajpy. Do legendy przeszła historia o karcie jakiegoś Anglika czy Amerykanina, która przez lata krążyła między pracownikami lokalu. Biedny chłopak ponoć przez jakieś pół roku płacił rachunki za balety pracowników baru, w którym przyszło mu się upić. A był też jeden gostek, który prawdopodobnie skumał się z jakąś szajką i zaczął skanować karty. To ciągle się zdarza tu i tam na całym świecie – skanuje się pasek magnetyczny i wyrabia duplikat karty, którym można normalnie płacić. Pamiętam, że akurat szedłem do pracy, kiedy po owego typka od skanowania przyjechała policja z długą bronią, więc obserwowałem sobie z boku. Wyciągnęli z knajpy i położyli na glebę wszystkich pracowników lokalu. Okazało się, że chłopak wycyckał różne osoby łącznie na ponad milion złotych. Wbrew pozorom to nie jest zbyt trudne – zapewne zdajesz sobie sprawę, że jak ktoś się już porządnie napierdoli, to możesz z nim zrobić co chcesz. Nie dziwi mnie zatem historia pewnej sieci klubów z laskami tańczącymi na rurze i pojawiające się w niej rachunki na kilkadziesiąt tysięcy złotych za kilka drinków. W branży panuje jednak przeświadczenie, że trzeba pić małą łyżeczką. Jak się kogoś przekręca na 70 tysi, to wiadomo, że ofiara się skapnie i afera wyjdzie na jaw. Jeśli wypierdolisz kogoś na 100 złotych, to zwykle tego nie zauważy, uzna, że sam przewalił te pieniądze po pijaku, albo nawet przyjdzie zapytać, ale i tak nic nie wskóra. W ten sposób niektórym udaje się systematycznie wykorzystywać kilku niczego niepodejrzewających klientów i dorabiać sobie po kilka stówek miesięcznie do wypłaty.

Sztama

Ludzie z knajp jednak kryją się nawzajem. Istnieje coś takiego jak branżowa solidarność. Kroimy razem, więc razem bierzemy odpowiedzialność, a zatem nie opowiadasz o tym na prawo i lewo ani nie piszesz o tym książki. Ups, chyba się wyłamałem.

Mimo wszystko wydaje mi się, że ci, którym dane było dorobić się w gastro, już się dorobili i przeszli gdzieś indziej – do nieruchomości albo handlu samochodami. Biznes żywieniowy się wyczyścił. Ku mojemu nieskrywanemu zadowoleniu coraz więcej osób zabiera się do karmienia ludzi z przekonania lub pasji, a nie chęci oszukania wszystkich, których da się oszukać, i szybkiego zarobienia na stare lata. Pożytek z tego mają wszyscy – branża i klienci. Jest także coraz więcej żywych dowodów na to, że jeśli prowadzisz dobre miejsce, to możesz w zupełnie czysty sposób zarobić duże pieniądze, ciesząc się przy tym szacunkiem konkurencji i gości oraz utrzymując stałą satysfakcję z wykonywanej pracy. Niech to stanie się dla ludzi motywacją, a nie przekręty czy zarabianie brudnej forsy.

Wspomnijmy jeszcze o satelitach krążących wokół restauracji i innych podobnych lokali. Najważniejszymi z nich są taksówkarze. Na zdrowy rozum – w restauracji przebywają ludzie, bardzo często nadziani. Po posiłku muszą się dostać do hotelu/burdelu/domu (niepotrzebne skreślić), a przecież wypili winko do obiadu i z prowadzenia samochodu nici. W dodatku duma lub pora nie pozwalają im na skorzystanie z tramwaju. Gdybym był taksówkarzem, na pewno próbowałbym zakręcić się przy jakiejś dobrej restauracji. Często więc zawierane są deale – kelner lub barman, zapytany przez gościa lokalu o taksówkę, poda numer konkretnej korporacji lub konkretnego kierowcy, a kierowca, zapytany przez pasażera o miejsce, w którym można dobrze zjeść, podwiezie go pod tę właśnie restaurację. Wszystkie trzy strony są zadowolone, a w wypadku dużych korporacji taksówkarskich korzystają na tym również pracownicy lokalu – mają na przykład zniżki lub kupony uprawniające ich do iluś tam darmowych przejazdów. To czysty handlowy układ.

Kolejny satelita to portier w hotelu. Tutaj sprawa jest trochę bardziej skomplikowana, bo porządny hotel ma własną restaurację (musi ją mieć, żeby dostać trzy gwiazdki), więc niekoniecznie w interesie jego pracowników jest polecanie innego lokalu. Ale zdarzają się takie sytuacje, że hotelowa restauracja oferuje kuchnię włoską, a klienta akurat naszła chęć na pierogi.

I jeszcze jeden satelita – klub nocny lub burdel. Albo nawet wszelkiego rodzaju panie lekkich obyczajów, zwane też eskortą bądź prostytutkami, bądź też studentką w trudnej sytuacji finansowej, zwane też na milion innych sposobów. Uwierzcie mi – goście restauracyjni często po dobrym posiłku zakrapianym alkoholem czują nagły przypływ poczucia osamotnienia i pragną, by ich serduszka i inne części ciała zostały ukojone przez (oby, bo bywa różnie) piękną nieznajomą. I pytają o to kogo? Kelnera lub barmana. Za starych czasów mieliśmy za ladą gazety z ogłoszeniami, w których swoje anonse zamieszczały również panie oferujące usługi seksualne. Za drobną opłatą podawaliśmy chętnemu gościowi restauracji jeden z numerów telefonicznych lub wycinaliśmy mu dane ogłoszenie. I parę groszy wpadało.

Gastromafia

I ostatni satelita – trzeba o nim wspomnieć, choć ostatnio stracił łączność, a być może w ogóle wypadł z orbity – mafia. W latach dziewięćdziesiątych, w naszym raczkującym kapitalizmie, gastronomia była dla gangsterki tym, czym dla huby jest dobre drzewo. Z jednej strony funkcjonował porządny system haraczy. Jako właściciel lokalu płaciłeś większe lub mniejsze pieniądze za wynajem pomieszczenia. Raz na jakiś czas wpadał gruby misiek i mówił: „tysiak miesięcznie i będę cię ochraniał", co znaczyło mniej więcej tyle, że jak nie zapłacisz, to twoje straty będą znacznie większe. Z drugiej strony restauracje często były pralnią brudnych pieniędzy i podlegały w taki czy inny sposób jakiemuś mafiosowi. Gastronomia to mało policzalny biznes, który daje dużo możliwości prania szmalu. Zawsze może się zdarzyć, że 200 kilo łososia albo tuńczyka odjeżdża ci w lodówce, bo się psuje, bo nie było prądu, ktoś nie domknął drzwiczek, była awaria. A przecież kiedy sprzedajesz buty, masz wszystkie pary policzone. Nie powiesz, że trzysta sztuk musiałeś wyrzucić, bo skończyła im się data przydatności do spożycia albo dlatego, że wyszły z mody. Nikt ci w to w skarbówce nie uwierzy. Były w Warszawie takie knajpy, do których nikt nie zaglądał cały dzień, kelnerzy i barmani mieli absurdalnie wysokie pensje, ale musieli na koniec dnia wbić na kasę jakąś konkretną kwotę. I tak to się właśnie kręciło. Dlatego mafia i inne nieczyste biznesy żywo interesowały się gastronomią.

Zawsze się tego bałem i nigdy nie pracowałem u mafiozników, choć miałem takie propozycje. Jedna z osób, z którymi rozmawiałem na temat pracy, rzuciła mi: „pamiętaj, że jak mnie wypierdolisz, to ucinam nogę na wysokości kolana". Co prawda nie miałem zamiaru nikogo „wypierdalać", ale wiedziałem, że z takimi osobami nie ma co zadzierać. Jeśli zaczniesz z nią pracować, to na jej zasadach. Krzywo spojrzysz i zarobisz w ryj.

Wiesz, co jeszcze zmieniło się w ciągu kilkunastu–kilkudziesięciu lat w gastrobranży? Klienci.

Kiedyś średni portfel posiadał kierowca PKS, taksówkarz, pani pracująca na poczcie. Jeśli w ogóle mieli potrzebę stołowania się poza domem – bo na przykład trafił się wyjazd i trzeba było coś zjeść na mieście – to raczej udawali się do dworcowych barów lub mocno podrzędnych lokali w stylu barów mlecznych (którym po dziś dzień zdarza się karmić lepiej niż w jakichś sztywnych jadłodajniach z perliście białymi serwetkami i modelem zachowania typu „kij w dupie") niż do normalnych restauracji. W takiej dworcowej knajpie dostawali gołąbka, schabowego z ziemniorami i sałatkę warzywną krojoną tak grubo, że trzeba było jeszcze każdy kawałek dzielić na sześć. Nie mogli sobie pozwolić na królika czy perliczkę w restauracji odwiedzanej przez tuzów polityki, gdzie przy stoliku papierosy popalali także najwięksi ówcześni biznesmeni. Nie ten portfel. Dziś też nie każdy może sobie pozwolić na jadanie ośmiorniczek za średnią krajową, ale dzięki większej liczbie i różnorodności dostępnych lokali zdecydowanie więcej osób może jadać na mieście. Możesz przecież wyskoczyć do naleśnikarni i za piętnaście złotych wszamać na ciepło coś rzetelnego, co nie będzie gotowaną w wodzie parówką, która nie widziała mięsa. Może trafić się co prawda na przykład kukurydza modyfikowana genetycznie albo mrożone półprodukty, bo z jakiegoś powodu danie musi kosztować 15 złotych zamiast 45, ale przynajmniej po tym nie umrzesz.

Jeszcze pracując w latach 90. w gastronomii, nie zdawałem sobie sprawy, że jadanie w restauracji to zabawa dla bogatych. Pracownicy gastro zarabiali przecież niemałe pieniądze – w latach 90. miałem większe przychody niż obecnie, ale miałem też inne potrzeby. Nie dbałem o to, że mógłbym kupić sobie mieszkanie, odkładając przez jakiś czas. Wolałem rozbijać się po knajpach. Gdyby moi rodzice wiedzieli, ile zarabiałem i ile z tego przetańczyłem, złapaliby się za głowę. Wszyscy byliśmy rozrzutni i szastaliśmy pieniędzmi. Ale tak musiało być, bo żyliśmy w świecie majętnych. Jak to możliwe? Już tłumaczę. Restauracje były dla ludzi bogatych. Dla mniej zamożnych były bary. W 1996 roku w azjatyckiej restauracji trzy najtańsze zestawy kosztowały: 55 zł, 75 zł, 95 zł. Zestaw kaiseki kosztował 150 złotych. Przeciętna płaca była odpowiednio niższa niż dziś, a mimo to nie mogliśmy narzekać na brak klientów. Nie zdawaliśmy sobie zatem sprawy, że żyliśmy w czasach ogromnych rozbieżności finansowych, być może nawet wyraźniejszych niż teraz. Sami wydawaliśmy tyle samo pieniędzy, co ci, którzy do nas przychodzili. Jeden do jednego, a bywało, że nawet więcej. A choć zarabialiśmy dobrze, to jednak mniej od nich. Natomiast wydawaliśmy tyle samo, bo przecież żyliśmy w ich świecie. Obcowaliśmy z nimi na co dzień. Wchodziliśmy w ich buty. Spotykaliśmy ich wieczorami w innych knajpach. Tak naprawdę uświadamiam to sobie dopiero teraz. Różnica polegała na tym, że my rozpierdalaliśmy całe swoje pieniądze na lewo i prawo, a oni mieli ustabilizowaną sytuację i po prostu mogli sobie pozwolić na takie wydatki. Jest jeszcze jeden detal, o którym wspomniałem nieco wcześniej – bardziej docenialiśmy obsługę w lokalach, w których się bawiliśmy. Widać to było choćby po napiwkach. Nie żałowaliśmy pieniędzy.

Dziś co innego nazywamy średnim portfelem. Dlatego też kiedyś przy restauracyjnych stolikach przesiadywali dystyngowani panowie w garniturach i elegancko poubierane kobiety o nienagannych manierach, a dziś, cóż, ja, ty i Milszewski.

Jak wspomniałem nieco wyżej, dziś mam inne cele finansowe niż wtedy – nie mogę sobie pozwolić na wyrzucenie całej kasy na balety, bo mam rodzinę, dziecko, obowiązki i powinności z tym związane. I myślę sobie, że z ludźmi gastronomii jest trochę tak, że jak już ktoś w tę branżę wejdzie, to momentalnie dostaje lekcję życia i szybko dojrzewa. Mam teorię, że jak ktoś się za małolata nie wyszumi, to nie ma bata, żeby w wieku czterdziestu lat nie zostawił rodziny i nie poszedł w długą. Nie chodzi o to, że gastro daje ci możliwość wytańczenia młodości. Raczej o to, że mając 19 lat, musisz zapierdalać w pocie czoła. Jeśli wtedy nie nauczysz się tego równoważyć, odmierzać na wadze pracy i zabawy, jeśli nie dojdziesz do tego, jak się resetować w sposób niegroźny dla organizmu, najbliższych i całego społeczeństwa, to po prostu tej wiedzy i doświadczenia zabraknie ci później. Wódkę każdy potrafi pić. Grunt, żeby potrafił też być odpowiedzialnym człowiekiem.

2. Waginy, nie jaja, czyli ludzie w pracy

Codzienność w restauracyjnych zakamarkach nie jest dla wszystkich. To nie kwestia płci, chociaż parytet tutaj praktycznie nie istnieje. Generalnie trzeba mieć niezbyt dobrze poukładane w głowie, żeby tutaj zaistnieć, ba, nawet zacząć swoją przygodę z szeroko rozumianą gastronomią. Charakter rasowej waginy jest tutaj najlepszym – fakt, seksistowskim – porównaniem, jakie przychodzi mi do głowy – ona zniesie każdy ból, a jaja są miękkie i kompletnie się nie nadają u osoby pracującej w gastro.

Hierarchia

Nie jest tak, że wszystko wygląda ponuro. W gastro bywa ciekawie i z wielką dozą seksistowskiego humoru okraszonego wszystkimi możliwymi używkami. Przedstawimy zatem kilka elementów tej dżungli – może dzięki temu zyskasz jakie takie pojęcie o tym, z kim musiał zadawać się schabowy, zanim został przez ciebie pożarty.

Każda kuchnia restauracyjna ma swoją hierarchię. Cały lokal gastronomiczny jest fabryką, więc każdy pracownik taśmy musi znać swoje miejsce i przydział obowiązków. Nad nimi z kolei musi ktoś czuwać. Ktoś inny opiekuje się papierami i fakturami. A im wszystkim polecenia wydaje jeszcze inny człowiek. Kuchnia musi być sprawnym organizmem – każdy jej pracownik musi wiedzieć co ma robić, żeby na końcu klient był zadowolony, a w kasie były pieniądze. W małych restauracjach nie jest potrzebny sztywny podział ról. Co innego w rozbuchanych gwiazdkowych lokalach, gdzie na 40 kucharzy przypada 40 miejsc przy stolikach na sali. Oczywiście nawet w mniejszych lokalach istnieje jakieś rozgraniczenie – jest kuchnia zimna i ciepła, jedna osoba raczej nie może się zajmować wszystkim. Warto jednak zdać sobie sprawę, że restauracja to nie tylko kucharze, ale także kelnerzy i szef sali, barmani, szef kuchni, pomocnicy kuchenni, w końcu również pomywacze. Żeby nie wchodzili sobie w drogę bardziej niż to konieczne, trzeba ich odpowiednio poustawiać. Każdy z nich musi wiedzieć, komu jest podporządkowany. Dlatego hierarchia w kuchni to rzecz podstawowa, a na poszczególnych szczebelkach tej drabiny występują osobniki bardzo typowe. Jeśli się ich poznało wystarczająco dużo, to okazuje się, że mają pewne cechy wspólne, które sprawiają, że są bardzo jaskrawi. A jeśli nawet nie jaskrawi, to przynajmniej kolorowi.

Zanim jednak przedstawię tych wszystkich ancymonów, wyjaśnijmy sobie dokładnie wspomnianą hierarchię pracowniczą w przeciętnej restauracji. Na samej górze jest właściciel lub inwestor. Czasami to jeden człowiek, czasami na przykład fundusz albo korporacja, czasami, ale to już rzadziej, osoba ta jest jednocześnie szefem kuchni. Częściej zdarza się, że świadomi inwestorzy biorą na współwłaściciela szefa kuchni, bo on po prostu przypilnuje im biznesu, nomen omen, od kuchni. Będzie to traktował jak swoje, więc nie dopuści do nadużyć. Jeśli inwestor i szef kuchni są dwiema różnymi osobami i nie są współwłaścicielami, to rzecz jasna inwestor plasuje się nad szefem. Szefowi kuchni podlegają wszyscy inni, a w pierwszej kolejności linia produkcyjna, czyli kucharze, następnie ich pomocnicy i pomywacze. Bardzo często szef kuchni ma jeszcze do dyspozycji swojego zastępcę – kiedy jeden liczy słupki w biurze, drugi pilnuje roboty w kuchni. Kelnerzy raczej nie podlegają szefowi kuchni (chyba że jest on jednocześnie właścicielem, wtedy to się rozumie samo przez się). W większości restauracji sala i kuchnia to dwie oddzielne strefy i inni ludzie za nie odpowiadają. Zazwyczaj za kelnerów i runnerów odpowiada kierownik sali, zwany też menedżerem, bo to brzmi bardziej światowo. Oczywiście ten też może być kelnerem czy barmanem i w małych lokalach zazwyczaj tak jest. Szef kuchni i kierownik sali są na tym samym szczebelku i obaj podlegają dyrektorowi gastronomii lub właścicielowi. Tak naprawdę wszystko zależy od indywidualnych reguł obowiązujących w lokalu.

Najłatwiej jest prześledzić hierarchię w branży na przykładzie dużych kuchni hotelowych. Na samej górze drabinki jest executive chef, czyli szef kuchni, ale taki, który odpowiada za całą gastronomię sieci lub regionu. To on ponosi odpowiedzialność za tworzenie menu, zamawianie dostaw, faktury i foodcosty. Reprezentantem władzy wykonawczej jest chef de cuisine, czyli także szef kuchni, ale taki, który faktycznie pilnuje kuchni, potraw, kucharzy. Pod nim z kolei jest sous chef, czyli jego zastępca, który czasami nadzoruje też pracę jakiejś sekcji lub outletu, np. bankietów czy cateringów. Dalej mamy area chefów – kucharzy sekcyjnych, a niżej jest line cook, czyli po prostu facet pracujący w ramach jednej sekcji.

Proste. A kiedyś to było! Dziś większość funkcji nazywa się z angielska, drzewiej nazywała się z francuska, bo kuchnia to w końcu domena Francuzów. Funkcji było co niemiara: byli chef de cuisine i sous chef, chef de partie (czyli kucharz sekcyjny), demi chef (line cook z dodatkowymi uprawnieniami, który mógł zastępować chefa de partie), commis, czyli świeżak na kuchni, gość ledwie po szkole, który ma kroić i po sobie sprzątać. Do tego apprentie, czyli w dzisiejszej terminologii praktykanci, chłopcy wzięci do przyuczenia do zawodu. To nie wszystko, bo samych chefów de partie było od groma: saucier od sosów, poissonier od ryb, potager od zup, legumier od warzyw, friturier od smażenia, boucher od oprawiania ptactwa i ryb, charcutier od wieprzowiny, grillardin od grillowania i pieczenia, rotisseur od przygotowywania farszów, entremetier od zup oraz wszystkiego, co nie jest robione z mięsa i ryb, garde manger od sałatek i zimnej kuchni, tournant od pomagania komu trzeba pomóc, patissier od deserów, confiseur od ciastek, glacier od lodów, decorateur od dekorowania, boulanger od pieczenia pieczywa, aboyeur od ogłaszania zamówień i przenoszenia ich z sekcji do sekcji, communard od robienia szamy dla pracowników, garcon de cuisine od bycia pomagierem, czyli po prostu kuchennym bojem, plongeur od zmywania i pomagania w przygotowywaniu składników, marmiton od zmywania patelni i garnków… Te wszystkie funkcje to jednak w dużej mierze historia. Taki podział okazał się zbyt sztywny dla większości obecnych restauracji, choć nie dam sobie uciąć niczego, że jakieś znane ze swojej sztywności – czytaj: przywiązania do tradycji – francuskie restauracje nie zatrudniają wciąż osobnych gości do mycia sztućców i patelni zamiast wrzucać je wszystkie razem do zmywarki.

A teraz do konkretów. Zacznijmy od dołu hierarchii, czyli od końca restauracyjnego łańcucha pokarmowego.

Personel pomocniczy, czyli pomocne kuchenne skrzaty

W kuchni istnieje takie zjawisko, jak personel pomocniczy. Zajmuje się on tak zwaną obróbką wstępną, czyli obiera, sieka, kroi. Innymi słowy, przygotowuje produkty, żeby „wizjoner" (czyli kucharz, cudzysłów zamierzony, bo lubimy kpić z ludzi) złożył całość, dodając dwa składniki. Pomocnik przygotowuje mise en place – przyzwyczajcie się do tego pojęcia. Kiedy przychodzi kucharz, stanowisko musi być gotowe, ale najlepiej, żeby czegoś zabrakło, żeby tenże kucharz mógł się na samym początku na kimś wyżyć, drąc się „kurwa, gdzie mój czosnek?!".

Pomocnicy kucharza to zazwyczaj praktykanci ze szkół gastronomicznych albo ludzie, którzy chcą zacząć przygodę z gastronomią. Wbrew pozorom to nie jest najpodlejsza robota w kuchni. Łebski pomocnik kucharza szybko zorientuje się, co i jak działa, komu warto się podlizać, jak trzeba wszystko robić. A kiedy przyjdzie odpowiednia chwila, wskoczy na szczebelek wyżej i zacznie gotować. A ten jeden szczebel już czyni różnicę, bo pomocnik kuchenny jest na tym samym poziomie co pomywaczka, a to kiepsko brzmi i raczej trudno poderwać na to laskę.

Jest jeszcze runner – personel pomocniczy na sali i w barze. W dużych lokalach to gość, który zbiera szklanki, sprząta stoliki. On nie ma możliwości odpoczynku w pracy – jest od zapierdalania i basta. Miałem kiedyś znajomego, obecnie kibola

pewnej drużyny piłkarskiej, co to biceps ma większy od głowy, który zatrudnił się ongiś jako runner w restauracji na statku wycieczkowym. Robota była codziennie – 7 dni w tygodniu po 14 godzin. Do obsłużenia 600 osób. Kiedy jechał, ważył 120 kilo, po powrocie po 4 miesiącach zjechał do około 80. Opowiadał, że nawet kiedy był prawie umierający z gorączką pod 40 stopni, to nie było przebacz – musiał zapierdalać i tyle. Większość gości na tym statku stanowili stetryczali starcy chodzący o balkonikach, ale za to tak majętni, że Ty ze swoim ZUS-em możesz takich pooglądać co najwyżej w telewizji. I kurewsko skąpi. Traktowali runnerów jak najgorszych niewolników. Znajomy opowiadał, że po tygodniu biegania wokół stolika ktoś potrafił mu zostawić napiwek w wysokości dwóch dolców w monetach tak zjechanych, że nawet jednoręki bandyta w kasynie ich nie przyjmował. Runner ma robotę potwornie wycieńczającą, a jeśli źle trafi, to na dodatek uwłaczającą. W przeciwieństwie do pomocnika kucharza ma styczność z klientem, czyli ma przesrane, bo bogaci ludzie to bardzo często szuje patrzące na wszystkich z góry. Poza tym, w odróżnieniu od kuchennego kolegi, nie ma zbyt wielu perspektyw na awans. No bo co, zostanie kelnerem? Z deszczu pod rynnę, siekierka na kijek.

W restauracjach hotelowych spotkacie też inne gatunki – stewardów, którzy pracują na sali, i magazynierów, którzy – uwaga, niespodzianka – opiekują się magazynem. Powiem ci jeszcze, że tacy magazynierzy to podstawowe mendy restauracyjne. Od nich obrywają dostawcy, jak zdarzy im się przywieźć coś nie tak (czyli średnio raz w tygodniu). Ego magazynierów potrafi urosnąć tak, że przykrywa cały hotel razem z jego właścicielem, szefem kuchni, brzuchem i kontem bankowym gościa, który wynajął penthouse na tydzień w środku sezonu. Bardzo możliwe, że rekrutują się oni spośród największych i najbardziej agresywnych tłuków, jakich dalekosiężne macki sieci hotelowych są w stanie wyłuskać z zapuszczonych dzielnic wielkich miast. Na szczęście tacy występują tylko w dużych miejscach. W normalnych restauracjach towar od dostawcy odbiera po prostu osoba do tego wyznaczona, najczęściej jeden z kucharzy. Szef kuchni raczej się nie fatyguje, czasami zdarzy mu się wyjść i podpisać jakąś fakturę.

Jeśli już jesteśmy przy personelu pomocniczym, to jedno im trzeba oddać – są ambitni i chcą się uczyć. Nie mają zamiaru do końca życia obierać marchewki i cebuli i wiedzą, że aby wskoczyć na kolejny szczebelek, muszą umieć więcej, wiedzieć więcej i generalnie rzecz biorąc, ogarniać to, co się dzieje. Zazwyczaj są zdyscyplinowani i obrotni, a jednocześnie – pracując z kucharzami i na sali – wyrabiają sobie twardą dupę, czyli jedną z najcenniejszych właściwości w całej branży gastronomicznej.

Pomywaczki, czyli królewny na zmywaku

Zastanawiałeś się kiedyś nad tym, kto właściwie zmywa po twoim czipsie z siana z jarzębiną sous-vide? Ano właśnie one. Królewny. Większość tych, które poznałem osobiście, to były miłe i pracowite osoby do momentu, gdy się po cichaczu nawaliły w pracy alkoholem podprowadzonym z baru.

Królewny nie wytrzymują chyba presji oczekiwania na brudne naczynia albo samotności, jaka może doskwierać w tych małych pomieszczeniach. Ciężko pogadać ze zmywarką, jeszcze ciężej z kelnerem, który w przelocie zostawi kilka brudnych naczyń. Nie jest to szczyt marzeń zawodowych, ale umówmy się, nie jest to też ciężka praca. W czasach, kiedy to maszyny zmywają i wyparzają, jedynym mankamentem tej roboty jest konieczność przyzwyczajenia się do zgarniania resztek z talerzy i pamiętania, aby za szybko nie opróżniać zmywarek, bo naczynia bywają gorące. No i zarobki, ale chyba nikt się nie spodziewa, że pomywaczka będzie należeć do restauracyjnych krezusów,

choć w wyjątkowych sytuacjach potrafi zarabiać porównywalnie z kucharzem, ale o tym nieco później.

Miałem na przykład do czynienia z Krysią, która ciągnęła wódę cały czas i pod koniec dnia zawsze, ale to zawsze była nawalona. Do dzbanka z herbatą dolewała sobie gorzały, i to różnej – trafiało tam wszystko, co się nawinęło rano podczas sprzątania restauracji. Ale zdarzało jej się też pić z gwinta, co kończyło się nieciekawie, jak na przykład wtedy, gdy znaleźliśmy ją o 11, kiedy wszyscy pracownicy przyszli do restauracji. Była tak pijana, że leżała na schodach między salą a barem w kałuży moczu i machała rękami, odganiając muchy. Krysia była strasznym penerem. Powiedziałbym, że klasycznym miejskim żulem. W wolnej chwili zbierała puszki i butelki, żeby mieć parę groszy na chlanie. Najdziwniejsze w tym wszystkim jest to, że łączyły ją niesamowicie dobre relacje z dorastającym synem, który mógł mieć góra 15 lat. Młody widywał ją nie pijaną, ale napierdoloną i potrafił jej powiedzieć: „kocham cię, mamo". Dość wstrząsająca sprawa.

Zazwyczaj z takimi właśnie ludźmi ma się do czynienia na zmywaku. Na ogół jest im absolutnie wszystko jedno, co robią, byleby się znalazło parę złotych i było co chlać. Kuchenne kariery od pucybuta do milionera, czyli od pomywacza do szefa kuchni albo przynajmniej kogoś bardziej poważanego, pewnie się zdarzają, ale nie są częste. Częściej na kolejne szczebelki drabinki można się dostać z pozycji pomocnika kuchennego niż pomywacza, ale chyba wynika to po prostu z braku ambicji tego drugiego.

Z reguły na zmywaku lądują właśnie takie panie, jak opisana Krysia. Zetknąłem się z dwoma facetami, którzy wykonywali tę profesję – to też byli starsi panowie, ale generalnie faceci jakoś się tym nie parają. Wolą pójść na kuchnię i udawać, że potrafią gotować. Młodych osób przy zlewozmywaku jest niewiele, chociaż się trafiają. Na zmywaku lądują zatem najczęściej babki, które są związane zawodowo z gastronomią, bo były na przykład kucharkami, ale kariera nie potoczyła się tak, jak chciały, albo żule. Tak czy inaczej, w większości wypadków jedyną rzeczą, jaką potrafią robić, jest pierdzenie w stołek i czekanie na naczynia. Nie jest bowiem tak, że cały czas stoisz ze ścierą w ręce i myjesz te kryształy. W nowoczesnych dużych kuchniach po prostu czekasz, aż się uzbiera więcej naczyń, wtedy ewentualnie je opłukujesz, wrzucasz do zmywarki i włączasz maszynę. A zmywarki też nie są małe, zatem więcej w tym czekania niż pracy. Ich zajęcie nie jest ciężkie. Trzydzieści lat temu w jakimś wielkim Grand Hotelu pomywacz mógł mieć przejebane – umyj ręcznie kilkaset sztuk szkła i to prędziutko, bo już są potrzebne. A jeszcze z mordą wpadnie ci szef kuchni, bo znalazł jakąś plamkę na kieliszku, i weź tu wytrzymaj. Ale czasy się zmieniły. Dzisiaj pomywacz jest w zasadzie operatorem zmywarki, a nieraz zmywa też podłogę, sprząta salę przed otwarciem restauracji. Generalnie nie musi umieć niczego specjalnego, może poza obieraniem marchewki, bo w mniejszych lokalach, gdzie nie ma pomocników kuchennych, ktoś musi to robić. Ale wciąż nie potrzeba do tego fakultetów z chemii molekularnej i fizyki kwantowej. Poza tym, czy powierzanie ostrych narzędzi osobie, która jest regularnie nawalona w sztok, jest choć trochę rozsądne?

W żadnej restauracji nigdy nie miałem za bardzo czasu, żeby jakoś bliżej zapoznawać się z pomywaczami, pogadać z nimi. Zresztą w większości wypadków szwankował im też intelekt – lata łojenia parszywej wódy jednak robią swoje. Ale z drugiej strony nie zauważyłem, żeby ktoś w kuchni ich nie szanował i traktował z góry. Wręcz przeciwnie – wszyscy wiedzieli, że jest z nimi wesoło, bo przecież jak się taka Zmywakowa Królewna nawali, to jednak jest jakaś rozrywka.

No, ale żeby się nawalić, nasza Królewna ze Ścierą musi mieć czym. Jeśli sądzisz, że pracując w kuchni i mając za ścianą kartony z niezbyt tanim Hennessy, nasza zmywakowa Żulietta będzie pędziła do nocnego, żeby za ciężko zarobione grosze kupić ćwiarę najtańszej wódy, to jesteś naiwny i zapewne wciąż liczysz na dostawę powystawowego iPhone'a bez folii, którego obiecali ci na Fejsie. Otóż nie. Na początku myślałem, że Królewny żywią się zlewkami alkoholu z sali, ale też nie. Nie wpadłem na to, że przecież mogłyby pójść i zwyczajnie podpierdolić z baru butelkę Pernod. Trzeba im oddać, że jak nie muszą się poić ścierwem za piątaka, to wybierają co fajniejsze kąski.

Bajer polega na tym, że mimo swojej skromnej posady pomywacze potrafią czasem wyrobić godzinną stawkę równą stawce kucharza. Najgorzej było, kiedy jakiś czas temu otwarte zostały granice i wielu praktyków, którzy wykonywali te kiepskie zajęcia, wolało wyjechać za granicę. Kucharze olali swoje ambitne restauracje i przerzucili się na fish and chips z frytury, zamiast kręcić czipsy z powietrza, bo zarabiali na tym 4 tysiące funtów zamiast 2 tysięcy złotych. Z pomywaczami było podobnie – woleli zmywać za dużo większe pieniądze po fish and chips zamiast po trybuli z jeżowcem i kasztanami. I pamiętam, że właśnie w takim okresie w jednej z restauracji pomywaczka potrafiła zadzwonić do menedżera lokalu i powiedzieć mu, że pierdoli to, bo za 14 złotych za godzinę nie będzie pracowała. A czasami trudniej znaleźć pomywacza niż pomocnika kucharza albo kucharza. Poświęć teraz chwilę i przemyśl swoją karierę w korporacji.

Barmani, czyli jak pić, żeby być trzeźwym

Skoro zmywakowe królewny potrafią się nawalić w sztok, to wyobraźcie sobie, ile mogą wyżłopać kelnerzy i barmani. To chyba profesje najbardziej narażone na chorobę alkoholową, bo przecież gdzie jak gdzie, ale na barze alkoholu nie brakuje. I to jakiego! Ale faktycznie, ostatnio gastronomia jako cały dział

gospodarki nieco się ucywilizowała i menelstwo nie jest aż tak widoczne. Mimo wszystko wielu wprawionych barmanów czy kelnerów wciąż wali w pracy równo. Wypracowali oni sobie przeróżne patenty na życie po spożyciu. Żucie goździków, aby nie waliło z japy metylowym, czy używanie kropel na odklejanie siatkówki, aby nie było widać przekrwionych oczu, to zaledwie czubek góry lodowej. Tym panom i ich przygodom przyjrzymy się jeszcze później. Każdemu w gastro zdarzyło się pewnie kilkakrotnie pracować pod wpływem. Nikt się nie zastanawia, jakie mogą być tego konsekwencje, najważniejsze, żeby było luźno i zabawnie. O tym jednak za chwilę.

Są dwa rodzaje barmanów – barman i nalewak. Barman to dobry barman z prawdziwego zdarzenia, nalewak to chujek, który opiera się o nalewak z piwem, potrafi jedynie zapytać „małe czy duże?", ale nalewanie też potrafi spieprzyć i dostajesz kufel piany.

Żeby zostać dobrym barmanem, trzeba być dobrym psychologiem, ale można też zacząć od nauczenia się czterdziestu podstawowych koktajli, jakie są serwowane na całym świecie – od Manhattana, Cosmopolitana, przez Black Russian, do Mojito. Barman powinien znać smak alkoholu, choć znam i takiego, który skończył prestiżowy i wartościowy kurs barmański, ale – i teraz najlepsze – skurczybyk nigdy w życiu nie pił alkoholu. Nie wiem, jak tego dokonał. Nie mieściło mi się to w głowie. Kiedy pracowałem na barze, wolne chwile wykorzystywałem na ćwiczenie drinków – wyciągałem książkę z najpopularniejszymi koktajlami i przyrządzałem je dla ludków z kuchni. Robiłem to nie po to, żeby się najebali, ale żeby się nauczyć. Trzeba znać smak tego, co serwujesz. Nie kumam barmana, który stoi za kontuarem, ma skończony jakiś kurs, ale nie wie, jak smakuje żubrówka. To tak, jakby ktoś oblał egzamin na prawko, a potem startował na stanowisko kierowcy autobusu. Nie nada, podstawy trzeba mieć, kropka.

Kiedy już delikwent ma opanowane receptury i alkohole, to powinien naprawdę przyłożyć się do psychologii. Weź pod uwagę, że barmani nie pracują w śniadaniówkach i restauracjach działających od 12 do 24. Znajdziesz ich w klubach nocnych. No i teraz wyobraź sobie, z jaką klientelą taki gość ma do czynienia. Przychodzą do niego lepsi lub gorsi, mniej lub bardziej rozgarnięci, trzeźwi lub pijani w trzy dupy. I gadaj z nimi. Dobry barman nie może być głąbem, który wymyśli ze trzy receptury i naleje piwo – musi umieć rozmawiać, nawet jeśli nie chce mu się gadać, a tym bardziej słuchać. Nic z tego, amigo, jeśliś wybrał taką ścieżkę kariery, to masz to wpisane w dziale „obowiązki". Prymarną zasadą jest omijanie w rozmowie trzech podstawowych tematów: polityki, sportu i religii. Nigdy nie wiesz, na kogo trafisz. Jeśli gość uparcie ciągnie rozmowę w te rewiry, musisz umieć delikatnie z tego wybrnąć albo lawirować tak, żeby nikomu nie podpaść. Nie możesz zburzyć relacji, którą nawiązałeś z gościem knajpy, w której pracujesz.

Jeśli jesteś dobrym psychologiem i umiesz się poruszać po polu minowym niebezpiecznych tematów tak, że nie urywa ci członków, a na dodatek potrafisz zrobić parę dobrych drinów, to istnieje ryzyko, że robota za barem ci się spodoba. Serio, to całkiem niezłe zajęcie. Poznajesz różnych ludzi, pracujesz z klientem, który do ciebie wraca (jeśli jesteś dobry), tak jak wraca do dobrej kuchni. Nie chodzi o to, żeby fisiować i rzucać butelkami. Flair, czyli to całe szoł polegające na żonglerce trunkami, to cyrkowe farmazony i nie musisz tego umieć. Za to musisz lubić towarzystwo, bo jeśli ktoś siada przy barze, nie przy stoliku, to znaczy, że przyszedł sam i chce pogadać. Więc gada. Nie ma znaczenia, czy zna barmana, czy go nie zna. Traktuje go trochę na zasadzie spowiednika i jeśli wydawało ci się, że takie gadki z facetami, którzy nalewają kolejne kolejki i przecierają szklanki, zdarzają się tylko w filmach, to znaczy, że nigdy nie najebałeś się przy barze. Teraz odłóż tę książkę i zrób to.

Klient przy barze wcale nie musi być podpity, żeby opowiedzieć ci historię swojego życia. Po kilku głębszych jedynie się rozkręci. Ale przecież przyszedł tam, żeby się narąbać, więc prędzej czy później barman będzie miał tej nocy do czynienia z jego pijaną w sztok wersją. A wtedy zdarzają się różne historie. Miałem kiedyś stałą klientkę, która przychodziła razem z mężem. Zawsze zostawiali dobre tipy. Pewnego razu trochę się posprzeczali i on wyszedł, zostawiając ją przy szklance. Strasznie się nawaliła. W pewnym momencie wywaliła nogi na bar, rozsiadła się na tym hokerze, zaczęła wyrywać sobie włosy z głowy. I taka nawalona zabełkotała do mnie:

– A jak ty masz na imię?

– Kamil.

– A ja ci, kurwa, nie wierzę!

I się zaczęło. Histeria i krzyki. Powiedziałem do ochroniarza: „stary, zostawiam cię z nią, bo nie mam siły na ten pijacki bełkot". A ten gość wystawił ją za hotel, za bramę na mróz, a było kurewsko zimno, i zapomniał, że ona w ogóle istnieje. Po prostu wypierdolił ją na zbity pysk. Nie chciałbym mieć jej kaca i jej przeziębienia. Nie wiem, jak dotarła do domu, ale dotarła, bo jej mąż jakieś dwa dni później przyszedł i pytał, co się z nią stało tego wieczora. Po tym już się nie pojawili w lokalu.

Zdarzają się barmani – może za dużo powiedziane, bo znam raptem jednego takiego – którzy są fenomenami. Ten, o którym teraz myślę, czasami po robocie późno w nocy odwozi własnym samochodem nawalonych klientów do domu. Wyobrażasz sobie? Gość powinien dostać Order Odrodzenia Polski, bo ja na jego miejscu, w lokalu, w którym on pracuje, nie wytrzymałbym dwóch tygodni. Ten facet to szczególny przypadek i legenda, ale związków między barmanem a klientem raczej trudno uniknąć – przeciętny barman często idzie w tango z ludźmi, których upija w swoim barze. Bywa, że zamyka knajpę i idzie z nimi dalej w miasto.

Oczywiście w pracy też piją, ale tutaj trzeba ich trochę usprawiedliwić, bo to po części ich obowiązek. Jeden z nich zawsze rano zapraszał na kawę – w filiżankach do kawy przygotowywał na przykład brandy z colą. W pracy barman nie chla, tylko sączy. Nie robi tego, żeby się najebać, bo to by było widać. Barmani restauracyjni mają w tej materii więcej pokus, często zmuszają ich do tego goście – stawiają im kolejkę albo prowokują słynnym „ze mną się nie napijesz?". Czasami nie da się inaczej. Do klubów nocnych raczej nie zawita rodzina z dzieckiem, zresztą widzieliście w którymś z nich kącik dla dzieci z malującym buźki animatorem? Przychodzi tam czasami gruby element, z którym inaczej nie da się wytrzymać – trzeba rozjaśnić sobie świat i chlapnąć. Ale barman jak już pije, to pije dobry alkohol. Kucharze wolą alko niższej jakości, bo piją, żeby się napierdolić, więc wystarczy browar i byle jaka wóda. Barmanowi piwo z kija może po prostu po całym dniu śmierdzieć, więc wolą coś bardziej wyszukanego. Paradoksalnie, to też świadczy o ich rozwoju zawodowym, bo chcą wiedzieć, jak smakuje whisky, której w danym roku wyprodukowano 300 butelek. Ale to nie alkohol jest największym problemem. W dobrych miejscach, gdzie barmani zarabiają krocie, ich problemem są przede wszystkim dragi. Wóda zwyczajnie przestała już spełniać swoją funkcję. Kiedy pracowałem w Warszawie, miałem do czynienia z barmanami, którzy walili do nocha cały czas, regularnie. To ich trzyma przy życiu.

I tak, najebani klienci baru często zarywają barmanki. Mówcie co chcecie, ale do baru napić się nie przychodzi facet, który jest szczęśliwy w życiu rodzinnym i któremu żona powiedziała: „idź, misiaczku, napierdol się, a ja posiedzę z dzieciakami". Przy kontuarze meldują się goście, którzy mają jakiś problem. Przeważnie jest to kłopot z kobietami, bo tak jest skonstruowany świat i tak są skonstruowane kobiety. Żeby wypuścić męską chuć albo żeby znów poczuć się jak pełnoprawny samiec, smutny koleżka często uderza do barmanki. Inna sprawa, że na wielu działa też fakt, że barmanki – to samo dotyczy kelnerek – mają na sobie coś w rodzaju uniformu. Ponadto sprytna i doświadczona kelnerka potrafi wykorzystać umizgi jednego i drugiego frajera, żeby wydoić go z kasy na amen. To działa także w drugą stronę – kobiety również przychodzą do baru, żeby się napić, a jak się już napiją, to włącza im się hiszpańska mucha i zarywają barmanów. Moja babcia mawiała, że „świat na piździe stoi, a chujem się podpiera" – coś w tym jest. Oczywiście takie akcje częściej zdarzają się facetom, ale niech się panie nie oburzają, bo im też się to przytrafia. A wtedy to już kaplica, bo nie ma gorszego widoku niż pijana babka.

À propos picia w pracy z klientami, podrywania i pijanych babek: w życiu barmana najgorsze (a może najlepsze, kto wie) jest to, że po robocie możesz się uwalić z klientami. Pracowałem kiedyś w hotelu z pewnym barmanem, którego imienia po latach nie pamiętam – na nasze potrzeby nazwijmy go Oktawiusz. Pewnego dnia przyszedłem do pracy i zobaczyłem, że wszyscy po kątach kręcą bekę. Zrobiłem mały wywiad i usłyszałem historię, w którą nawet mnie ciężko było uwierzyć. Opowieść zaczyna się dzień wcześniej. Do hotelu przyjechała doświadczona, ale wciąż bardzo ponętna dziennikarka telewizyjna. Zameldowała się, zaniosła rzeczy do pokoju, a po pewnym czasie zeszła do restauracji na drinka. Zaczęli rozmawiać. Długo im zeszło. Po jednym drinku pojawił się drugi, po drugim trzeci. Oktawiusz zaangażował się i szarmancko stawiał. Oboje napili się dość konkretnie. Dziennikarka jednak nie wyczaiła, że młody łepek nie do końca kuma granice. Ona flirtowała dla zabawy, a on z trudem utrzymywał penisa w spodniach. Chłopaka wyżymało. W końcu zrobiło się późno, dziennikarka pożegnała się, puściła oczko i poszła do pokoju. Po chwili recepcjonistka i ochroniarz usłyszeli jej wrzask. Ochroniarz wparował na piętro i przyłapał dobierającego się do niej Oktawiusza ze spodniami opuszczonymi do kolan. Okazało się, że biedny chłopak nie wytrzymał ciśnienia i sfiksował – zabrał z recepcji klucz-matkę, otwierający wszystkie drzwi, i zakradł się do pokoju dziennikarki, kiedy ta już spała. Nie spodobało jej się to. Z pracy oczywiście wyleciał z hukiem, a co się z nim stało później – nie mam pojęcia. Z jakiegoś powodu przypominam sobie tylko, że chłopaczyna mieszkał w tym czasie ze swoją dziewczyną u jej matki... Powrót do domu musiał być przykry.

Oczywiście barman jest w restauracji czy klubie facetem pierwszego kontaktu, więc ma do czynienia z typami wybitnie agresywnymi i musi sobie radzić. Nie oznacza to, że ma być Jackie Chanem albo innym Chuckiem Norrisem, że ma jak Bronson trzymać zawsze gotową do wystrzału giwerę w majtkach. Niemniej jednak musi umieć sobie poradzić przynajmniej do czasu, aż ochroniarz wyjdzie z kibla. Czasami nie trzeba uciekać się do przemocy fizycznej. Najczęściej bowiem chodzi po prostu o to, żeby napruty gość nie psuł atmosfery w barze. Jeśli przyjdzie jakiś maruder, zacznie mieć wąty tu i tam, to przecież nie podejdziesz i nie powiesz mu „wypierdalaj". Powiesz mu: „nietrzeźwym alkoholu już nie podajemy". On się wtedy zaczyna awanturować i jest lipa. Najprostszą metodą jest sponiewieranie go, zeszmacenie na forum. I serio – jeśli barman chce cię załatwić, to cię załatwi. Jeśli się uprze, że Stacha trzeba załatwić, to Stachu albo się porzyga na stolik (to w najgorszym wypadku), albo spadnie pod bar, albo po prostu wyprowadzą go bardziej ogarnięci kumple (lub wykidajło). Kiedyś ekstremalnym sposobem było podanie komuś wódki z wodą utlenioną – kosiło od razu. Barmanom zdarzało się tak unicestwić upierdliwca lub agresora, a barmanom-skurwysynom bogatego gościa, który potem budził się bez portfela albo innej nerki. Ale spokojnie – to się już nie zdarza. Nikt nie chce ryzykować więzienia albo grubych odszkodowań.

Pośród barmanów jest coraz więcej zajawkowiczów, którzy na serio interesują się i jarają tym, co robią. Nie odbębniają byle czego, żeby tylko nalać dwa duże z sokiem i zrobić dwa drinki wódka plus sok pomarańczowy, ale wymyślają nowe fajne rzeczy i się uczą. Rozwijają. Podchodzą do barmaństwa jak do sztuki, a nie nudnej pracy polegającej na napełnianiu szklanek płynem ze wskazanej przez klienta butelki. Oczywiście nie ma żadnych fakultetów, które mogliby kończyć. Jedyną wieczorówką, jaką mogą sobie zafundować, jest ta w pracy. Praktyka czyni mistrza. Dodatkowo wymieniają się wiedzą, udoskonalają koktajle, czytają i szkolą się we własnym zakresie, w domowym zaciszu albo podczas imprezy za barem. Coraz częściej zdarzają się też ogarnięci goście, którzy potrafią odróżnić jeden alkohol od drugiego – jeśli zamówi Jacka Danielsa, a dostanie inny burbon, to się kapnie. Klient baru nie zawsze wygląda jak podchmielony facet po pięćdziesiątce, który pije tę herbatę z wódą, gapi się w bufet barmanki Doroty (która miała bufet niczego sobie), rwie włosy z głowy i płaci te siedem dych. Są też tacy goście, którzy przychodzą i cwaniakują, ale dla nich mam osobny kocioł w piekle i osobny rozdział w książce.

Gwoli ścisłości: barmani nie podlegają kuchni, nie nadzoruje ich szef kuchni, raczej sam właściciel lokalu albo dyrektor gastronomii, ale z punktu widzenia klienta nie ma to znaczenia – jest obecny w lokalu, w okolicy kuchni, tak jest i po co drążyć ten temat.

Kelnerzy, czyli królowie i nędznicy

Zaczynałem jako kelner, więc mam sentyment. Pierwsze kroki w gastrobiznesie nie były łatwe. Praca była kiepsko opłacana i trzeba było nieźle się nakombinować, żeby przytulić trochę grosza. Najważniejsze jest dobre rozdanie, odpowiedni know-how, a taki zapewnił mi Chudy Guru. Po kilku pierwszych dniach mojej pracy zapytał, ile mi zostaje z tych nędznych napiwków, a potem pokazał parę sztuczek i stało się. Przekroczyłem Rubikon, zostałem pełnoprawnym członkiem gastrobandy. Miesięczna pensja, która była wartości jednego wałka ze stolika rosyjskich gości, stała się naszym kabaretem. Bo kelner, moi drodzy, jeszcze niedawno był połączeniem iluzjonisty, zaopatrzeniowca i księgowej.

Eleganccy kelnerzy to wieczni wypierdalacze z uśmiechem na twarzy, którzy sprzedadzą największe gówno tylko dlatego, że żywotność potrawy się kończy, czyli mija data przydatności do spożycia (kolega, który zaprowadził mnie po raz pierwszy do japońskiej knajpy, potrafił przez pół roku zupełnie nieświadomie sprzedawać bakłażana w sosie słodkim – nasu no dengaku – jako rybę). Kelnerom wystarczy rzut oka na osobę siedzącą przy stoliku i od razu wiedzą, ile są w stanie z niego wyciągnąć. Na dodatek rzadko się w tym mylą. To pokerzyści kochający blef i szybkie pieniądze. Nie znoszą kucharzy, toczą z nimi wojny i uważają ich za gorszy gatunek. Wmówią ci, że mucha w twojej zupie to daktyl w bekonie. Serio, większość tych gości mogłaby być rekinami finansjery, prominentnymi politykami albo chociaż zdolnymi marketingowcami, bo mają w małym paluszku wciskanie ludziom badziewia, mizdrzenie się do nich, robienie wrażenia, a w razie czego też gaszenie konfliktów. A wszystko to z niezmiennym, szerokim i perliście białym uśmiechem. A jak trzeba, to i wypierdolą delikwenta za drzwi, bo i to powinni umieć. Jest tylko jedno ale – to, co przeczytaliście przed chwilą, dotyczy Prawdziwych Kelnerów. Obecnie bowiem w prawie każdej większej i mniejszej knajpie znajdziecie grupkę lasek i gości, którzy są tak samo ubrani, mają jakąś ścierkę i mienią się kelnerami, ale tak naprawdę to studenci socjologii albo pies wie czego, którzy muszą jakoś zarobić na życie. Każdy byle siurek może zostać napędem do tacy, jak mawiają starzy wymiatacze. Ich kelnerzenie jest rozmytym okresem przejściowym między siedzeniem na wykładzie a kolejną imprezą w akademiku. W miarę szybo zarabiają tu jakieś pieniądze, ale

koniec końców i tak ma to ich doprowadzić do robienia kariery w korpo. W związku z tym o potrawach, które podają, nie wiedzą nic, nie odróżniają szpinaku od indyka, a ich rola ogranicza się do nakrycia stolika, odebrania zamówienia, dostarczenia gościowi posiłku, przyjęcia zapłaty i posprzątania. Znaleźć dziś Prawdziwego Kelnera to nie lada sztuka, a ci też nie będą przecież pracować za najniższą krajową. Dlaczego? Wydawać by się mogło, że kelner w restauracyjnej hierarchii stoi bardzo niziutko, zaledwie czterdzieści centymetrów nad pomywaczem. Niby tak, ale to on jest tak naprawdę twarzą lokalu, to z nim goście mają największą styczność, to jemu powierzają swoje pieniądze. On ich obsługuje, rozmawia z nimi. Dobry kelner, czyli Prawdziwy Kelner, będzie potrafił opowiedzieć o potrawie, wytłumaczyć, jak jest przyrządzona, skąd pochodzą składniki, zabawi gościa pogawędką, kiedy przyrządzenie potrawy się przedłuża, ale jednocześnie nasadzi chujów kucharzom-obibokom. Będzie także pamiętał, że starszy pan, który przychodzi co wtorek w zamszowych butach, lubi siedzieć pod oknem i przepada za kaczką z brzoskwiniami. Dlatego dobrzy kelnerzy chcą i powinni zarabiać sensowne pieniądze, choć z drugiej strony sporo sobie odbijają na napiwkach. W jednej z sopockich restauracji kelnerki-studentki, które nie mają pojęcia o niczym poza noszeniem tacy i uśmiechaniem się, potrafią w sezonie wyciągnąć z napiwków dodatkowe 7–8 tysięcy miesięcznie, podczas gdy ich podstawowa pensja wynosi jakieś 1,5–2 tysiące. Nieźle, co? A jeszcze kręcą nosem, że im mało. Dla tych dziewczyn to bardzo często droga w jedną stronę. Mają 21 lat, studiują zarządzanie i pracują w restauracji, gdzie zarabiają duże pieniądze – wydaje im się, że tak będzie dalej, że po 20 latach pracy będą zarabiały więcej. Ale nie widzą tego, że za 20 lat nie będą kelnerkami, bo nikt ich nie będzie chciał na sali. Zwróciłeś kiedyś uwagę, że kelnerki i barmanki są zazwyczaj młode i ładne? Po dwóch dekadach w knajpie taka pracownica wyląduje na zmywaku i będzie myć noże po koleżankach, z którymi studiowała, a które wybrały inną drogę kariery. Nie będziesz kelnerką wiecznie, dziewczyno. Jeśli wydaje ci się, że awansujesz i będziesz menedżerką, a potem właścicielką, to sorry, też jesteś w błędzie.

Wracając do Prawdziwego Kelnera, oprócz innych przymiotów ma on też swój honor, choć może trzeba to raczej nazwać polityką restauracji – zaufany człowiek nie poda klientowi potrawy, która została źle przyrządzona, odradzi mu wybranie dorsza, jeśli wie, że jest nieświeży. Mówiąc krótko, kelner ma przejebane, bo musi dbać o interesy trzech stron – klienta, restauracji i swój.

Kelner musi mieć jaja albo być po prostu wytrzymały i elastyczny niczym wagina. I to z wielu powodów. Jeśli klientowi coś nie pasuje, pluje się, że ryba za słona, a woda za mokra, to kelner musi świecić oczami za kucharza i interweniować. No i klient czasami ma rację – kucharze nie są maszynami i zdarza im się coś spieprzyć. Ale co, jeśli nie ma racji? Jeśli po prostu chce zrobić aferę, bo ma tak żałosne życie, że nic innego mu nie pozostało? Ot, dylemat – czy taki kelner ma grzecznie przepraszać, kajać się, leżeć krzyżem, klęczeć na grochu, bić się w pierś, rozdzierać szaty i posypywać głowę popiołem, czy też stwierdzić: „no, chyba sobie, kurwa, imć raczysz żartować". Przecież jeśli każe mu spierdalać, to go wywalą z roboty. Taką hecę może odwalić właściciel knajpy i znam takich, którzy potrafili podejść do stolika i powiedzieć: „dzisiaj jecie na mój koszt, ale proszę kończyć posiłek, opuścić moją restaurację i nigdy więcej tu nie wracać". Jako kelner nie możesz sobie pozwolić na takie rzeczy – nie znalazłbyś wytłumaczenia, chyba że klient dał ci w pysk albo zrobił coś w tym stylu. A zdarzało się. Do restauracji, w której pracowałem jako kelner, przyszli dwaj koledzy dentyści. Byli strasznie męczący i na dodatek podchmieleni, więc w razie czego mieliśmy argument. Kumpel, który ich obsługiwał, wydał im resztę naprawdę kurewskim szrotem – w jakichś groszówkach. Przyznaję, że to było słabe. Ja bym się pewnie spojrzał na niego i nic nie powiedział, ale tamten typ był na tyle pijany, że wziął te monety i cisnął w niego i w bar. Kumpel, niewiele myśląc, wyszedł do niego, tamci zaczęli spierdalać, ale złapał jednego przed kuchnią i sklepał. Sprawa wylądowała w prokuraturze, uniewinnili go, nie potrzebował prezydenckiego ułaskawienia. Morał: nie denerwuj kelnera.

A teraz niespodzianka – ludzie, czyli ty także, chyba że jesteś jedynym na świecie chomikiem z umiejętnością czytania, są przyzwyczajeni do poziomu średniego. Często z sali wracają dania przyrządzone z bardzo świeżych produktów, bo klienci twierdzą, że są nieświeże. Kelner musi umieć przyjąć wszystko na klatę. Tak naprawdę to kolejny psycholog w knajpie. Czasami musi wytłumaczyć, że klient się myli, ale musi zrobić to tak, żeby tamten nie poczuł się jak idiota. Masz jakiś pomysł, jak tego dokonać?

Dobry kelner dba o jakość serwisu, to chyba nie ulega wątpliwości. Dlatego też potrafi zwrócić uwagę kucharzom, że coś robią źle. Zdarza się, że przynosi danie z sali i mówi „to jest chujowe, albo zrobicie to jeszcze raz, albo sami to zeżrecie".

Dobry kelner musi mieć dobrą pamięć. To jego podstawowe narzędzie pracy. Nie chodzi nawet o to, żeby pamiętał swoich powracających gości i stałych klientów, bo wydaje mi się, że człowiek z jako tako działającym mózgiem po prostu nawet mimochodem zapamięta kogoś, kto przychodzi i go dobrze traktuje, jest miły i daje dobre napiwki, jak również – przeciwnie – kogoś, kto jest totalnym naburmuszonym skurwielem, któremu nigdy nic nie pasuje, a mimo to przyłazi. Pamięć jest bardzo istotna w pracy kelnera. Kelnerka, która trzyma tacę, a na tacy ma kartkę i długopis, bo zapisuje zamówienie dla dwóch osób? Proszę cię, amatorszczyzna. Oczywiście spoko, bo to pozwala jej ustrzec się przed pomyłką, ale dobry kelner nie lata z notesikiem jak dziennikarz w latach sześćdziesiątych. I nie ma łap pomazanych tuszem.

Właściwa osoba na stanowisku kelnera umie wyczuć moment, w którym należy podejść do stolika. Jeżeli do restauracji przychodzi dwóch biznesmenów, siadają przy stoliku, zamawiają, a następnie zaczynają opracowywać strategię na następny rok albo snuć ważne plany dotyczące joint venture, to kelner nie powinien podchodzić i pytać, czy wszystko dobrze, czy smakowało, czy podać coś jeszcze, czy pogoda ładna, czy żona zdrowa. Spierdalaj od tego stolika, kelnerze. Weź zamówienie, przynieś, zabierz. I obserwuj. Jeżeli będą czegoś od ciebie chcieli, to zaczną cię szukać wzrokiem.

Co jeszcze wyróżnia dobrego kelnera? Na przykład to, że w przeciwieństwie do setek tysięcy chujków, którzy teraz robią za kelnerów, zna kartę restauracji na pamięć, na wyrywki, od przodu, od tyłu, po skosie, i jest w stanie opowiedzieć o niej ABSOLUTNIE, KURWA, WSZYSTKO! Imaginuj sobie: przychodzisz do obcej restauracji w obcym mieście, dostajesz kartę, patrzysz, a tam jakieś zdekonstruowane sous-vide, gąbki z fal dźwiękowych i pudry z cekolu, albo jeszcze lepiej – wszystko po francusku, bo komuś się wydawało, że tak będzie światowo. Ni chuja z tego nie rozumiesz, a w brzuchu burczy. Na dodatek nie lubisz chrzanu, po brukwi pierdzisz, a wieprzowina powoduje u ciebie wysypkę w prawej pachwinie, więc chciałbyś tych składników uniknąć. Dobrze by zatem było, żebyś się dowiedział, co to właściwie są te wszystkie rzeczy w menu. Wołasz kelnera, pytasz, a on nie wie. Kaplica. Niedopuszczalne. Od razu gościa na szafot. Kelner powinien znać kartę, móc opisać, z jakich produktów potrawa została wykonana i w jaki sposób. Nie musi ci podawać dokładnego przepisu, ale jeśli masz uczulenie na soję albo nie trawisz laktozy, to on musi ci wskazać, które dania w menu są dla ciebie bezpieczne. Ba, musi też znać kartę win i być w stanie dobrać wino do zamówionej przez ciebie potrawy. Powinien potrafić zaproponować ci dobry koktajl jako aperitif. Ale to nie wszystko. Dobry, ale to naprawdę dobry kelner jest jak konsjerż. Jeśli przyjdziesz z kumplami, którzy mają ochotę się dziś wieczór napierdolić i pójść na dupy, to on powinien ci powiedzieć, gdzie te dupy znajdziesz, gdzie jest najlepszy klub, gdzie są małolaty, gdzie rude, gdzie emerytki, a gdzie laski bez prawych nóg. Jeśli chcesz taksówkę, zamówi ją dla ciebie albo chociaż da numer. Jeśli chcesz koks, to ogarnie sytuację tak, że przed wejściem czekać będzie maybach, w środku siedzieć będzie najlepsza laska w okolicy i na złotej tacy poda ci działkę. Oczywiście kelner odpowiednio cię za te usługi skasuje, może nie fiskalnie, ale nie myśl, że robi to z dobrego serca, bo przecież to jest barter, wymiana – ty jesteś zadowolony, on zarobił pieniądze. Proste.

W dużych miejscach kelnerów, czy generalnie ludzi zapieprzających na sali, obowiązuje osobna hierarchia. Nad wszystkim stoi szef czy kierownik sali. Ma pod sobą kelnerów i runnerów. I znów – kiedyś kierownik sali był kimś, a jelenie po prostu zapierdalały za niego. Najlepiej tę hierarchię widać na bankietach, podczas których salę obsługuje na przykład dwudziestu kelnerów z łapanki (bo przecież nigdy nie zatrudnia się tylu na stałe) i jest jeden dowodzący, który wydaje dyspozycje. Jak na imprezach u Bruce'a Wayne'a, znanego gdzieniegdzie jako Batman – tam kelnerami rządzi Alfred i jeśli ktoś mu podskoczy, to po pierwsze roboty w Wayne Manor więcej nie dostanie, po drugie może nawet podpaść samemu Człowiekowi Nietoperzowi. W większości restauracji jednak takiej hierarchii nie ma – są na to zbyt małe. Właściciel czy kelnerzy są w stanie obmieść wzrokiem salę i zorientować się, co się dzieje.

Uprzedzam też – kelnerek się po tyłkach nie klepie. Po pierwsze dlatego, żeby nie być ostatnim chujem i szowinistą, po drugie – dla własnego bezpieczeństwa. Nawet jeśli nikt nie obije ci za to pyska, to kto wie, co znajdzie się na twoim talerzu. Takie sytuacje na pewno się zdarzają. Osobiście nie miałem z nimi do czynienia, ale potrafię sobie wyobrazić, że jedna czy druga dostawała jakieś propozycje szybkiego seksu. Pamiętajcie – bogaci ludzie lubią czuć się wszechwładni i często żywią przekonanie, że „usługująca" im dziewczyna zrobi wszystko tylko dlatego, że mają drogi krawat.

• **Napiwki**

Słowo „napiwek" pojawiło się tu chyba pierdyliard razy. I choć różne tęgie głowy tłumaczyły w książkach, prasie, radio, telewizji, internecie, z ambony, w jaki sposób w Rzeczypospolitej Polskiej i krajach podobnych kulturowo daje się napiwki, to jest jeszcze cała banda matołów, do których nie dotarło. Otóż, moje kochane tłumoczki, po pierwsze napiwki się daje, jeśli jesteś zadowolony z serwisu, po drugie mają one określoną wielkość, która stanowi 10% rachunku lub więcej. Masz oczywiście prawo nie zostawić napiwku, jeśli coś nie grało. Ufam i chcę wierzyć, że dla ciebie to oczywista oczywistość, ale jednocześnie wiem, że pośród twoich kumpli są idioci, którym trzeba to wytłumaczyć dokładniej. Więc uwaga, drodzy kumple czytelnika, bo teraz się zrobi nieco trudniej, z poziomu żłobka wskoczymy na poziom przedszkola. W niektórych lokalach serwis jest doliczony do rachunku. W takim wypadku napiwku się nie daje – to jest właśnie ten serwis, tylko właściciel lokalu był na tyle fajny dla fiskusa, że postanowił sfiskalizować napiwek, czyli jeszcze zapłacić za to podatek. Ale jeśli tak nie jest – zostaw te 10%, nie zbiedniejesz od tego. A zapewniam cię, że bardzo łatwo policzyć, ile to jest 10% całej kwoty. Jeśli tego nie umiesz, to nie powinieneś wychodzić z domu bez opieki osoby dorosłej. Wracając do sedna sprawy: nic nie stoi na przeszkodzie, żebyś zostawił większy napiwek. Gwarantuję ci, że nikt się za to nie obrazi. Jeśli jesteś zadowolony z usługi, jedzenie ci smakowało, wszystko było w porządku, kelner był miły i kompetentny, kelnerka świetnie doradziła i była bardzo ładna – zostaw 20%. Albo i więcej. Zdarzały mi się napiwki po 100, a nawet 200% wartości rachunku. Niektórzy twierdzą, że w Polsce przyjęło się, że kwotę należności zaokrąglasz do góry i ta różnica jest napiwkiem, czyli jeśli masz do zapłacenia 46 złotych, to dajesz 5 dych i git. Ale co, jeśli masz do zapłacenia 59 złotych? Jak zostawisz 60, to będzie siara. Dlatego bezpieczniej jest trzymać się zasady 10%. Nieznajomość zasad szkodzi. Na przykład może wpłynąć negatywnie na czyjś wizerunek. Zdarzało się, że ktoś robił imprezę na 1500 złotych i zostawiał złotówkę napiwku, bo wydawało mu się, że to było fajne. Najczęściej w takich sytuacjach zwracaliśmy te bieda-napiwki, dając do zrozumienia, lub nawet otwarcie mówiąc, że nie wypada. Trzeba szanować swoją pracę i mieć honor.

Jeśli na sam koniec chcesz się dowiedzieć, czy napiwki trafiają bezpośrednio do kieszeni danego kelnera, czy może wędrują do wspólnej świnki skarbonki, której zawartość jest następnie dzielona równo między wszystkich kelnerów – albo nawet między kelnerów i pracowników kuchni – to znaczy, że jesteś wścibski. Ale i tak ci powiem: jest różnie. Zależy od układu, jaki panuje w danym lokalu, więc się nie interesuj.

• Zdrobnienia

A wiecie, co jest śmieszne u kelnerów? Zdrobnienia. Dla większości z nich nie ma zupy, jest zupka. Z marcheweczką. Może chcą w ten sposób wpłynąć na gości, przedstawić im rzeczywistość w jaśniejszych barwach, może jest to jakaś socjotechnika, której nie rozszyfrowałem? Zdrobnienia to przekleństwo gastronomii, choć nieszkodliwe. Po latach łatwo też poznać, kto miał z tą branżą dłużej do czynienia – zazwyczaj infantylizuje wszystko, o czym mówi.

Skąd się bierze kelnerów? Czy oni gdzieś rosną? Czy istnieje jakieś magiczne drzewo kelnerowe, z którego zrywa się ich wraz z początkiem jesieni? A może są rodzajem bulwy wyciąganej z ziemi w środku lata? Niestety nie, a szkoda, bo świat może byłby wtedy piękniejszy. Kelnerów bierze się z łapanki i to nawet w najlepszych restauracjach w Polsce. Pozyskanie kelnera, który nie będzie jedynie napędem do tacy, to wielki problem. Spora część osób traktuje zawód kelnera jako przygodę. Większość z nich to studenci, którzy nie wiążą przyszłości z tym zawodem. Pozostali stanowią wyjątek. Chcą się rozwijać, więc celują w posady sommelierów, szefów sali czy menedżerów. I niektórym się to udaje. Generalnie jednak edukacja kelnerów jest na bardzo niskim poziomie. Nawet najlepsze lokale mają problem z kelnerami, którzy nie ogarniają sytuacji i nie są Prawdziwymi Kelnerami. Nie odróżniają potrawy od produktów. Przyswajają wiedzę na szkoleniach, ale potem wszystko mylą, chrzanią gościom jakieś bzdury o workach i próżniach. Nie ukrywajmy też – jako kelner nie zarobisz dobrych pieniążków, więc restauracje są skazane na wspomnianych studentów. Za marne pieniądze trudno oczekiwać kompetentnego pracownika.

• Kształcenie kelnerów

A teraz najciekawsze: w Polsce można się uczyć na kelnera, a jakże. Żeby zostać kelnerem z wykształcenia, trzeba skończyć technikum. Kelner w systemie oświaty nie jest traktowany jako przedmiot zawodowy, w związku z czym trzeba się uczyć cztery albo pięć lat, podczas gdy kucharzem można zostać w trzy. Boję się nawet myśleć, jacy desperaci decydują się na taką ścieżkę edukacji, by zostać technikiem kelnerem. Oczywiście ona nic nie daje i jest kompletnie niepotrzebna, bo przyjdzie ci taki po pięciu latach szkoły, a i tak musisz go wszystkiego nauczyć – karty, opowiadania, serwisu, przyjmowania gości. Może będzie co najwyżej kumał obsługę kasy fiskalnej. Ale słowa „liberia" nie zna.

Kelner zdaje dwa egzaminy: „wykonywanie usług kelnerskich" i „organizacja usług gastronomicznych". Żeby dostać zawód, trzeba skończyć kształcenie na poziomie 1470 zrealizowanych godzin zawodowych (czyli poza lekcjami ogólnymi na poziomie szkoły średniej, typu język polski, język bcy, wychowanie fizyczne, biologia, religia), jak w każdym technikum. Pośród przedmiotów znajdziesz: obsługiwanie gości indywidualnych, przygotowanie potraw i napojów, planowanie i obsługiwanie przyjęć oraz imprez gastronomicznych, zasady planowania jadłospisów, technologia sporządzania potraw i napojów z towaroznawstwem, usługi gastronomiczne wewnętrzne i cateringowe, działalność gospodarcza w gastronomii, język obcy w pracy kelnera. 1470 godzin. Możesz być po takim czasie technikiem budownictwa drogowego, możesz być kucharzem, możesz być kelnerem. Twój wybór, kariera stoi którymś otworem.

Kucharze, czyli goście od ekstremalnej roboty

Można powiedzieć, że każda robota jest ciężka. Także w usługach. Ale mimo wszystko są zawody mniej i bardziej wyczerpujące. Kucharze pracują w pomieszczeniach zamkniętych, niejednokrotnie nagrzanych do temperatury sześćdziesięciu stopni Celsjusza, pod presją czasu i pięknego talerza, z bonami wyskakującymi w godzinach największego obłożenia jak lawa z Wezuwiusza w szczycie erupcji. Z wkurwiającymi i wiecznie ujadającymi kelnerami i kuszącymi kelnerkami, do których nawet nie ma czasu zagadać. Pokaż mi zawód w usługach, który jest tak nawiedzony? Szewc? Jasne. Hydraulik? Chyba w filmach porno. Pani w okienku pocztowym? Nie kpij.

Robota kucharza jest ekstremalna. Trzeba być świrem. Wyposażenie zapleczy kuchennych czasami woła o pomstę do nieba, nie każdy pracuje przecież w ultrabogatej sieci hoteli. W większości miejsc jest tak, że właściciel restauracji nie kupi kucharzowi nawet noży, czyli jego podstawowego narzędzia pracy, bo powie „na chuj ci to, masz tamte stare". Do tego robota jest cały czas na stojąco. Stres potęgują piętrzące się bony. Trzeba dbać o to, żeby gotowe były wszystkie potrzebne półprodukty, a jednocześnie skupić się na całym procesie przygotowania potrawy. Kucharze muszą być też gotowi na odpowiednią liczbę gości, bo w Polsce nie ma tak, że co wieczór przychodzi 100 osób i buda jest pełna. W poniedziałek przyjdzie 70, we wtorek

10, a w środę 300, bo jest komunia albo inna stypa, albo jeszcze premiera nowych *Gwiezdnych wojen* w pobliskim multipleksie, albo też wysypią się dwa autokary głodnych Niemców. Loteria. Kuchnia to wysoka temperatura, zamknięte pomieszczenie, brak kontaktu z ludźmi. Można dostać pierdolca.

Nie dajcie sobie wmówić, że w przeciętnej kuchni jest syf i malaria. Biorąc pod uwagę europejskie standardy, stoimy na bardzo dobrym poziomie. Nasze służby (na czele z pewną instytucją, której nazwa zaczyna się od „S", a kończy na „d") są powalone na tyle, że nie dość, że egzekwują to wszystko, co trzeba, to jeszcze przeginają w drugą stronę. Nie zdarzyło mi się pracować w miejscu, w którym kuchnia byłaby w złym stanie higienicznym. Gdyby tak się trafiło, to nawet jako kelner nie podpisałbym się pod tym – mam zbyt dużo godności. Po prostu nie podałbym żadnej potrawy. Jak jednak prezentuje się stan kuchni w jakichś podrzędnych budach pod dworcem, tego nie wie nikt.

Kuchnia restauracyjna może się wydawać miejscem niebezpiecznym. Jest ogień i wrząca woda, są gorące garnki i potrawy, w końcu są też wymachujący ostrymi przedmiotami kucharze. Nie znam żadnego pracownika kuchni, który nie byłby stale poparzony. To naturalne – w ferworze walki złapiesz za rozgrzany garnek i dupa. Skaleczenia zdarzają się, ale rzadziej. To wszystko nie wynika z niewłaściwego podejścia do kwestii bezpieczeństwa, po prostu w tej robocie tak jest i nikt tego nie zmieni. Jak komuś nie pasuje, to niech idzie pracować w lodziarni.

Okej, młody kucharz dostał robotę w restauracji i uczy się zasad. Pierwsza: w kuchni też jest podział obowiązków. Zwłaszcza w dużych kuchniach. Jeden jest od grilla, drugi od sosów, trzeci od zup. A sous chef to nie jest szef od sosów, tylko zastępca szefa kuchni. Nagle się okazuje, że kuchnia to miejsce pracy dla kosmopolitów, bo nic tam nie jest po polsku. Na Facebooku teraz jeden debil z drugim ma napisane „chef" albo „chief", jakby „szef kuchni" brzmiało wieśniacko. A z francuska albo angielska

to niby światowo, o rajuniu, ą, ę i dupa przez „rz". To wszystko dlatego, że wielu z nich uważa się za Artystów (wielka litera jak najbardziej zamierzona). Myślą, że kreują rzeczywistość i wyprzedzają swój czas, gotując rosół z kostki. Jeśli pójdziesz na imprezę do domu kucharza, posmakujesz kanapki, którą zrobił, i stwierdzisz, że ci nie smakuje, to się obrazi tylko, jeśli jest idiotą. Jeśli jest normalnym kolesiem, ma łeb na karku, chce się rozwijać i ma do siebie dystans, to zapyta: „dlaczego?". Bo przecież może nie lubisz kwaśnych rzeczy, a może on faktycznie coś spierdolił. Ale część kucharzy może to potraktować jako wjazd na dumę, bo wydaje im się, że wiedzą o kuchni wszystko. I to nie tylko o jednej, w której się specjalizują, ale o wszystkich: o kaszubskiej, francuskiej, węgierskiej, chińskiej, japońskiej, greckiej i tak dalej. Znają się, jebani, na wszystkim. A jeść się tego potem nie da. Skromność i pokora to najważniejsze cechy u szefa kuchni. Jak takiego znajdziesz, to jesteś w domu.

Najgorsze w robocie na kuchni jest to, że gdy wszyscy mają wolne, ty zapierdalasz. Przychodzą wakacje, każdy chce pojechać nad morze i zjeść rybę, a ty akurat pracujesz w restauracji w Sopocie. I co, dostaniesz wolne? Kiedy większość normalnych ludzi ma urlop, kucharz, zamiast leżeć fają do góry na plaży, haruje w pocie czoła. To frustrujące, wierz mi. To też wpływa na życie prywatne. Nie myśl sobie, że jak już zostaniesz szefem w dobrej restauracji, to będziesz z powodzeniem oddzielał życie prywatne od zawodowego. Nie będziesz. Albo oddzielisz je tak, że twoja żona się z tobą rozwiedzie i zabierze dzieci, a tobie zostanie praca. Rozwody to zresztą choroba zawodowa szefów kuchni. Kobietę, która potrafi wytrzymać całe życie z facetem, który poświęca się robocie tak, że nigdy nie ma go w domu, a jeśli już bywa, to albo śpi, albo zajmuje się chuj wie czym, ale na pewno nie domem, powinno się postawić na równi z bogami.

Bycie szefem kuchni to zbratanie się z permanentnym stresem. Im wyżej jesteś na drabince, tym większe odczuwasz ciśnienie. Jeśli na dodatek wskoczysz na tor wyścigów po najwyższe laury, gwiazdki, srastki, czapki, srapki, to będziesz balansował na cienkiej linie. Wytrzymają jedynie zaprawione w bojach terminatory i robokopy, które mają nerwy ze stali i są wyzbyte uczuć.

No i jeszcze raz powtarzam – wbrew pozorom to naprawdę ciężka praca. Może dlatego podejmuje ją tak niewiele kobiet. Mnie się jednak wydaje, że to raczej kwestia życia rodzinnego. Kobiety wolą więcej czasu poświęcić dzieciom, domowi. Trudno jest im tak po prostu zniknąć na kilkanaście godzin w pracy. Nie chcą oddać się robocie do tego stopnia. Facet poświęci się pasji albo idei bez reszty – widać to choćby na wojnach, ale także na kibolskich ustawkach. Są tacy, którzy twierdzą, że kobiety po prostu gorzej gotują, ale to bzdura. Panie potrafią świetnie gotować i na dobrą sprawę większość z nas wychowała się na domowym jedzeniu, które przyrządzała matka. I wielu do dziś uważa, że tamtym smakom z dzieciństwa nic nie dorówna. W dyskusji na ten temat kilkakrotnie padał argument, że kobiety mają po prostu mniej rozwinięte kubeczki smakowe, ale to też zwykły farmazon. Stawiam na brak skłonności do całkowitego poświęcenia się pracy jako pierwszą przyczynę znikomej liczby kobiet w kuchni. Drugą byłaby męska umiejętność szybkiego rozładowania napięcia. Faceci dadzą sobie po mordzie, czy to dosłownie, czy w przenośni, i koniec. Babki będą miesiącami obrabiać sobie dupy za plecami i strzelać fochy. Nie jest to z mojej strony żaden szowinizm. Jestem pewien, że sporo pań, które potrafią spojrzeć na swoje relacje z koleżankami z dystansem, potwierdzi tę obserwację. W kluczowej sytuacji w kuchni faceci stwierdzą: „zjebaliśmy, teraz pomyślmy, jak to odkręcić, ale szybko, bo idzie dwadzieścia następnych bonów", podczas gdy większość lasek zacznie panikować albo płakać. Nie bez powodu zwykło się używać pojęcia „męska decyzja" na określenie szybkiego, zdecydowanego, choć niekiedy ryzykownego wyboru. Może się wydawać, że gotowanie nie jest zbyt ryzykowne, ale w wypadku kuchni restauracyjnej obfituje ono w dylematy. Czy dajemy zupę, która lekko skisła, podciągniemy ją śmietaną i udajemy, że jest fajnie, czy gotujemy nową i przez dwie godziny nie mamy zupy w karcie? O tym decyduje szef kuchni – on podejmuje ryzyko związane z ewentualnymi zatruciami, sądami, odszkodowaniami. Jeśli do restauracji przyjdzie 150 osób, wszyscy zamówią zupę i wszyscy zaczną srać po ścianach, to masz sąd murowany. A na dodatek oprócz twoich gości zesra się twoja opinia.

Kucharze jedzą to, co robią, więc wiedzą, jak smakuje. Ale nie jadają tego na co dzień w pełnych porcjach obiadowych. Raczej próbują, żeby wiedzieć, jak smakuje, bo składają potrawę do kupy. W kuchni restauracyjnej raczej nie zobaczycie kucharza jedzącego danie z karty. Kiedy pracowałem w restauracji, największym wkurwem było to, że na co dzień jedliśmy cały czas to samo. Kucharze nie gotowali posiłków dla ekipy, choć mogli. Nie chodzi o jakieś wykwintne żarcie – wystarczyłaby micha żurku z chlebem. Ale nie, cały czas odgrzewali nam wołowinę po burgundzku i kurczaka po baskijsku. Po pięciu tygodniach rzygaliśmy tym żarciem. Wystarczyło, że ci ktoś podstawił talerz pod nos, i miałeś ochotę puszczać hafta. Z kucharzami jest tak samo – też nie chce im się codziennie jadać tego samego. Smakują, żeby wiedzieć, bo ich zadaniem jest nie tylko przyrządzanie tego, co się znajduje w karcie, ale także poszukiwanie nowych smaków, nowych połączeń, nowych rozwiązań. Dla siebie w ramach posiłku wykombinują raczej coś innego, nawet jeśli jest to buła z kiełbasą. Ale zasadniczo nie muszą – nie są głodni, bo przecież podjadają. Czy kucharze gotują też w domu? Różnie bywa. Bardzo często w domu gotuje partnerka – jak się wychodzi po kilkunastu godzinach z pracy w restauracyjnej kuchni to zwykle ostatnią rzeczą, na jaką ma się ochotę, jest kolejnych kilka godzin spędzonych w kuchni w domu. Ci, którzy tego obowiązku unikają, w domu pichcą tylko wtedy, gdy trzeba zaszpanować, bo przyjeżdża teściowa albo złażą się inni goście. Ale są też tacy, którzy twierdzą, że gotowanie w domu to podstawa, i nie wyobrażają sobie, żeby zawodowy kucharz nie przygotowywał posiłków dla własnych partnerek i dzieci. Cóż, jedno i drugie wydaje się równie sensowne. No to przy okazji jeszcze jedno pytanie – czy kucharze wszystko jadają? Czy mają prawo nie lubić wątróbki? I jak daleko potrafią się posunąć w poszukiwaniach odpowiednich połączeń smakowych albo w odkrywaniu nowego smaku? Ano niektórzy aż do przesady. Kiedyś do jednej z restauracji hotelowych regularnie przyjeżdżał pewien Niemiec. Zawsze zamawiał zająca, bo akurat w tym miejscu przyrządzano go po mistrzowsku. Ale czasami produktów brakuje. Zajęcy na polskich polach też jest coraz mniej, częściej są sprowadzane z Ameryki Południowej. Pewnego pięknego razu zabrakło zajęcy również w owej restauracji. Ale Niemiec się uparł. I teraz mu daj. Kucharze się wkurwili, bo nie można mu było przetłumaczyć. Przygotowali więc zająca, który... był kotem. Najzwyczajniej w świecie złapali sierściucha, który się błąkał przy śmietniku, zabili go i wypatroszyli. Ułożyli go tak, że w brytfannie przypominał zająca. Niemiec był zachwycony i powiedział, że kucharze przeszli samych siebie, bo on jeszcze nigdy takiego zająca nie jadł. No i prawda – takiego nie jadł. Tego rodzaju historie mają też kelnerzy. Jeden z nich opowiadał, że zalazł mu za skórę gość, który zawsze zamawiał stek i zawsze się upierał, że jest niedosmażony. Więc kelner wyklepał mu kiedyś stek podeszwą buta i wysmażył. Smakowało. Innej z kolei ekipie zdarzyło się próbować bociana. Mówili, że nie za ciekawy i bardzo żyłowaty. Te opowieści dowodzą, że sprawny kucharz (a czasami kelner) musi improwizować nawet w całkowicie ekstremalny sposób. Szanujący się kucharz, taki, który chce kreować smaki, nie może bać się spróbować czegoś innego. Oczywiście nie musi od razu wychwalać wszystkiego, co obce – wielu kucharzy otwarcie przyznaje, że nigdy więcej nie tknie czerniny, bo wywołuje w nich obrzydzenie.

Czego oczekuje się od dobrego kucharza? Powtarzalności. Kartę układa szef kuchni – on wymyśla potrawy, opracowuje receptury, nierzadko przy udziale swoich pracowników. Niemniej jednak szef raczej nie gotuje. Kiedy nie ma go w kuchni, dania przyrządzają kucharze. Gość oczekuje, że we wtorek dostanie flądrę tak samo dobrą, jak w zeszły poniedziałek, kiedy przygotował ją szef kuchni. Gościa nie obchodzi, że dziś gotuje 20-letni nowo zatrudniony Jacuś, któremu rośnie pierwszy wąs i trzęsą się ręce. Cena potrawy jest przecież taka sama. I koniec końców, klient nie powinien być w stanie rozróżnić, czy dyżuruje szef kuchni, czy ktoś inny. Oczywiście kucharz nie jest maszyną i zdarza mu się pomylić, sypnąć czegoś więcej, przetrzymać coś na patelni o pół minuty dłużej. Kuchnia to nie apteka. Niektórzy próbują też na własną rękę udoskonalać nietrafione, ich zdaniem, formuły szefa kuchni, bo wydaje im się, że wiedzą lepiej. Czasami im się udaje. Częściej jednak po prostu pierdolą to, co z trudem stworzył ich przełożony, wspinając się na wyżyny swoich zdolności twórczych, umiejętności technicznych i wiedzy. Stali goście restauracyjni często pytają, kto dziś gotuje. To zły znak. Jeśli bowiem klient, który zamawia zawsze tę samą pozycję w menu, za każdym razem dostaje potrawę smakującą nieco inaczej, to znaczy, że ktoś za ścianą coś kombinuje i albo nie opanował receptury, albo poprawia szefa kuchni. Albo jest lepszy od szefa kuchni, bo przecież gościom może bardziej smakować coś, co wyszło spod ręki Jacusia bez wąsa. Tak czy inaczej, jeśli knajpa nie serwuje równych dań, jeśli kuchni brak powtarzalności, to klient się w końcu wkurwi i przestanie przychodzić.

Jeśli zapytasz mnie, z jaką personą kojarzył mi się kucharz jeszcze pięć lat temu, to odpowiem: „wyszłem, poszłem, ja pierdolę". Miałem z takimi do czynienia jako kelner i jako dostawca produktów do gastronomii. Miałem pośród kucharzy garstkę znajomych, z którymi mogłem siedzieć godzinami i dyskutować o kuchni. Reszta to banda rednecków. W pracy stykałem się z naprawdę niezłym elementem. Jeśli najpiękniejszą cechą, jaką może posiadać zawodowy kucharz (a pewnie i każdy możliwy reprezentant każdego zawodu), jest pokora, to najgorszą jest z pewnością ignorancja. Od wielu kucharzy usłyszałem „ucz się, bo ja żył wiecznie nie będę". Często powtarzała to stara ekipa, a jeśli ktoś mówi coś takiego, to najpewniej uważa, że sam zjadł wszystkie rozumy. Najlepsi są skromni. Pracują, robią swoje, dostarczają klientom jedzenie na najwyższym możliwym poziomie, nie pchają się do mediów, co nie znaczy, że jeśli ktoś ich zaprosi do telewizji, to schowają się pod schodami. Po prostu zdają sobie sprawę, że do wysokiego poziomu dochodzi się ciężką pracą, nieustannym poszerzaniem wiedzy, zdobywaniem doświadczenia. Innymi słowy – etos pracy. Najważniejsze to dobrze karmić, niezależnie od tego, czy to będzie buda z grillem przy drodze na Szczecin, czy trzygwiazdkowa restauracja.

Kucharze razem z szefami kuchni to bardzo rozrywkowe towarzystwo. Historie imprez zaczynają się od piwka, a kończą na wódzie, koksie i dziwkach. Są lokale, w których branża spotyka się chętnie po pracy na wódzie, na piwku, na dżoincie i na nosie. Tam lądują okoliczni kucharze, szefowie kuchni, kelnerzy, barmani i reszta. Kiedy po dwudziestej trzeciej wszyscy wychodzą z pracy, spora ich część pierwsze kroki kieruje właśnie tam. Siedzą potem na przykład do czwartej, potem wloką się do domu, odsypiają do 11, a później znów w kierat. Zdarza się, że jeszcze ich trzyma i przychodzą do pracy nawaleni. W jednej z bardziej znanych restauracji wypatrzyłem kiedyś plakat z UFO, powieszony na okapie nad stanowiskiem pracy jednego z kucharzy. Zapytałem szefa, o co chodzi, a on odpowiedział: „Jak to o co? UFO porwało mi pracownika". Koleżka po prostu nie przyszedł do pracy, nie dał znaku życia, po prostu zaginął, a konkretnie najpewniej zapił i leży w domu. Niektórzy potrafią przez tydzień nie pokazywać się w domu, nikt nie wie, co się z nimi w tym czasie dzieje, po czym wracają jakby nigdy nic.

Z informowaniem pracodawcy lub przełożonego o różnych rzeczach też różnie bywa. Są ananasy, które rzucają robotę z dnia na dzień i nie mają jaj, żeby oznajmić to szefowi. Bolesna rzecz – zarówno z tego powodu, że nagle brakuje rąk do pracy, jak i dlatego, że ktoś, z kim się pracowało ramię w ramię, okazuje się szują. I zdarza się to zarówno w większych, bardziej uznanych miejscach, jak i w małych knajpkach. Przychodzi mi do głowy pewien kucharz, w którego właściciel restauracji władował kupę forsy, wysyłał go na szkolenia na drugi koniec świata, do Stanów, do Japonii. Inwestowali w niego, bo miał być jednym z ich czołowych pracowników. A ten w połowie lipca przestał przychodzić do pracy. Nawet nie odbierał telefonów. Zniknął jak kamfora, przepadł jak kamień w wodę. To częsty przypadek, bo niektórzy kucharze są sprzedajni. Najbardziej widać to w sezonie letnim. Jest sporo roboty, nie wiadomo, w co wsadzić ręce, potrzeba dużo ludzi do pracy. Kiedy jeden zniknie, reszta musi wypełnić tę dziurę. A dlaczego znika? Bo ktoś mu dał dwa złote więcej. To nie jest 100% więcej, lecz dwa złote więcej. Taka osoba nie potrafi racjonalnie myśleć. Jeśli pójdzie na dwa miesiące i zarobi dwa tysiące więcej, ale jednocześnie spali za sobą mosty, to w dłuższej perspektywie poniesie stratę. Jeśli ktoś rezygnuje z pracy w taki sposób, to nikt więcej go do pracy po prostu nie przyjmie, a wieści przecież rozchodzą się szybko. Z tego właśnie powodu z dobrych rzemieślników robią się czasami kiepscy wyrobnicy – chcą w trzy miesiące zarobić pieniądze, za które będą mogli przez pozostałych dziewięć miesięcy jakoś ciągnąć, ewentualnie dorabiając gdzieś na fryturze od rana do wieczora. Ale w sezonie to już zapierdalają, bo inaczej nie da się tego nazwać. Siedem dni w tygodniu po kilkanaście godzin. Faktycznie są w stanie wyrobić 30–40 tysięcy, które ich jako tako ustawia do następnego sezonu. Wydaje mi się, że bierze się to z braku ambicji zawodowych.

I jeszcze jedna rzecz, już chyba ostatnia: każdy kucharz ma swoją ksywę, która za nim chodzi od restauracji do restauracji. Jedni ich używają, inni nie, bo trochę słabo, jeśli ta ksywa brzmi „Chujek".

Konkursy kulinarne

A skoro o kucharzach i chujkach mowa: istnieje coś takiego, jak konkursy kulinarne. Istnieje nawet takie dziwo, jak olimpiada kulinarna, która odbywa się oczywiście co cztery lata w niemieckim Erfurcie. Imprezy tego typu są organizowane przez najróżniejsze podmioty, jakie tylko możesz sobie wyobrazić – przez producentów żarcia, same restauracje, urzędy większe i mniejsze, organizatorów targów. Często są tematyczne – dotyczą kuchni regionu albo konkretnych produktów, których trzeba użyć w komponowanym przez siebie daniu, bo dostarczył je główny sponsor.

Zdarzyło mi się w takich konkursach uczestniczyć. Zdarzyło mi się też taki współorganizować. Wtedy właśnie uświadomiłem sobie, że często takie wydarzenia są po prostu ustawione. Jako organizatorzy odbieraliśmy telefony od zainteresowanych kucharzy, którzy pytali nas wprost – warto przyjeżdżać czy z góry wiadomo, że wygra pan Janek? Nasz nie był ustawiony. Wygrał go właśnie jeden z tych facetów, którzy mieli wątpliwości co do czystości całej rozgrywki.

Uczestnictwo, a najlepiej zwycięstwo w konkursie daje jakiś tam prestiż i papierek, który możesz dołączyć do dokumentów, gdy ubiegasz się o pracę albo staż w jakiejś fajnej restauracji. Kilkanaście konkursów w Polsce daje możliwość wystartowania w Kulinarnym Pucharze Polski, o którym ostatnio kiepsko się mówi. Mimo wszystko jest to jeden z najbardziej prestiżowych konkursów kulinarnych w kraju. Poza tym konkursów i konkursików jest na pęczki, zarówno dla zawodowców, jak i amatorów. Oczywiście poza papierkiem i splendorem zwycięzca zdobywa też nagrody. I wiadomo – im lepszy konkurs, tym lepsze nagrody. Jeśli organizatorzy chcą przyciągnąć dobrych kucharzy i szefów, to muszą zapewnić atrakcyjne nagrody, żeby było o co się bić. Koszyk przypraw od sponsora nie zadziała. Komplet noży i tysiąc złotych też nie przyciągnie turbokozaków jako zawodników. Ale samochód – i owszem. Jeśli nie będzie w typie osoby, która zwycięży, to przecież zawsze może go sprzedać i kilkanaście albo dziesiąt tysiaczków do kieszeni wpadnie. Moim zdaniem, żeby móc w ogóle myśleć o organizacji jakiegoś sensownego konkursu, trzeba mieć przynajmniej kilkanaście tysięcy złotych nagród do podziału dla pierwszych trzech miejsc.

Konkursy to też miejsce spotkań. Kucharze gawędzą, klepią się po plecach, roznoszą plotki, piją wódkę. To po prostu niezły pretekst do spotkania towarzyskiego. Oczywiście jest też stres, ale to normalne. Niektórzy nie śpią przez dwie noce przed konkursem recytatorskim.

Regulaminy określają, dla kogo dany konkurs jest przeznaczony. Jedne są dla profesjonalistów – wtedy przeczytasz, że partycypant musi mieć tyle i tyle lat przepracowanych na stanowisku kucharza. Inne są dla amatorów – wtedy przeczytasz, że partycypant nie może mieć nawet jednego roku przepracowanego na stanowisku kucharza. Każdy konkurs jest inny, w jednym trzeba ugotować trzy potrawy, w drugim jedną. Czasami są wymagane konkretne składniki – gotuj, co chcesz, bylebyś użył pietruszki, policzków wieprzowych i kolendry, bo te produkty dostarczyli sponsorzy. Innym razem trzeba po prostu z podanych produktów ulepić coś regionalnego albo przynajmniej zinterpretować jakoś temat kuchni regionu – dają ci jagnięcinę, ser feta i oliwki, bo akurat chodzi o szeroko pojętą kuchnię grecką, a ty masz sobie dobrać coś jeszcze i skomponować autorskie danie. Czasami dostajesz tak zwany *black box* – wiesz, że będzie w nim coś z morza, ale nie masz pojęcia, czy to będzie ryba, jeżowiec czy krewetki, więc musisz improwizować.

Większość konkursów jest otwarta dla publiczności. Publika zasiada na trybunach, obserwuje rywalizację i głodnieje, więc w hali rośnie zapotrzebowanie na hot dogi dla widzów.

Gotowe dania ocenia jury. Czasami dzieli się ono na dwie części: jury degustacyjne i jury techniczne. To pierwsze stanowią amatorzy – jakiś celebryta, jakiś aktor, szef jakiejś firmy i burmistrz miasta. Oceniają, czy im smakuje. Jury techniczne to profesjonaliści, którzy skupiają się na innych aspektach, takich jak porządek na stanowisku pracy, czas przygotowania potraw, sposób serwowania, dbanie o produkty, produkowanie odpadków. A na końcu smak i wygląd dań. A kiedy już wyłonią zwycięzcę, kiedy ogłoszą wyniki podczas uroczystej gali, następuje garowanie, czyli dawanie w palnik, czyli chlanie do oporu i pod korek. Najgorzej ma zwycięzca, bo musi się napić z każdym.

Moje podejścia do konkursów w charakterze uczestnika nie były zbyt udane. Tak się złożyło, że startowałem zawsze jako amator – kiedy pracowałem jako szef kuchni, nie miałem czasu na takie bzdety. Na konkursie organizowanym przez producenta przypraw zrobiłem skrzydła rai w mleku kokosowym z makaronem i sosem śliwkowym na bazie choi. Jury dziwiło się, że można w ogóle takich produktów używać. W konkursie „Danie dla Europy" doszedłem dalej. Pamiętam, że w jury była między innymi Bożena Dykiel, która obgryzała paznokcie. Regionalny półfinał odbywał się w supermarkecie na obrzeżach Gdańska. Zrobiłem zupę z chleba razowego na wędzonych żebrach z klopsikami. Bardzo smaczna zupa. Wyjebali mnie na finale w Alejach Ujazdowskich, bo ktoś zadzwonił do mnie anonimowo i zapytał, gdzie pracuję. Powiedziałem, że w restauracji, więc mnie wyjebali, bo konkurs miał być dla amatorów, a nie dla kucharzy. Ale ja byłem barmanem. Sam się potem dziwiłem, że w ten sposób sam sobie podłożyłem świnię. Koniec końców, wylądowałem na piątym miejscu, ale nagrody były na tyle atrakcyjne, że po opchnięciu ich miałem w kieszeni jakieś kilka tysięcy, a za piąte miejsce to nie w kij dmuchał. Jeśli dobrze pamiętam, to główną nagrodą był wyjazd do Brukseli i bujanie się po tamtejszych restauracjach. W moim ostatnim konkursie w jury był Andrzej Polan – ceniona postać ze światka gastronomicznego i medialnego. To też był konkurs pod patronatem producenta przypraw, ale innego. I też robiłem w nim zupę – krem z dyni z kozieradką i z czymś tam jeszcze. Chyba lubię zupy.

Szef kuchni, czyli księgowy i artysta nad garem

Oto i prawdziwy człowiek orkiestra – szef kuchni. Układa kartę, nadzoruje pracę całego zespołu w kuchni, określa, jakich produktów potrzeba, znajduje dostawcę, zamawia towar, negocjuje ceny, pilnuje kosztów. W natłoku zajęć coraz częściej brakuje mu czasu na gotowanie. Prawdopodobnie jedynie ci szefowie kuchni, którzy pracują w małych miejscach, mogą sobie na to pozwolić. A zapewne i tak podczas stania nad garem mają bez przerwy z tyłu głowy wyrzut sumienia, że powinni właśnie wystawiać jakąś fakturę i klikać na kalkulatorze. Bywa tak, że personel pomocniczy obiera i kroi, kucharze gotują i przygotowują prawie całe danie, a szef kuchni rzuca na górę swoją ręką artysty i wizjonera pietruszkę. Ale i tak cały proces przebiegał według jego receptury. Czyli szef kuchni to nie wydmuszka, mój drogi czytelniku.

Jest jedno słowo, które pojawia się ZAWSZE, kiedy rozmawiam z szefami kuchni. Zapewne wielu z nich ma je wytatuowane na brzuchu w odbiciu lustrzanym, żeby każdego ranka i wieczora podczas ablucji ich ciało im o nim przypominało. Inni zapewne nadali takie imię swoim pociechom. To słowo to

„foodcost". Tenże foodcost to nic innego jak koszt produktów w potrawie. Do jego wyliczenia jest całe specjalne równanie, teraz zastępowane przez programy komputerowe. Jeśli szef kuchni wymyśli sobie wyszukane danie pod tytułem „schabowy z ziemniakami", to po prostu wprowadza do aplikacji składniki – schab, jajko, mąka, sól, pieprz i tak dalej, ich ceny, a program wylicza mu koszt jednego talerza. Do tego dodaje się marżę. W moim odczuciu wyliczanie foodcostów to zajęcie, do którego ludzie przywiązali się zupełnie niepotrzebnie. To tak, jakbyś mieszkał sobie w domu i całymi dniami zajmował się wyliczaniem, ile kasy wydajesz na jedzenie. Głupota. Szef kuchni oczywiście musi pilnować wydatków na żywność, musi ustalić ramy budżetowe, w których może się poruszać, musi też wycenić finalne danie. Ale nie to jest najważniejsze w prowadzeniu restauracyjnego biznesu. Najważniejszy jest ogólny rozrachunek, czyli wszystkie koszty. Musisz się orientować, ile wydajesz na chemię, czy nie zużywasz za dużo papieru, czy płyn do mycia podłogi nie jest zbyt drogi. Koszty jedzenia są bardzo istotne, ale nie najistotniejsze. Podobno któraś linia lotnicza oszczędziła kolosalne pieniądze, bo usunęła z sałatki podawanej w pierwszej klasie jedną oliwkę, ale jeśli cały biznes polega na tym, żeby dać dobrze zjeść, to oszczędności trzeba szukać gdzie indziej, a nie w jedzeniu. Jeśli ty oszczędzisz na kliencie, to klient oszczędzi na tobie, a wtedy możesz sobie w ogóle wszystkiego oszczędzić. Oczywiście jak ktoś jest idiotą, to i danie skomponuje tak, że trzeba będzie oszczędzać na foodcoście. Nie jest sztuką złożenie potrawy w taki sposób, że cena w karcie będzie miała cztery zera, bo tak ci wyszło. Sztuką jest zrobienie równie smacznego dania z tańszych produktów, na przykład z podrobów. To oczywiście skrajny przypadek, ale możesz na stek użyć dobrego antrykotu zamiast horrendalnie drogiej polędwicy wołowej. I tak będzie można zjadać łyżeczką, ale o połowę taniej. Widzisz więc, że wszystko rozbija się o umiejętne układanie karty. Foodcost nie

jest bez znaczenia, ale w zawodzie szefa kuchni trzeba umiejętnie operować produktami, przede wszystkim sezonowymi. W zimie pomidor do niczego się nie nadaje, a jest drogi. Latem jest piękny i kosztuje jedną piątą tego, co w zimie.

Nazwa „foodcost" pochodzi chyba od polskiego „pierdolić się", tylko uległa jakimś dziwnym zmianom fonetycznym. (Mam nadzieję, że nie muszę ci wyjaśniać, że to żart. Słowo pochodzi oczywiście z angielskiego, bo jakżeby inaczej. Jak by to było po polsku? Żarciokoszt? Mało światowo). Tak naprawdę foodcost to potrzebna sprawa, która pozwala pilnować wydatków i nie popłynąć, ale jednocześnie to źródło problemów. Jeśli prowadzisz restaurację sam, to spoko, ale jeśli jako szef kuchni masz nad sobą jakiegoś menedżera, który życia, a tym bardziej kuchni poza Excelem nie widział, to masz milion debilnych rozmów i zarzutów jak w banku. Przyjdzie taki i będzie rozbijał wszystko na szczegóły. Załóżmy, że na początku miesiąca miałeś towar za 30 tysięcy, dokupiłeś za 100 tysięcy. Na koniec miesiąca został ci towar na 30 tysięcy. Obroty wyniosły 430 tysięcy, z czego musisz odjąć te 100 tysięcy za produkty i wychodzi ci foodcost. Brzmi dość prosto. Ale!

Na koniec miesiąca wychodzi ci manko na 4,5 tysiąca. Nie jest spowodowane tym, że ktoś tę kasę albo produkty o tej wartości podjebał z restauracji. Po prostu kupiłeś 100 kilo kości cielęcych, 50 kilo kości z kurczaka, 30 kilo nóg wieprzowych, dodajesz pomidory i warzywa, gotujesz buliony, czyli stocki. Nastawiasz 10 garnków po 100 litrów, czyli 1000 litrów. A sosu, który robisz z bulionu, wychodzi ci 40 litrów miesięcznie. I teraz jakiś cieć od Excela, nazwijmy go dyrektorem, który w życiu nie pracował w kuchni, pyta cię: no dobrze, ale gdzie są te kości cielęce? I tłumaczysz – kości zostały wygotowane, z tych 1000 litrów wyszło 40 litrów sosu. Musisz raportować wszystko komuś, kto jest totalnym laikiem, bo często dyrektorami i menedżerami hoteli (restauracji również) są osoby, które nie przeszły wszystkich szczebli i nie rozumieją pewnych kwestii. Prowadzisz wtedy rozmowy oparte na schemacie: zadaje ci pytanie, odpowiadasz, patrzy na ciebie jak na debila. Na przykład 100 kilogramów marchewki to 5 litrów sosu Jacqueline z marchwi – wygotowujesz esencję z wywarem drobiowym i tyle ci wychodzi. I teraz wytłumacz to człowiekowi, który kupuje 3 kilo marchewki, robi z tego pięć rosołów i je to tydzień. „Gdzie jest 100 kilo marchewki?", „W rosole, kurwa!". Nie każde kulinarne czary-mary można przeliczyć w taki sposób, że jeśli z magazynu znika jedna kość, to wychodzi z tego jedno danie i jeszcze kość dla psa.

Pozostaje jeszcze kwestia wagi. Kupujesz rybę, która waży 400 gramów. Menedżer cię pyta: „Dlaczego kupujesz tak drogo, przecież filety na talerzu są tylko dwa?". I tłumaczysz, że ta ryba ma łeb, flaki, kość. A jakiś bęcwał i tak powie, że połowę ryby zmarnowałeś albo ukradłeś. Każdy szef kuchni pracujący pod kimś ma nerwy zszargane takimi tematami.

Niektórym się wydaje, że najlepiej dla restauracji byłoby kupić od firmy, która sprzedaje mrożonki, panierowane kotlety, gotowe de volaille'e, paluszki rybne i wtedy rozliczać: kupiłeś sto sztuk, więc sto sztuk masz sprzedać. Prosta kalkulacja. Ale tak się nie da. (Zakładam, że firmy zajmujące się przetwórstwem i produkujące garmaż lub inne mrożonki także mają problem z mankami i tłumaczeniem, gdzie jest reszta ryby).

Najprościej jest wtedy, kiedy szef kuchni, który to nadzoruje, jest jednocześnie właścicielem lub inwestorem. Wtedy wie, że te 100 kilo marchewki zniknęło nie dlatego, że w spiżarni zalęgły się zające, ale dlatego, że poszło na rosół.

Skoro już jesteśmy przy papierkowej robocie: straty też trzeba rozliczyć. Najlepszą metodą jest zrobienie umownego magazynu strat. To po prostu protokół strat, przydatny w razie gdyby jakiś urzędnik się przypierdolił. Konstruujesz zatem taki formularz strat produkcyjnych. Kiedy coś ci się w lodówce zepsuje, wówczas pracownik danej sekcji notuje w nim szczegóły:

„polędwica wołowa, 0,600 g, zepsuta, utylizacja”. Zepsuty produkt wyrzucasz, ściągasz ze stanu magazynowego, przesuwasz do kategorii strat, podpinasz dokument i zrzucasz do archiwum. Kolejna papierkowa robota.

Wiele restauracji popełnia błąd, zbyt rzadko zmieniając karty. Nie chodzi o to, by co tydzień mieć inne menu, choć są i takie miejsca, gdzie gotuje się na produktach, które akurat były dostępne świeże na pobliskim rynku – pani Zosia miała właśnie świetne buraki w petarda cenie, więc gotujemy na burakach, bo jest na nie sezon i są smaczne. Kartę trzeba dostosowywać do warunków panujących na rynku. Ekstremalnym przykładem są szparagi. Szparag to warzywo, które funkcjonuje na rynku przez półtora, góra dwa miesiące w roku. Kiedy jest na nie sezon, możesz nimi nakarmić wszystkich i na dodatek za niewygórowaną cenę, ale tak się składa, że nie wypada to zimą. Oczywiście są restauracje, w których dostaniesz szparagi w styczniu, ale świadczy to jedynie o tym, że szef kuchni jest idiotą. Zimą szparagi zamawiane są najczęściej z Peru – są chujowe i kosztują majątek. A jeśli nie przyjechały zza oceanu, to pewnie są mrożone, przy czym mrożony szparag smakuje jak budyń z kaloryfera. Dlatego szefowie kuchni nie mogą żyć w oderwaniu od strefy klimatycznej, w jakiej mieści się ich lokal. Nie da się być szefem kuchni korespondencyjnie albo na odległość.

Średni narzut na cenie potrawy to 300%. Jeśli zapłaciłeś za danie 20 złotych, to podziel to na 4, a dowiesz się, ile mniej więcej wyniósł foodcost. Ale nie daj się oszukać – pozostałe 15 złotych nie ląduje w kieszeni szefa kuchni, kucharzy czy nawet właściciela budy. Trzeba je podzielić między ludzi i tysiące rachunków do opłacenia.

Wspomniałem o umiejętnym tworzeniu karty. Mam świadomość, że to niełatwe zadanie. Trzeba zrobić to tak, by każda potrawa sprawiała wrażenie wyszukanej, a jednocześnie była możliwie tania. Nie muszą być takie wszystkie, ale w menu powinny być wtedy pozycje, które to podciągną. Możesz zrobić tanią rzecz, która zachwyci wszystkich. Jeden z szefów przyrządza kluski leniwe z dyni i opowiada, że to danie zapierdala tak, że to się w pale nie mieści. W Polsce ludzie nie poszukują czipsa z powietrza i jakichś innych ultrawymyślnych rzeczy. Chcą, żeby ich dobrze karmiono. To wszystko. Kiedy idę do restauracji, interesuje mnie, z jakich produktów przyrządzane jest danie, czy kucharz w miarę przyzwoicie gotuje, czy w kuchni nie ma syfu.

A wiesz, co jeszcze należy do bardzo ważnych obowiązków szefa kuchni, a o czym wielu zdaje się nie pamiętać? Budowanie relacji w zespole. Gotowanie w restauracji to sport drużynowy. Szef kuchni rzuca na talerz pietruszkę dopiero na samym końcu, ale musi mieć zespół, który mu odpowiednio przygotuje produkty, w tym posieka pietruszkę. On jest generałem, ale potrzebuje żołnierzy, którzy będą zapierdalali i ginęli za niego na froncie. Musi ułożyć zespół tak, żeby wszystkie trybiki napędzały się nawzajem. Wydaje mi się, że ważną cechą takiego zespołu powinno być to, żeby nie był jednolity. Niech każdy zna się na czymś innym: jeden niech specjalizuje się w nowoczesnych technikach obróbki, inny w kuchni greckiej, jeszcze inny w skandynawskiej. Wtedy można z tego wycisnąć naprawdę fajny sok. Dlatego ze swoimi ludźmi trzeba się integrować. Dobry szef kuchni chadza na piwo nawet z panią zmywakową. Jak wychodziliśmy kiedyś na imprezę, to wszyscy – od pomywaczy do dyrektora hotelu. Nie mówię, że musi się to odbywać codziennie, ale warto raz na jakiś czas spotkać się w takim gronie, zabrać ze sobą żony i mężów i się zresetować. Oczywiście na takiej imprezie cały czas się pierdoli o pracy, ale to buduje relacje.

Szef kuchni jest odpowiedzialny za dobranie sobie zespołu – nikt mu go nie przyniesie w teczce. Musi to zrobić z głową. Po zamieszczeniu ogłoszenia na pewno zgłosi się do niego wielu osobników z ciekawym CV, którzy będą głosić prawdy objawione i upierać się, że znają się na kuchni jak nikt. Przyjdzie taki, zakręci patelnią, zrobi szoł, a potem się okazuje, że nic nie umie. Kandydatów do pracy sprawdza się podczas okresu próbnego, niekoniecznie trzymiesięcznego. Czasami szef jest w stanie już po dwóch godzinach stwierdzić, czy ktoś się nadaje, czy nie. A najlepsi są kucharze, których się uczy wszystkiego od zera, ci, którzy zaczynali na przykład jako pomoc kuchenna. Mają szacunek do pracy i nie są skażeni nawykami z poprzednich restauracji. Przysposabiając ich do zawodu kucharza, szef podnosi ich samoocenę. Orientują się, jak wyglądają relacje na kuchni. Ale znów: jeśli przeniesiesz pomocnika na stanowisko kucharza, to zepsują się jego relacje z kumplami, którzy byli na tym samym poziomie. We wszystkim trzeba zachować rozwagę. Najlepiej wziąć kogoś, kto jest totalnym papudrakiem i nigdy nie pracował w gastronomii, a następnie wszystkiego go nauczyć. Ale mądry szef będzie także pamiętał o tym, żeby związać się z nim odpowiednią umową, bo inaczej koleżka, jak już przejdzie szkolenie, spierdoli tam, gdzie dadzą mu więcej.

Kucharze celebryci

Jeszcze raz wrócę do najważniejszej cechy, jaką może się odznaczać kucharz: pokory. Z szefami nie jest inaczej. Idioci uważają się za artystów i wydaje im się, że wiedzą wszystko. Ci pokorni dłubią sobie w zaciszu swoich kuchni, świetnie karmią, nie zjadają własnego ogona i faktycznie kreują rzeczywistość. Uznanie przychodzi z czasem. A jak już nadejdzie, to trzeba uważać na sodówkę. Warto umiejętnie podejść do sławy i raczej unikać celebryctwa i czerwonych dywanów, bo może się to po prostu skończyć przerostem ego nad umiejętnościami.

Fenomenalne jest jednak to, co ci kucharscy celebryci, z szefem Wojciechem Modestem Amaro na czele, zrobili. Doprowadzili do tego, że gotowanie stało się modne, że nie kojarzy się już z głupkiem mieszającym w kotle. Dzięki temu dobrzy rzemieślnicy w tym zawodzie zaczęli się szanować. Większość z nich wyjechała za granicę za lepszym chlebem. Kształcili się tam i pracowali w bardzo dobrych miejscach. Wielu kucharzy nagle zdziwiło się, że momentalnie na polskim rynku dostępne stały się produkty obecne również na Zachodzie, więc z etapu lepienia pierogów postanowili od razu przeskoczyć w gąbki i pudry. Ci, którzy wyjechali, uczyli się wszystkiego od podstaw, więc nie grożą im żadne wtopy. Ich wiedza jest o wiele bardziej gruntowna, ich etos pracy często zasługuje na szacunek. Ci, którym było dane pracować nawet w najlepszych restauracjach na świecie, przywożą do Polski bezcenne doświadczenia i wiedzę, którą dzielą się z innymi – czy to ze swoim zespołem, czy z zupełnie obcymi ludźmi podczas wykładów i warsztatów. W Nobu, jednej z najlepszych japońskich restauracji na świecie, dziennie pojawia się około kilkuset osób. *À la carte*, nie żadne zamknięte imprezy firmowe! Szef kuchni, który tam pracował, opowiadał, że w pewnym momencie, kiedy wrzucał tempurę do gorącego oleju, przestało robić na nim wrażenie, że gorący tłuszcz kapie mu na ręce. Dostali tam wycisk, a w Polsce takich miejsc jest jeszcze bardzo niewiele, jeśli w ogóle są. A chodzi tylko i wyłącznie o budżet – uwierz mi, że gdybyśmy zarabiali tyle, ile wynosi średnia europejska, to biesiadowalibyśmy całymi nocami. Knajpy by się po prostu nie zamykały.

Poza pokorą przyda się duży dystans do siebie i poczucie humoru. Praca w kuchni to w ogóle jedna wielka beka. Musisz sobie robić z tego jaja, żeby nie dostać pierdolca. Nie można zbyt poważnie traktować swojej pracy. Jeśli masz mało kaczki, to wjeb więcej śliwek, powiesz ludziom, że taki był przepis. Miej wyobraźnię.

Jeśli chcesz się poświęcić prowadzeniu restauracji i być szefem kuchni, to najlepiej robić to na swoim. Unikniesz wtedy kilku problematycznych sytuacji, które opiszę za chwilę. To też niezły chwyt marketingowy – zwróć uwagę, że restauracje należące do kucharzy często w nazwie mają ich imię i nazwisko. Świetnie, niech podpisują się pod swoją robotą. Dobrze, kiedy biznes jest kojarzony z konkretnym człowiekiem, który jest jego twarzą i bierze 100% odpowiedzialności za to, co robi. Poza tym laik, kiedy zobaczy, że na szyldzie wyróżnione jest jakieś imię i nazwisko, pomyśli, że to jakiś przekoleś, znany i ceniony. Czyli dobry. W restauracji może go nawet nie spotkać, przecież najczęściej nie widzi, co się dzieje na kuchni, a nawet jeśli go spotka, to i tak nie będzie wiedział, że to on. Nieważne, grunt, że działa. Jest to też sztuczka psychologiczna – jeśli podpisujesz się pod czymś publicznie, to bardziej się przykładasz do roboty. Hejterzy też łagodniej do ciebie podejdą, bo jednak będą mieli większe opory przed wieszaniem psów na konkretnym imieniu i nazwisku niż na ogólnej nazwie restauracji.

Do szefa kuchni wszyscy zwracają się „szefie". Nie mogłem się z tym pogodzić w jednej z restauracji, w której pracowałem. Szef kuchni był z mojego rocznika i zdziwiłem się, że wszyscy mu się kłaniają. Powiedziałem mu: „chłopie, jak mamy pracować razem, to przejdźmy na ty, będzie łatwiej". Ale ja mam tendencję do skracania dystansu – potrafiłem walić po imieniu do prezesa hotelu. Wszyscy jego współpracownicy z biura robili wielkie oczy, jak na imprezie podchodziłem i mówiłem do niego per Janek. Mimo tego przyznaję – szacunek na kuchni musi zostać zachowany. Oczywiście samo przejście na ty nie wiąże się ze spadkiem respektu, ale potrafię sobie wyobrazić ludzi, którzy trochę nie dociągają intelektualnie, więc narzucenie im tego, jak mają się zwracać do szefa kuchni, automatycznie wskaże im miejsce w szeregu. Tym bardziej, że w kuchni o takich nie trudno. Jeden z szefów kuchni, z którym pracowałem, miał kiedyś niezbyt rozgarniętego praktykanta, który coś mu odpyskował. Szef wziął swój nóż, jednym ruchem rozciął zapaskę i rzucił: „wypierdalaj". Kariera praktykanta się skończyła.

Jeśli szef pozwoli na zbytnie zacieśnianie relacji, to może się okazać, że pracownicy wejdą mu na głowę, a wtedy sobie nie popracuje. Takie sytuacje należą do rzadkości, ale się zdarzają. Jeśli kuchnia sobie pofolguje, to szefowi potem ciężko odbudować swoją reputację i szacunek u pracowników. Dlatego niektórzy szefowie bywają despotyczni. Prawda może być taka, że Gordon Ramsay nikogo w programie nie udaje, tylko naprawdę jest chujem. Magda Gessler już niekoniecznie – jest wykreowana na potrzeby programu trochę à la Ramsay. Ale żadne z nich nie prezentuje typowego usposobienia szefa kuchni, bo coś takiego w ogóle nie istnieje. Są tacy, którzy sobie spokojnie dłubią i zwracają się do swoich pracowników, używając słownictwa, które można odnaleźć w słowniku języka polskiego, są też cholerycy, którzy drą się na podwładnych i rzucają mięsem. Szefowie zazwyczaj są świadomi, że albo będą chujami trzymającymi swoją kadrę za pysk, albo po prostu twardo wyznaczą granice i zadbają, żeby każde jej przekroczenie było surowo karane. Pracownicy muszą mu ufać, ale powinni także mieć dla niego należny mu szacunek. Dlatego zbytnie skracanie dystansu jest ryzykowne, o czym przekonałem się na własnej skórze. W sushi barze zacząłem traktować swoich pracowników po partnersku i sporo przez to straciłem. Moje podejście zrozumiał jeden, może dwóch pracowników na siedmiu. Wtedy wiedziałem, że jest dupa i leżę. Ale kilku spośród tych chłopaków naprawdę dużo się nauczyło i robi teraz fajne rzeczy w dobrych miejscach. Na początku byli zupełnymi laikami i przez pierwsze dwa miesiące uczyliśmy ich wszystkiego od podstaw. Widać nauczyliśmy całkiem nieźle, więc było warto.

Jak wspomniałem, kucharze są przyzwyczajeni do twardego, męskiego języka. Niektórzy inaczej nie rozumieją i zdarzają się takie dialogi:

– Przynieś, proszę, buraki z magazynu, czas nas goni.

– Szefie, ale weź powiedz mi to normalnie, bo nie kumam.

– Aha. To zapierdalaj w podskokach po te jebane burony, bo nie ma czasu i zaraz ci nakopię do dupy.

– O, teraz rozumiem!

Od szefa kuchni zależy, jaką formę komunikacji wybierze. Tak naprawdę obie są równie dobre, bo liczy się skuteczność. Jeśli wszystkie „kurwy i chuje", jakimi rzucasz w pracy, nie urażają twoich pracowników, jeśli nie robisz tego tylko po to, żeby się na nich wyżyć, a oni to rozumieją, to wszystko jest okej. Pamiętaj jednak, żeby dobrać sobie taki zespół, któremu nie będzie to przeszkadzać. Czasami jest to problematyczne – nie możesz skompletować ekipy, bo masz mało pieniędzy albo na rynku pracy brakuje odpowiednich ludzi. Wtedy komunikacja w kuchni może być problemem. Jeśli nie masz szmalu, żeby zatrudnić dobrego, szanującego się kucharza, to możesz trafić na taniego imbecyla. A taki czasem nie zrozumie, jeśli go poklepiesz po ramieniu. Musisz mu przypierdolić młotem kowalskim, żeby dotarło. Musisz mu wytłumaczyć tak, żeby zrozumiał, czyli w jego języku. Przykre, ale po prostu trzeba się zniżyć do jego poziomu intelektualnego. Ale językowe mięcho trafia się nie tylko tam, gdzie pracują ludzie, których edukacja skończyła się na *Łysku z pokładu Idy*. Zaryzykuję nawet tezę, że soczyste wulgaryzmy są na porządku dziennym w 80% restauracyjnych kuchni. A to dlatego, że zarówno kucharze, jak i szef kuchni muszą czuć się w swojej pracy swobodnie. Oczywiście nie będą pierdzieć i drapać się po jajkach, bo byłoby to z oczywistą szkodą dla higieny i powodowałoby dyskomfort u współpracowników. Ale przeklinać mogą, bo robią to właściwie wszyscy, w kuchni jest to dopuszczalne, jeśli pozwala na to szef, bo jest kilku takich, którzy żołnierskiego języka nie tolerują. Niemniej jednak, jeśli usłyszycie przez uchylone drzwi kuchenne jakąś „kurwę", to nie krzywcie się z niesmakiem i nie sądźcie od razu, że szef kuchni wynurzył się z rynsztoka. Szef kuchni też człowiek.

Używek w tym biznesie nie brakuje, toteż nawet ci dostojni szefowie kuchni lubią sobie dobrze walnąć. Szczególnie ci ze starej szkoły to lury. Regularnie pracowali najebani. Nie było to zauważalne dla gościa, czasami nawet mniej kapowny pracownik się nie zorientował. Ale musieli walnąć lufę rano, żeby w ogóle móc wstać i przyjść do roboty. Byli też tacy, którzy doszli bardzo wysoko, niemal osiągnęli szczyt, ale alkohol zabrał im wszystko. Wóda to jednak *femme fatale* – nęci, pomaga odprężyć się wieczorem, bawi i wprawia w dobry nastrój, ale także uzależnia, okrada, zabija. Tak, to przestroga. Wielu szefów i zwykłych kucharzy poszło nazbyt rock'n'rollową drogą, za bardzo zaufało wódzie i przez nią wszystko straciło.

Właściciel, czyli jak utopić milion

Czy podręczniki historii precyzują, skąd się wziął gatunek „właściciel restauracji"? Chyba nie. Jego prowieniencja jest zresztą różnorodna. Są tacy właściciele, którzy pracowali za komuny w państwowych lokalach jako szefowie sali czy szefowie kuchni, a potem przy pierwszej lepszej okazji odkupili dane miejsce lub wzięli je w dzierżawę. Tym bardzo często udawało się utrzymać biznes nad kreską, bo wiedzieli, jak wygląda naprawdę. Z drugiej strony spora część ludzi, którzy wkraczali w ten biznes na przełomie systemów politycznych, była albo z klucza politycznego (pecha musiał mieć ktoś, kto zamiast funkcji wiceprezesa państwowej spółki dostawał byle jaką budę z parówką), albo po prostu na niczym się nie znała. A biznes to trudny i niepewny. Na szybki zwrot nie ma co liczyć, a w dodatku większość restauracji, barów, klubów nocnych przestaje być modna po jakichś pięciu latach. Warto zdać sobie sprawę, że to może nie być biznes, który będzie karmił rodzinę przez najbliższych 20 lat. Chyba że to hotel – hotelarstwo wydaje się nieco pewniejsze od biznesu restauracyjnego.

Z jakiegoś niezrozumiałego dla mnie powodu większości polskich przedsiębiorców wydaje się, że jak wpakujesz w biznes milion, to zwróci ci się w miesiąc, a jeśli się nie zwróci, to znaczy, żeś chujowy kucharz. Mądry i obeznany z rzeczywistością myśli inaczej. Jeśli ma kasę, to wykłada ten milion na założenie knajpy, ale zostawia sobie kołderkę, która wystarcza na przykład na rok utrzymywania tego biznesu, dopłacania do niego. Biznesplan jest rozłożony na kilka lat. U nas zabierają się do tego ludzie, którzy nie mają zielonego pojęcia o branży. Zarobili dużą kasę w IT, budownictwie albo czymś innym, stawiają sobie knajpę i oddają komuś: „weź się tym zajmij, ja nie mam czasu". Kasa wyłożona w ten sposób na restaurację w Polsce to kasa umoczona. Nie ma kwoty, której nie można by stracić w ciągu pół roku, nie powiększając przy tym wartości samej restauracji. Bo co można sprzedać po takim miejscu? Sprzęt kuchenny, który był w leasingu? Stoły? A co można sprzedać po klubie? Srebrzystą kulę, która w momencie zakupu była warta 50 tysięcy, a teraz jest warta 10 złotych, bo nikt jej nie chce?

Nie słuchając dobrych rad i nie wystrzegając się błędów, bardzo szybko można stracić pieniądze zainwestowane w restaurację. Nie pomoże logo zaprojektowane za gruby hajs przez ultramodną agencję kreatywną. Nie pomoże lokal w najbardziej prestiżowym lub ruchliwym miejscu w mieście. Nie pomoże najgłośniejsze nazwisko szefa kuchni, wystrój jak z bajki i gnący się w pokłonach kelnerzy, jeśli żarcie będzie chujowe, a cena niewspółmierna do jakości. To przede wszystkim o jakość powinien dbać właściciel, a za nim szef kuchni. A za szefem każdy pracownik. Wszyscy bowiem jecie z jednego gara. Potknięcia zdarzają się nawet doświadczonym zawodnikom, dla których wyłożyć trzy miliony to jak splunąć. Kiedyś w Warszawie mój znajomy otworzył w świetnym miejscu knajpę sushi. Lokal zapierdalał niesamowicie. To była jedna z pierwszych knajp, która generowała naprawdę imponujące obroty miesięczne. Na dodatek było tam mega drogo. Właściciele wpadli na genialny pomysł, że otworzą identyczną knajpę w Trójmieście – z takim samym produktem, z takimi samymi cenami. Okazało się, że to nie działa. Że nad morzem jest inny klient, który ma inne oczekiwania, inny budżet. Po prostu prowadzi inny styl życia. Kwestią kluczową nie były ceny – nawet gdyby były niższe, to i tak nie miało prawa się udać, bo ktoś nie rozeznał rynku. Jeszcze inna knajpa, która w Warszawie hulała wręcz niewyobrażalnie, przeniesiona w identycznym formacie do Trójmiasta wytrzymała miesiąc. To, co modne w Warszawie, niekoniecznie będzie modne w innym miejscu. Z czego to wynika? Z oderwania od rzeczywistości, z braku znajomości specyfiki lokalnego rynku. Bez tego nie ujedziesz daleko, bo restauracja, jakkolwiek by była duża, to nie jest biznes międzynarodowy. Musisz zdawać sobie sprawę z tego, kim są okoliczni mieszkańcy, czy mogą się z nich rekrutować goście drogiej restauracji, czy może jest to raczej średnia półka. Musisz znać ich nawyki i przyzwyczajenia. Owszem, możesz próbować je brawurowo zmienić poprzez świetny marketing, doskonałą reklamę i niebywałą jakość produktu, ale konia z rzędem temu, kto takiemu zadaniu podoła. Niewielu śmiałków wychodziło z takiej potyczki z tarczą. Też mógłbym sobie wymyślić, że otworzę w Żurominie sushi bar, bo lubię sushi, a w Żurominie nie ma sushi baru. Tylko dla kogo? Czy w niespełna dziesięciotysięcznym mieście znajdę wystarczająco dużo amatorów sushi, gotowych płacić naprawdę dużo za moje produkty i w ten sposób utrzymywać moją knajpę? Czy znajdę tam odpowiednich pracowników? Polecam twarde stąpanie po ziemi. Grawitacja czemuś, do cholery, służy.

Ale pewnie i tak znaleźliby się śmiałkowie, którzy by się na sushi bar w małym miasteczku rzucili. Pomyślą sobie: „dziesięć tysięcy mieszkańców, zestaw za stówkę, nawet jeśli 10% miejscowych skorzysta w miesiącu, to mam sto tysiaków obrotu miesięcznie". Błąd, błąd, błąd. Obliczenia niby dobre, ale optymistyczne niczym banda komików po zjaraniu pola gandzi.

Obliczenia i szacunki to w ogóle ciekawa sprawa. Wielu spośród tych, którzy mają odłożone pieniądze i chcą otwierać biznes, zakłada, że będzie się on kręcił najtańszym nakładem finansowym, bo nie może się nie udać. A kucharz będzie zarabiał 1600 i będzie szczęśliwy. A na dodatek powinien być wdzięczny, że w ogóle ma pracę! Nie ma takiej, kurwa, opcji. Za 1600 znajdziesz leszcza, który nie potrafi ugotować wody. Postawisz go w kuchni na test, a on nie odróżni patelni od wentylatora. Każesz mu szukać korzenia Adama (patrz strona 240), wróci z kompotem wiśniowym.

Prowadzenie lokalu najniższym kosztem w szczególnych przypadkach się udaje, ale zazwyczaj kładzie biznes do piachu. Jeśli nie masz kogoś, kto zna się na rzeczy, kto poprowadzi to w odpowiedni sposób, to twój plan nigdy nie wypali. Jeśli nie znajdziesz odpowiedniego szefa kuchni, któremu dasz wystarczająco dużo swobody decyzyjnej, to lepiej od razu oddaj tę bańkę bezdomnemu z dworca – spożytkuje ją pewnie lepiej niż ty.

Wiecie, czym jeszcze charakteryzują się właściciele knajp? Niepłaceniem za towar. No bo po co płacić dostawcom? „Powyżej dychy nie płacę" – jako właściciel hurtowni produktów dla gastronomii słyszałem to zdecydowanie za często. Pewien znany warszawski właściciel i szef kuchni w jednym słynie z tego, że lubi przeciągać płatności faktur do bólu. Jeśli jakiś dostawca zdecyduje się przywieźć mu towar za obietnicę przelewu, to jest samobójcą. Ów jegomość potrafi nie przelewać ani grosza dostawcom (oraz pracownikom) przez na przykład pół roku. Nie chcesz u niego pracować? Spoko, znajdzie sobie drugiego jelenia, bo przecież ma „prestiż". A dostawcy przywożą towar jedynie za gotówkę. Ale bądźmy szczerzy – tak jest w każdym biznesie.

W gastronomii również trafiają się goście, którzy nie płacą, i ci, którzy płacą terminowo i kompleksowo, bo honor nie pozwala im inaczej. Potrzebna jest, jak wszędzie, pewna lojalność – wobec dostawcy, pracownika, współpracownika. Jeśli będą dobrze traktowani, to wielu z nich odpowiednio się odwdzięczy. Nawet jeśli po jakimś czasie pracownik odejdzie do konkurencji, to zawsze będzie o tobie dobrze mówił w branży, a niewymuszony dobry PR ma niezwykłą wartość. Trzeba zatem pamiętać o ludziach. Jeśli wyczują, że chcesz ich wydymać, to sami wydymają cię jeszcze szybciej, i to z siłą tajfunu, bo działka gastronomii daje im taką możliwość. Jeśli pracownikom wrzucisz zbite jajo, to gwarantuję ci, że za pół roku będziesz śmierdział nim calutki, a poza tym rozkradną ci wszystko. Po prostu wyniosą ci knajpę. Nie dlatego, że są parszywymi złodziejami, ale dlatego, że ty byłeś parszywym szefem. Zależysz od nich – to oni produkują rzeczy, za które oceniają cię klienci.

Z kontrolą pracowników też nie można przeginać, o czym często zapominają kolesie trzymający kasę. Z jakiegoś powodu w Polsce nie uznaje się delegowania zadań. Właściciel chce wiedzieć wszystko i nadzorować każde działanie. Sprawdza, co słychać na zmywaku u Krysi, która wali wódę, i na barze, czy go przypadkiem nie okradają. To zupełnie niepotrzebne. Jeśli będziesz fair i zyskasz sobie szacunek pracowników, to możesz mieć pewność, że cię nie okradną. Jeśli zaś będziesz skurwielem, to możesz mieć pewność, że cię okradną, kropka. Czasami odnoszę wrażenie, że jednak okradzenie kogoś nie jest najwyższym wymiarem kary. Ośmieszenie właściciela, najlepiej w obecności gości i pracowników, bolesne udowodnienie mu jego IQ może być równe zawodowemu szafotowi. Pamiętam taki strasznie upalny dzień w knajpie, w której moim przełożonym był gość o ilorazie inteligencji równym temperaturze pokojowej. Nie było klimatyzacji, więc jedna z kelnerek otworzyła drzwi i podłożyła pod nie złożoną gazetę, żeby się nie zamykały. Nie spodobało się to szefowi, który w ciągu dnia ceremonialnie stanął przy drzwiach, wyciągnął gazetę, podszedł do kelnerki i zapytał z furią:

– Kto to zrobił?!

– Gutenberg – odpowiedziała spokojnie.

Odczepił się, bo nie mógł skojarzyć, jaki to Gutenberg u niego pracuje. A świadkom tej sytuacji dało to do myślenia.

Wielu inwestorom, którzy dzierżą kasę, wydaje się, że narzucenie swojego zdania jest spoko. Najsmutniejsze, a zarazem najśmieszniejsze są historie z cyklu „bo ja to lubię". Jeśli właściciel coś lubi, to ma to być w karcie. Kiedyś w jednej z naprawdę dobrych restauracji pojawił się jakiś szrot w stylu „panierowana pierś z kurczaka", bo jadał to właściciel. I nie mógł sobie tego zamówić spoza karty i po cichaczu zjeść w kąciku, oj nie. Musiał narzucić swoje preferencje. Największym błędem właścicieli i inwestorów jest zakładanie, że wszyscy inni kochają to samo co oni i że w związku z tym będzie się to sprzedawało jak kolędy przed świętami. Potem oczywiście okazuje się, że goście kompletnie nie są zainteresowani tym daniem, za to chętnie zamawiają i chwalą coś, czego właściciel wręcz nie znosi. Każda taka akcja powinna dać takiemu kulinarnemu, pożal się Boże, imperatorowi do myślenia – może jednak jego gust nie jest uniwersalny. Właściciel, choćby nie wiem ile kasy wyłożył, zawsze powinien pamiętać, że knajpy nie robi się dla siebie (chyba że jest Rockefellerem albo innym arabskim szejkiem i jego jedyny problem polega na tym, gdzie jeszcze wydać pieniądze). Knajpę robi się dla ludzi – oni muszą mieć z tego fun, czy chodzi o jedzenie i picie, czy o potańcówkę. Najważniejszy w restauracji jest gość, a nie fanaberia gościa z kasą. A to dlatego, że ów gość także robi to dla pieniędzy. Owszem, również dla zaspokojenia swojego ego, ale poza tym chciałby przecież, żeby inwestycja zaczęła mu się zwracać.

Jakby tego było mało, wielu ludziom, którzy otwierają knajpę i ładują w nią na przykład milion złociszy, wydaje się, że skoro już rzucili kasą, to mają pełne prawo do nieszanowania swoich pracowników – w myśl bardzo źle pojmowanej reguły „płacę, więc wymagam". Wydaje im się, że przenieśli się w czasy pańszczyźniane i mogą pomiatać jakimś niepiśmiennym parobkiem, bo od nich zależy jego życie. Ponadto są przekonani, że „na swoim" mogą robić absolutnie wszystko – od mieszania z błotem pracowników, przez plucie w twarz klientom, aż do postawienia klocka na środku sali podczas przyjęcia. Ja akurat zetknąłem się z dobitnym przykładem odwrotnego podejścia. Taki zachodni styl polegający na tym, że właściciele także pracują w knajpach, nie są obleśnymi bogaczami, ale za to musieli wziąć kredyt pod zastaw domu, coraz lepiej się u nas przyjmuje. Wierzcie mi, że to dobre. Taki człowiek będzie bardziej szanował swoją pracę i pracę zatrudnionych u siebie osób. Wie, że pracownicy są w pewnym stopniu zależni od pieniędzy, jakie im wypłaci na koniec miesiąca, lecz te pieniądze (a także on sam) są zależne od ich zaangażowania. Traktują to jako poważny biznes, nie fanaberię. Pozytywnych przykładów jest zresztą więcej. Właścicielem jednej z restauracji, w której pracowałem lata temu, był facet, który dorobił się w Wielkiej Brytanii naprawdę olbrzymich pieniędzy. Mógł nas wszystkich kupić, każdemu podarować mieszkanie w Sopocie i jeszcze zostałoby mu kasy na godne życie do emerytury. Mógł sobie pozwolić na to, żeby całymi dniami w tej restauracji siedzieć, uchlewać się drogimi trunkami, bełkotać „przynieście mi dziesięć butelek najdroższego szampana, bo kumple zaraz przyjdą", ale tego nie robił. I płacił zawsze tak jak trzeba. Co więcej – kiedy był duży ruch, potrafił wziąć wózek, na którym robiliśmy crêpes suzette, i gotował dla swoich gości, dzięki czemu przynajmniej ten stolik mieliśmy z głowy. Kiedy widział, że mamy tabakę, że pot leci z czoła, że mąkę krupczatkę podsypujemy pod jaja, bo nam się w gaciach obcierają, to brał ścierkę, sprzątał stoliki, znosił talerze. Po prostu pomagał, bo czuł ten biznes, wiedział, jak to wygląda. Dla niego to było naturalne. To była jedna z niewielu osób, które mi pokazały, że ten świat może być normalny, a w tamtych czasach miało to jeszcze większą wartość niż dziś. Potrafił przyjść rano i gotować dla znajomych, wymyślać nowe potrawy, które później niekiedy trafiały do karty. Robiliśmy tam rzeczy ponadprzeciętne. Miło wspominam to miejsce, choć oczywiście bywał też rock'n'roll.

Właściciel musi też uważać na jeszcze jedną, zaskakującą pułapkę – swoich znajomych. Jeśli ktoś ma restaurację, to gdzie wyprawi urodziny? Właśnie tam, normalne – wszyscy zrobilibyśmy tak samo. A okazji do świętowania w ciągu roku znajdzie się co najmniej kilka, w zależności od tego, jak imprezowy jest ten ktoś. Na prywatnych bibach organizowanych przez bossa pojawiają się zaproszeni przez niego bliżsi i dalsi znajomi. I jeśli któryś ze znajomych jest debilem, to się potem zaczyna. Pewnego dnia przychodzi zalany i krzyczy do ochroniarza/kelnera „wpuść mnie, nie wiesz, kim ja jestem, zaraz zadzwonię do Stacha (czyli właściciela), on mnie wpuści, a ciebie wypierdoli!". Stara śpiewka. Albo przychodzi, zjada i stwierdza, że to na koszt właściciela. Albo że właściciel obiecał mu zniżkę. Albo że jest kumplem właściciela, bo kiedyś tak się złożyło, że akurat jechał krajową siódemką, gdy tamten oglądał *Czterech pancernych*, więc to logiczne, że są sobie jak bracia, a zatem przyniesienie mu rachunku go obraża. I tak dalej, i tym podobnie. Tacy kretyni są mistrzami kreatywności i jeszcze nieraz wszystkich zaskoczą. A kto na tym straci? Koniec końców właściciel, bo faktycznie poniesie stratę z powodu tego jednego obiadu, ponadto straci w oczach pracowników, a jeszcze rzekomy przyjaciel obsmaruje mu dupę na mieście.

Tak naprawdę uważam, że kluczową rolę w procesie tworzenia własnego lokalu gastronomicznego może odegrać podróżowanie i związane z tym doświadczenia. Kiedy nasze granice były zamknięte, mieliśmy mnóstwo kompleksów – rodziły się restauracje-potworki: w wystroju wnętrza bizantyjski przepych, a na talerzu kupa. Ludzie pakowali ogromne pieniądze, które jednak nie przekładały się na jakość dań czy obsługi. A potem okazywało się, że jakaś buda, na którą normalnie byś nie spojrzał, karmi tak, że niebo w gębie. Wszystko to z powodu przestawienia priorytetów. Wystrój knajpy to rzecz drugorzędna. Ma być czysto i schludnie, ale niekoniecznie jak w Świątyni Opatrzności. Do knajpy idzie się, żeby jeść. Setkom restauratorów boleśnie uświadomiły to food trucki – stało się jasne, że aby mieć wierną klientelę, nie trzeba nawet mieć lokalu. Jeśli żarło będzie dobre, to można je z powodzeniem serwować nawet z budy na kółkach. Nauczka: nie trzeba robić knajpy za siedem milionów złotych, ściągać kucharzy z piętnastoma gwiazdkami Michelin i orderami uśmiechu, żeby dobrze karmić ludzi.

Pamiętam, jakie parcie na przesadny i źle pojmowany luksus mieliśmy jeszcze w latach 90. Kiedy otwierano pierwszy McDonald w Radomiu, drugiego dnia zabrakło w nim jedzenia, bo ludzie walili drzwiami i oknami. Przez lata wmawiano szarym Polakom, że schabowy i zupa pomidorowa to szczyt finezji w domu i w restauracji. Kiedy pojawiło się sushi, ludzie gotowi byli płacić wiadrami za produkty, które nie były tego warte, a to tylko dlatego, że były one czymś innym. Chłonęliśmy wszystko, co nowe, a jednocześnie chcieliśmy jak najszybciej wskoczyć na poziom, na którym była gastronomia zachodnia. Najlepiej od razu, na skróty. A kiedy idzie się na skróty, traci się większość widoków i doświadczeń. Zakładaliśmy, że jeśli obrusy będą z muślinu, a stoły z mahoniu, to nikt się nie kapnie, że na talerzu ta sama pomidorówka co wszędzie. Oczywiście te kompleksy to nie wina naszej mentalności, lecz tego, że przez lata funkcjonowania pod bacznym okiem Wielkiego Czerwonego Brata mieliśmy zasłonięte oczy i związane ręce i nogi. Ze związanymi nogami trudno iść po naukę.

Z tychże kompleksów wynikały zabawne sytuacje. Słyszałem o człowieku, któremu w czasie komuny udało się wyjechać na dłużej za granicę. Wrócił absolutnie i bez reszty zachwycony paryskimi restauracjami. Niewiele myśląc, postanowił otworzyć prawdziwą francuską restaurację w Polsce, najął więc w charakterze szefa kuchni pierwszego lepszego Francuza, jakiego udało mu się znaleźć. Nie przeszkadzało mu, że chłopaczyna kompletnie nie znał się na gotowaniu, a szczytem jego francuskiej finezji było posmarowanie bagietki masłem czosnkowym. Grunt, że nazywał się po francusku. Ładniej brzmiało, kiedy właściciel przechwalał się, że w jego francuskiej restauracji szefem kuchni jest NAJPRAWDZIWSZY FRANCUZ, Pierre Saucisse prosto z Paris zamiast Jana Pacześniaka z Chromakowa Małego. Wciąż jeszcze zdarzają się tacy, którym bardziej smakuje sushi zrobione przez jakiegokolwiek Azjatę, na przykład spawacza ze stoczni, niż przez wykształconego i doświadczonego sushi kucharza, ale Polaka.

Połączenie pieniędzy, braku wyobraźni i silnej potrzeby zabłyśnięcia czymś daje mizerny rezultat w postaci kopii. E tam kopii – chamskiej zrzyny. Zakompleksiony i pozbawiony własnego pomysłu przyszły właściciel restauracji wykłada kupę szmalu, ściąga pięciu kucharzy z Włoch, w wynajętym lokalu funduje dekoracje jak z najsłynniejszej i dwanaście razy większej restauracji we Florencji. I tym oto sposobem w Pasłęku powstaje oczojebna włoska restauracja z zaporowymi cenami i absolutnym brakiem klienteli. To trochę jak w słynnych chińskich miastach widmach, które są wiernym odwzorowaniem Paryża, Hallstatt czy Disneylandu, tylko z naklejką „made in China", bez historii, klimatu i LUDZI. Chińczycy też byli zawsze wyśmiewani za to, że zapieprzają za psie pieniądze. Widzicie punkt wspólny?

Na szczęście mamy XXI wiek, który w Polsce wygląda tak, że możemy swobodnie podróżować po niemal całym świecie, a po sporej części Europy nawet bez paszportu, mamy swobodny dostęp do ogólnoświatowych dóbr kultury, do książek nieocenzurowanych przez Pana, Który Wie Lepiej, Co Powinniśmy

Wiedzieć, do Internetu. Jesteśmy coraz lepiej wykształceni, coraz bardziej obyci w świecie. I uwalniamy się od kompleksów, a jednocześnie uczymy się życia i robienia biznesu. Dlatego też coraz więcej nowo powstałych restauracji stanowi efekt świadomych działań świadomych twórców. Nauczyliśmy się liczyć i dowiedzieliśmy się, że aby z czegoś wyjąć, najpierw trzeba w to włożyć. Restauracja to nie jest biznes, dzięki któremu po trzech tygodniach od otwarcia zajedziesz na Stadion Dziesięciolecia jaguarem i w butach z krokodyla pastowanych tak, że widać w nich sens życia (tak, wiem, że Stadionu Dziesięciolecia już nie ma, ale jakoś mi pasował do ogólnej koncepcji nowobogackiego restauratora). Ergo: Polska normalnieje. Jej branża gastronomiczna również. Przestajemy być dżunglą.

A na sam koniec tego rozdziału, kiedy już wiesz o wszystkich zależnościach interpersonalnych w restauracji, podejmijmy jeszcze jeden wątek. Co w sytuacji, gdy jak jasna cholera masz ochotę na kelnerkę i okazuje się, że ona na ciebie także? Niby fajnie. NIBY.

Podejrzewam, że to, co tutaj napiszę, obowiązuje we wszystkich branżach, jakie tylko możesz sobie wyobrazić: jeśli niewielka grupa dużo ze sobą pracuje i każdego dnia spędza ze sobą po kilka–kilkanaście godzin, to prędzej czy później urodzą się z tego jakieś związki. I będzie kwas. Znam związki, które zaczęły się w pracy, wytrzymały i wciąż po latach trwają. Jest ich niewiele. Zazwyczaj jeśli koleżanka prześpi się z kolegą albo znajomi z pracy zostaną parą, kończy się to rozstaniem o tyle boleśniejszym, że trzeba ze sobą przebywać w pracy. Nie da się odciąć. Na dodatek wciągnięci są w tę dramę wszyscy koledzy z pracy, bo przecież znają oboje zainteresowanych i po trochu byli ojcami i matkami chrzestnymi ich relacji. Rezultat: wraz z końcem związku kończą się przyjaźnie, a nawet wzajemne tolerowanie się, i klimat w robocie spada na łeb na szyję. Jedyną szansą na uratowanie choć części zespołu jest rezygnacja lub zwolnienie z pracy jednej ze stron. Każda rozsądna istota, która ukończyła, powiedzmy, 20 lat, powinna zdawać sobie sprawę, że opcja „zostańmy przyjaciółmi" to ściema.

Mundur

Pracowników restauracji obowiązuje dress code. Bywa on mniej lub bardziej sformalizowany. Czasami jest po prostu tak, że od kelnera oczekuje się jedynie, by był ubrany schludnie. W innych miejscach musi być koszula, mucha i kamizelka. Kelner nie powinien wyglądać jak hipster ze spodniami z krokiem w kolanach. Szlag mnie trafia w knajpach, w których nie mogę odróżnić kelnera od gościa, bo nie dość, że wszyscy są ubrani tak samo, to jeszcze nikt nie nosi fartucha ani żadnej plakietki z imieniem. A to jest bardzo istotne! Trochę słabo będzie, jeśli nieopatrznie poprosisz prezesa linii lotniczych o piwo i jeszcze dasz mu napiwek. A to się zdarza coraz częściej. Kiedyś nie musiałeś główkować – wchodziłeś i widziałeś. Dziś te różnice coraz bardziej się zacierają. Kiedy jakiś czas temu trafiłem do jednej z trójmiejskich restauracji w charakterze tajemniczego klienta, który recenzował lokal na potrzeby programu telewizyjnego, dostawałem pierdolca, bo nie wiedziałem, czy to kelner, czy gimnazjalista, czy może student AWF-u, który wpadł na sałatkę.

W kuchni największą bekę mamy z czapkami. Obowiązują w kuchniach otwartych, i tak powinno być, ale w zamkniętych nikt ich nie używa, bo są po prostu niepraktyczne. Pocisz się pod tym niemiłosiernie, ale z drugiej strony nie wpadają ci do talerza włochy i nie spływają słone krople z czoła. Chyba że szef kuchni w szanowanej restauracji znajdzie w potrawie włos – a zdarzały się takie wypadki – i za karę każe wszystkim w kuchni łazić w furażerkach. Wtedy nie ma przebacz.

W kulturze restauracyjnej – szczególnie za granicą – po czapkach można poznać funkcję osobnika, który ma ją na głowie. To restauracyjny odpowiednik pagonów. Jeśli w danym miejscu stosuje się na co dzień czapki, to najwyższą ma szef. Tak nakazuje stara francuska szkoła – najwyższy stopniem ma najwyższą czapkę. Tą osobą jest executive chef, następny w hierarchii – head chef, ma mniejszą, pastry chef, szefowie bankietów, barów i innych outletów mają jeszcze niższe. Im dalej w las, tym niżej. Najzwyklejsi commi chefowie noszą furażerki.

Pozostałością po starych kuchennych prawidłach jest też dobór spodni. We współczesnych kuchniach, zwłaszcza tych mniej zaawansowanych, pewnie nawet o tym nie słyszeli, więc niech się skupią: szefa kuchni poznawało się po eleganckich czarnych spodniach. Inne kolory spodni były przeznaczone dla kucharzy. Chyba że szef miał ochotę chodzić w niebieskich, wtedy tylko on miał prawo do tego koloru, a reszta musiała sobie dobierać coś innego. Tak czy inaczej, szef kuchni miał się wyróżniać ubiorem i basta. To wszystko jednak jest bardzo francuskie, skodyfikowane i straciło już znaczenie.

W kuchni obowiązuje bluza kucharska. Pośród kucharzy są popierdoleńcy, którzy mają na stójkach wszystkie flagi świata, choć nie wiedzą, co to znaczy. Tymczasem, jeśli masz jakąś flagę, to oznacza, że w tym kraju, generalnie rzecz biorąc, zdobyłeś wszystko. Ważna jest też ich kolejność. Pewien znajomy opowiadał, że kupił kiedyś bluzę, na której było mnóstwo flag, po czym zabrał ją na kurs do Francji. Jak go francuscy szefowie zobaczyli w tej bluzie, to nie mogli się nadziwić, kim jest ten mistrz. Dlatego lepiej tego unikać – ktoś kiedyś powiedział, że flagi na kucharskiej bluzie są jak gwiazdki na żołnierskich pagonach. Jeśli jesteś leszczem, to lepiej nie bezcześć jakiegoś Bogu ducha winnego kraju. Czyli: czapka albo nie, obowiązkowo bluza, spodnie i buty. I to dobre buty. Wcale nie chodzi o to, że trzeba dużo łazić. Nałazisz się, jeśli jesteś runnerem – znam historię o runnerze pracującym w amerykańskiej restauracji, który pojechał do roboty w najtańszych butach. Po pierwszym dniu nie mógł wytrzymać, więc wyciął sobie zapiętki, robiąc z pantofli klapki, resztki jasnej skóry zamalował markerem i opuszczał spodnie, żeby nie było widać. W kuchni nie trzeba robić takich jaj, ale buty powinny być po pierwsze wygodne – jesteś cały czas na stojąco, po drugie – antypoślizgowe, po trzecie – odporne na temperaturę, czyli bez dziur i innych tego typu akcji, bo jak sobie chlapniesz gorącą zupą albo olejem, to kaplica. I po czwarte – powinny pozwalać stopie oddychać. W jednej restauracji mieliśmy kucharza, któremu inni kupili szare mydło, bo już nie wytrzymali. Kiedy rozbierał się w szatni, to tak jebało, że byś nie uwierzył. Gwarantuję ci, że żaden śledź świata nie wali tak, jak waliły jego buty. Gnojówka podkręcona do potęgi piątej. Nie wiem, jak on w tym wytrzymywał. Podczas pracy na kuchni było okej, ale gdy tylko zdjął buciory, jechało takim knurem, że nie dało się wytrzymać. Nie powtarzaj tego błędu i nie oszczędzaj na butach.

Kucharze mają też uniformy wyjściowe, odpowiednik galowych mundurów. W ich skład wchodzą: wyjściowa bluza i zapaska. Zapaska, jakby kto nie wiedział, to ta spódniczka, którą noszą kelnerzy i kucharze. Czasami sprawia, że kelnerki wydają się ładniejsze, niż są w rzeczywistości. Po co kucharzom strój wyjściowy? Przydaje się na przykład wtedy, gdy szef kuchni jest proszony na salę, bo omawia menu przed uroczystą kolacją, lub kiedy prowadzi warsztaty. Oczywiście jeśli nie ma zapaski, to nikt nie będzie miał mu tego za złe – grunt, żeby nie był ujebany, lecz czysty i schludny, oraz żeby wyglądał jak kucharz, do cholery. W każdym razie szefowie kuchni lubią mieć strój wyjściowy i uważam, że to bardzo dobra praktyka.

Większość kucharzy w dobrych lokalach nosi na co dzień swoją bluzę kucharską. Jest to, moim zdaniem, wyraz szacunku i oddania pracy, którą wykonują, oraz utożsamienia się z miejscem, które współtworzą. Ale bywają łapsy, które świetnie gotują, a zapierdalają w T-shircie i jakimś fartuchu, który da im dostawca, i wydaje im się, że tak jest fajnie. Nigdy tego nie zrozumiem. Może mam jakiś inny punkt widzenia na tę sprawę. Kiedy pracowałem jako kelner, zdarzało mi się dostawać dodatkowe pieniądze na przykład na buty. Wiedziałem, że muszę kupić dobre, że muszą być wygodne i ładnie wyglądać, żebym się w nich dobrze czuł. Kucharze lubią na tym przyoszczędzić i czekają, aż im jakiś dostawca rzuci fartuch z logo z mrożonek. To niesmaczne. Być może jest to też kwestia luźnego ubrania, ale z drugiej strony bluzy kucharskie są tak skrojone, żeby każdy czuł się w nich dobrze i miał pełną swobodę ruchów. To jak na wojnie – nie idziesz na nią w dresie, prawda? Bluza kucharska to wymagane minimum, wyznacznik tego, że jesteś w tym zawodzie.

Ubranie pracowników sali to już inna rzecz – zmienia się tak jak wszystko. W luksusowych miejscach kelner zawsze będzie zadbany, w białej koszuli i pod muchą, czasem w kamizelce, marynarce albo nawet fraku. Wszędzie indziej – jak wiatr zawieje. Kelnerka w legginsach, które nie zasłaniają absolutnie nic? Bywa. Jestem ze starej szkoły, więc mnie to razi. Problem zaczyna się wtedy, gdy pracodawca chce mieć eleganckich kelnerów, ale nie pomyśli o tym, żeby ich zaopatrzyć i kupić im choćby po dwie koszule. O takie rzeczy dbają raczej ci, którzy podchodzą do biznesu w sposób świadomy i szukają ludzi, których mogliby zatrudnić na długo, nie na zasadzie „chuj tam, ten pójdzie, to przyjdzie następny". Jaki pan, taki kram. Jeśli pracodawca nie będzie przywiązywał do tego wagi, to kelnerzy będą skakali w dresach albo w skórzanych spodniach z dziurą na dupie.

Jeśli twoja dociekliwość w kwestii garderoby sięgnęła aż do pani na zmywaku, to muszę cię zasmucić – jej nikt raczej niczego nie narzuca. Czasami dostanie fartuch, ale generalnie niech zmywa w czym chce.

3. Dostawcy. Niekończąca się wojna

Jeżeli zechcesz kiedyś pożyczyć jakiemuś wrogowi pracy w gastronomii, to najlepszym wyborem będzie dostawca.
Dostawcy dostarczają. Taka krótka definicja w zasadzie powinna wystarczyć, bo co więcej można o nich powiedzieć słowem wstępu? Można na przykład dodać, że dostawcy są skazani na ludzi gastronomii, a ludzie gastronomii są skazani na dostawców i to, że jedni z drugimi żyją często jak pies z kotem, absolutnie niczego nie zmieni. Ich kontakty ze sobą to zło konieczne.

Zaopatrzenie

Dostawcy są bardzo różni. Czasami to duże międzynarodowe przedsiębiorstwa, czasami małe kilkuosobowe firemki obsługujące rynek lokalny i dowożące do punktów gastronomicznych lokalne produkty od lokalnych producentów. Dostawcą bywa też pan Józek, który hoduje pod miastem najzajebistsze ogórki świata, więc wolisz jako szef kuchni korzystać z tych, a nie jakichś innych. I tak, będąc restauratorem/szefem kuchni/kucharzem, masz stale do czynienia z całą armią dostawców wszelkiej maści, bo jedni przywożą nabiał, inni pieczywo, kolejni ryby, tamci warzywa, ten przywozi te swoje jabłka, od tamtego bierzesz kawę, a firma, która ma zielone furgonetki, przywozi ci detergenty. Bo przecież wszystko, co masz w restauracji – nie tylko to, co znajduje się na talerzu – musisz skądś brać. Oczywiście możesz to kupować sam. Zaletą małych, kilkustolikowych restauracyjek jest to, że szef kuchni albo właściciel może sam wybrać się rano na targ i kupić świeże i zdrowe produkty, którymi później karmi swoich klientów. Ale większe lokale muszą się posiłkować umowami z firmami, które dystrybuują dany towar, bo po prostu nie mogą zadbać o wszystko we własnym zakresie.

Dodajmy jeszcze dla jasności: dostawcy produktów spożywczych dla gastronomii żyją nie tylko z restauracji i barów. Dowożą żywność także do takich miejsc, jak stołówki szkolne, internaty, szpitale, hospicja, więzienia, domy dziecka i tak dalej. Te wszystkie placówki funkcjonują nieco inaczej niż rynek restauracyjny, co widać choćby po jakości posiłków w większości polskich szpitali. Ja oczywiście skupię się na relacjach między dostawcą a restauracją.

Jak dostawcy wkurzają restauratorów?

Dostawcy, tak jak inni ludzie na świecie, kłamią, oszukują, ściemniają. Powód tego jest taki, że należą do gatunku *homo sapiens.* Tak czy inaczej, gdy zadaję znajomym szefom kuchni pytanie o największe przewały dostawców, z jakimi mieli do czynienia, ich reakcją jest często złapanie się za głowę, przewrócenie oczami i wykrzyczenie: „kuuuurwa, jest tego mnóstwo!". A to utwierdza mnie w przekonaniu, że dostawcy nie przestali rozwijać swojej kreatywności i podpadają restauratorom na coraz to nowsze i boleśniejsze sposoby. Ale żeby nie było tak pesymistycznie, to z ręką na sercu przysięgam, że coraz więcej szefów kuchni przyznaje, że współpraca układa się całkiem nieźle i obywa się bez poważniejszych przygód. Zaczynam podejrzewać, że jaki szef kuchni, taki dostawca. Jeżeli zamawiający jest poukładany, wie, co, jak, gdzie, kiedy i za ile, pilnuje swoich dostaw i jakości produktów, to prędzej czy później zorganizuje sobie siatkę dostawców, którzy będą współpracowali z nim w zgodzie i ku wiecznej szczęśliwości obu stron. Ale zgoda i skuteczna, bezproblemowa współpraca jest nudna, więc przyjrzyjmy się wynaturzeniom.

Pierwszym absolutnie podstawowym sposobem ściemniania przez dostawców jest brak cenników. Powiedzą ci, że przygotowują dla ciebie cennik indywidualny, ale wiedzą, że w natłoku spraw podczas zmiany sezonu z zimowego na letni nie będziesz tego kontrolował. Chyba że w trakcie wprowadzania kwot z faktur program komputerowy poinformuje cię, że ustaliłeś z dostawcą inną cenę. Ale w mniejszych restauracjach takie programy nie są powszechnie używane i to właśnie najczęściej te mniejsze lokale stają się ofiarami dostawców. Cennik ustala się indywidualnie dla każdej restauracji, bo każda ma inne potrzeby. Zdarza się, że odbiorca prosi o oferty cenowe na przykład 30 produktów, z których wybiera kilkanaście, które go interesują, przystaje na podane w ofercie ceny i deal jest zawarty. Inna sprawa, że cena, którą restaurator płaci za dany produkt, jest wypadkową kilku czynników i może się zmieniać. Nie zawsze chodzi o to, że firma dostarczająca chce wyrolować restaurację. Mogły się przecież zmienić ceny paliwa, kurs złotego, limity połowów, może w danym regionie przydarzyła się susza lub powódź i wiele hektarów upraw danego warzywa poszło w cholerę. Cena większości egzotycznych produktów jest uzależniona od kursu waluty. Dodatkowo, jeśli jeden producent na rynku ma monopol na dany produkt, to może znacząco podnieść jego cenę, bo wie, że i tak wszyscy będą skazani na kupowanie od niego. (Do tych wszystkich elementów składowych ceny towaru wrócimy za chwilę). To wszystko, ryzyko każdego z tych wydarzeń powinno być wkalkulowane w cennik u dostawcy. Wiadomo, jeśli na rynku podrożeją buraki, a dostawca mimo to utrzyma stałą cenę dla swojego klienta, to zarobi mniej. Ale utrzyma stałego klienta, więc będzie zarabiał w dłuższej perspektywie. Z drugiej strony to przecież nie jest tak, że jeśli restauracja nawiązuje współpracę z dostawcą, który będzie im dowoził ziemniaki po 20 groszy za kilogram, to ta współpraca będzie trwała 30 lat i dostawca nie ma prawa podnieść cen, nawet jeśli podniósł je producent. To by było nielogiczne. Rzecz w tym, żeby poinformować odbiorcę, że ceny się zmieniły, a nie po prostu wystawić mu fakturę i liczyć na to, że się nie kapnie. Bo jeśli się kapnie, jeśli uświadomi sobie, że na fakturze jest cena większa niż ta, na którą się umawialiście, a nie poinformowałeś go o zmianach na rynku, no to cóż – bardzo nieładnie z twojej strony. Zarobiłeś 7 złotych więcej, ale też właśnie straciłeś klienta. Najgorsza informacja jest lepsza od braku informacji.

Podobnie jak w wielu innych branżach, tak i tutaj zamawiający są łapczywi na słowo „rabat". Z jakiegoś powodu tych pięć liter potrafi zmiękczyć ich serca. Sęk w tym, że restauratorzy czasami nie do końca orientują się w sytuacji na rynku dostawców. Wysokość rabatu zgodną z oczekiwaniami klienta ustala się na podstawie nieistniejącego cennika – w ten sposób zamawiający ma rabat, na jaki liczył, a hurtownia cenę, za którą chciała sprzedać. Najważniejsze jednak, żeby rabat był widoczny na fakturze. Wtedy szef kuchni w razie czego będzie mógł wskazać go paluszkiem inwestorowi czy właścicielowi i pochwalić się, że negocjował twardo, był nieprzejednany jak Clint Eastwood i dzięki temu kupuje po taniości z olbrzymim upustem.

Hurtownikom zdarza się świadomie kantować odbiorców na wadze. Szczególnie dotyczy to świeżych produktów - warzyw, mięs. To proste - zamiast 10 kilo kurczaka przyjeżdża 8 kilo mięsa i dwa kilo płynu, wody, chuj wie czego. Mrożone mięso pakowane jest w większości w kartony równowagowe. Niby bezpieczniej, ale po pierwsze jest to jednak mrożonka, a po drugie płaci się też za najdroższą wodę na świecie, czyli glazurę, która zabezpiecza mrożony produkt przed wysuszeniem, a której zawartość dochodzi czasem do 30% całej wagi.

Nagminne jest też przebijanie terminów ważności produktów. Zdarza się to hurtownikom, ale częściej firmom, które sprowadzają dany produkt do kraju, a następnie rozprowadzają po hurtowniach. Jeśli dany produkt ma na przykład rok przydatności do spożycia, a w magazynie leży go 10 ton, to lepiej przebić datę o kolejne 4 lata niż ryzykować stratę kupy szmalu. Magazyny (tak zwane stocki) firm importujących produkty to nie są lodóweczki na 100 kilo krewetek, tylko chłodnie, w których leżą ich dwie tony. I jeśli na rynku nie ma odpowiedniego zainteresowania, to co z nimi zrobić? Minie termin, trzeba będzie zutylizować. Przebicie daty daje jeszcze trochę czasu na ich sprzedaż, przy czym oczywiście może się to skończyć niezbyt dobrze dla ostatniego odbiorcy w łańcuchu pokarmowym, czyli dla gościa restauracji.

Jakość - słowo klucz. Czasami także hurtownicy zmieniają producentów, z którymi współpracują. Jeśli na rynku popularne robią się na przykład dorsze, a firma, która dostarcza ryby do hurtowni, nie ma na stanie tylu, ile hurtownia by chciała, to hurtownia musi poszukać innego dostawcy, który zaspokoi jej zapotrzebowanie. To zawsze ryzyko, bo może się okazać, że owszem, ten drugi producent ma danego produktu od chuja, ale jest on gorszej jakości. W wypadku rzeczy puszkowanych czy mrożonych nie zawsze można to sprawdzić przed złożeniem zamówienia. Dlatego restauratorzy dziwią się niekiedy, dlaczego jeden dostawca w marcu przywiózł takie zajebiste pomidory w puszce, a w kwietniu jakieś pomidoropodobne błoto. Bywa, że powodem takiej zmiany jest cena, wiadomo. Hurtownik połasi się na niższą kwotę za dany surowiec, ale nie zada sobie trudu, żeby zamówić partię testową i sprawdzić, czy wszystko z nim okej. Oczywiście wysłanie kilkukilogramowej próbki nie musi być gwarancją tego, że finalna dostawa będzie trzymała poziom. Jaki to problem dla rzeźni przygotować kilka kilo zajebistego schabu na próbę, a kiedy już przyjdzie konkretne zamówienie liczone w setkach kilogramów, napchać do ciężarówki jakichś zwłok? Wniosek: zmienianie sprawdzonego producenta danego towaru to dla hurtownika cienki lód. W ogóle życie hurtownika to cienki lód. Sposobów na kantowanie na jakości jest dużo więcej. Zamiast śmietany 18% dowożą 12%. W wiadrze zamiast 10 litrów jest ich 8. Masło, które powinno mieć 82% tłuszczu, ma 70% i jeszcze ci dostawca pyskuje, że wszyscy biorą i nikt nie narzeka, tylko ty masz wiecznie jakiś problem. Kiedyś, gdy sam dostarczałem produkty do azjatyckich knajp, jeden z szefów kuchni, Chińczyk, pokazał mi, że wiadro, w którym przywiozłem mu przyprawę sambal oelek, czyli taką jakby pulpę chilli, ma na dnie krążek ze styropianu, by ściemnić na pojemności. Wkurwiłem się na producenta, ale też na tego chińskiego szefa kuchni, który oskarżył mnie o oszustwo, podczas gdy ja – jako hurtownik – byłem jedynie pośrednikiem między producentem a restauracjami. Powiedziałem Chińczykowi, że przecież ja tego nie pakowałem, tylko jego kumple w Chinach. Obraził się na mnie i przez miesiąc się nie odzywał. Trudno mu się dziwić.

Pisząc o jakości produktów, trzeba wspomnieć, że nie każdy oczekuje jej na najwyższym poziomie. Co ciekawe, hurtownicy mają ponoć tendencję do zapominania o tym, choć jest to przecież całkiem logiczne. Sprzedawcy prześcigają się w epatowaniu najwyższymi standardami, certyfikatami i Bóg wie czym jeszcze, co miałoby potwierdzać, że ich produkt jest niedościgniony. Ale zwykły restaurator, który nie zamierza stawać w szranki z najlepszymi na świecie i walczyć o trzy gwiazdki Michelin, może mieć to w dupie. Zamiast płacić krocie za ziemniaki hodowane w specjalnych warunkach na stacji kosmicznej kupi zwykłe, świeże ziemniaki spod Kartuz i to w zupełności wystarczy do schabowego albo na kopytka.

Problemem – często nawet większym od skaczących cen – jest czas dostawy. Restauracja prosi, żeby 200 kilo śledzia dojechało wyjątkowo na godzinę 12, a nie na 16, jak zazwyczaj, bo o 20 jest bankiet. Szefowie kuchni często nie zdają sobie sprawy z tego, jak funkcjonują hurtownie – samochody rozwożące towar nie są puszczane tylko i wyłącznie do jednej restauracji, ale objeżdżają, załadowane po brzegi, tyle miejsc, ile się da za jednym zamachem. Jeśli kierowca się spóźnia, może to wynikać z różnych sytuacji – dziewczyna w biurze źle zapisała datę lub godzinę, na drodze były korki z powodu wypadku, ciężarówka złapała gumę albo po prostu towar nie dojechał jeszcze do hurtowni od producenta (czego powody mogą być dokładnie takie same). Ale kiedy już Bogu ducha winny kierowca, spóźniony o dwie godziny, zmachany i zestresowany, z wywieszonym jęzorem dociera w końcu do restauracji, która zamówiła tych 50 pieprzonych skrzynek kalafiora, dostaje opierdol. To on niestety jest dla szefa kuchni osobą kontaktową i to on zbiera cięgi za każde potknięcie, jakie mogło się przydarzyć po drodze. To on pierwszy dostaje z liścia, choć bardzo często jest zupełnie niewinny.

Pośpiech nie jest dobrym doradcą, śpiesz się powoli, jak się człowiek śpieszy, to się piekło cieszy, i tak dalej – generalnie lepiej poświęcić niektórym czynnościom trochę więcej czasu, zamiast robić wszystko na piątym biegu i potem się wściekać i pluć sobie w brodę, że się czegoś nie dopilnowało. Ta rada przydaje się przy rozładunku dostaw. W pośpiechu zdarzają się różne pomyłki. Jeśli kierowca nie sprawdzi z magazynierem faktury, to może się okazać, że nie przywiózł wszystkich zamówionych pozycji. A odbierający zamówienie kucharz może się nawet nie zorientować, bo trzeba szybko wyładować i wracać do stania nad garem, nie ma czasu na jakieś sprawdzanie wszystkiego skrzynka po skrzynce i karton po kartonie. I wtedy klops, bo po czterech godzinach okazuje się, że nie ma masła. Albo ktoś ukradł, albo nie przyjechało, choć powinno. A przecież na fakturze jest, faktura zresztą została przyjęta i podpisana, więc niby wszystko okej. I jeszcze trzeba będzie za to masło, którego nie ma, zapłacić. Więc szef kuchni dzwoni do dostawcy, który o niczym nie wie. Jeśli hurtownik wykaże się dobrą wolą, to zejdzie do magazynu, żeby zobaczyć, czy kartony z masłem stoją, czy pojechały, zweryfikować zamówienie i stan magazynowy. Ale jeśli nie ma dobrej woli, to stwierdzi, że przecież pojechało, o chuj ci chodzi, pewnie kombinujesz, żeby nie zapłacić. I tak oto między hurtownikiem a restauratorem znowu doszło do spięcia. Niech wam się nie wydaje, że takie pomyłki należą do rzadkości, bo jest wręcz przeciwnie, szczególnie w sezonie letnim. Jeśli restauracje mają duży zapierdol, to hurtownie też. Pośpiech do kwadratu równa się pomyłka. Czasami ktoś się pomyli przy wypisywaniu zamówienia, słownik w telefonie komórkowym zrobi psikusa podczas pisania SMS-a i zamiast śmietany 30% przyjeżdża osiemnastka. Jeśli zamawiający ma jaja i bije się w pierś, przyznając do pomyłki, to zazwyczaj nie ma problemu – szybka korekta papierów i za chwilę dostawca przywozi odpowiedni produkt, bo przecież ma to w magazynie. Jeśli szef zwala wszystko na nieudolność dostawcy, to może sobie napytać biedy, bo przecież dostawca ma wyraźnie wszystko napisane w mailu, SMS-ie, na fakturze.

Na szczęście wszyscy w tym łańcuchu zdarzeń mają łeb na karku. Szemrany importer krewetek przebijający daty ważności zdaje sobie sprawę, że produkt tak naprawdę wytrzyma jeszcze rok czy dwa, bo jest mrożony. Nie zacznie śmierdzieć, nie powinien też być szkodliwy dla konsumenta. Hurtownik, który dostałby produkt, po którym na pierwszy rzut oka byłoby widać, że coś jest z nim nie tak, po prostu odesłałby całą partię z powrotem do producenta, bo przecież nie może narażać na szwank swojej reputacji u klientów. Ale nawet gdyby z jakiegoś powodu świadomie lub nieświadomie postanowił opchnąć zepsuty towar restauratorowi, to przyjmujący dostawę kucharze mają zarówno wzrok, jak i węch – jeśli coś będzie wyglądało lub pachniało nie tak, jak powinno, to nie przyjmą towaru. Ewentualny przekręt na datach ważności dotyczy więc tylko tych produktów, po których tej daty nie można określić na pierwszy rzut oka (lub nosa). A zatem w większości wypadków produktami z przebitym terminem przydatności do spożycia trudno się zatruć. Większość bakterii ginie w temperaturach mrożenia.

Dostawcy na ogół wiedzą, co sprzedają, jakiej jakości jest dany produkt. Zdarza się, że w restauracji towar przyjmuje młody, niedoświadczony kucharz, który podpisuje fakturę i nie wnosi zastrzeżeń, a potem w trakcie rozmrażania okazuje się, że zamiast tuńczyka przyjechało zamrożone ścierwo, tylko z daleka przypominające jakąkolwiek rybę. Rzecz jasna szef kuchni się wkurwi i pierwsze, co zrobi (po opierdoleniu przyjmującego dostawę), to zadzwoni do firmy, w której tegoż tuńczyka zamawiał. Najczęściej tuż po wszelkich możliwych wyzwiskach i przekleństwach padnie stwierdzenie, że nie zapłaci za towar. No i cóż – dostawca jest świadomy tego, co wysłał w ciężarówce w podróż. Wałek się nie udał. Inna sprawa, że niektórzy odbiorcy – lokale usługowe niskiej jakości – nie bardzo zwracają uwagę na jakość produktu. Liczy się niska cena.

Bywa też tak, że trzeba sobie radzić ze złośliwością rzeczy martwych i robi się to nie do końca w zgodzie z przepisami. Na przykład w hurtowni padnie agregat mroźniczy i umieszczone w nim produkty dostają trochę dodatkowych stopni Celsjusza, po czym ponownie się je zamraża, ale to są raczej sporadyczne przypadki. Jednak sposób przechowywania i dostarczania produktów jest często dla restauratora kluczowy w wyborze dostawcy. Sporą część towaru potrzebnego na co dzień w gastronomii stanowią rzeczy wymagające odpowiedniej chłodni. Inne powinny stać w temperaturze pokojowej, z dala od słońca i wilgoci. A jeszcze innym jest bez różnicy. Do tego ważną rolę odgrywa higiena, szczególnie tam, gdzie mamy do czynienia z produktami surowymi niepaczkowanymi, jak choćby mięso. Wszystkie te warunki określane są przez przepisy hacapu (co to hacap, zaraz się wyjaśni). Podobnie jest z dostawami – muszą odbywać się w określonych warunkach. Jeśli produkt jest mrożony albo powinien być przewożony i przekładany w temperaturze chłodni, to powinien jeździć samochodem chłodnią, a nie prywatnym seicento z kratką. Osobiście wiozłem kiedyś na skuterze między nogami 20 kilo tuńczyka – dostałem informację, że albo ryba dotrze w ciągu 20 minut, albo w restauracji będzie klapa, więc ryzyk-fizyk. Usprawiedliwia mnie to, że szef kuchni dobrze wiedział, jaka jest sytuacja, więc odpowiedzialność braliśmy na siebie obydwaj. Na szczęście produkt był zamrożony, więc nie odleciał, ale wyobraźcie sobie, co by było, gdyby zatrzymała mnie policja. Z drugiej strony odebrałem kiedyś w restauracji zamówienie na tuńczyka, które zostało wysłane do mnie... przesyłką kurierską, na dodatek konduktorską. Ryba była zapakowana w steroboks, zawinięty w folię stretch. Konduktor spytał mnie, co jest w paczce, bo mu w przedziale wali rybą. Strzeliłem głupa i się nie przyznałem. Pamiętajcie więc – odpowiedni samochód do przewożenia odpowiednich towarów to konieczność. Zdarzają się szefowie kuchni (przeważnie w dużych sieciach hotelowych), którzy sprawdzają temperaturę podczas dostawy – kiedy zjawi się ciężarówka z towarem, idą z termometrem, wsadzają go do kartonu albo wbijają w mięso i sprawdzają, czy jest odpowiednio mało stopni. Nie dziwię im się. W przeciętnej restauracji śniadaniowej w ciągu dnia jesteś w stanie zatruć około 200 osób. W dużym hotelu na bankiecie jednym strzałem załatwisz 4 tysiące ludzi.

Odpowiedzialność

Wyobraź sobie sytuację, że importer krewetek przebił daty przydatności do spożycia na dużej partii swojego produktu albo przewoził lub przechowywał je w niewłaściwy sposób i wszystko trafił szlag. Kupił je od niego niczego nie podejrzewający hurtownik, który następnie sprzedał je do kilku restauracji. W jednej z nich z tego właśnie powodu zatruł się klient – nie że od razu na śmierć, ale powiedzmy, że dostał takiej sraki, że mało nie stracił wnętrzności w otchłaniach sedesu. Kto bierze za to odpowiedzialność?

Zacznijmy od nieprzeciętnych Kowalskich. W wypadku oficjalnych kolacji czy spotkań polityków lub zorganizowanych grup, takich jak drużyny sportowe, bardzo często wymagane jest zachowanie próbek jedzenia. Trzeba zatem nałożyć trochę wszystkiego do pojemników i przez jakiś czas trzymać to w lodówce. Gdyby się coś wydarzyło, mamy dowód, że to ta zupa, a nie inna, i można ją zbadać mikrobiologicznie. To tak naprawdę zabezpieczenie dla restauratora – gdyby go nie było, każdy polityk mógłby byle knajpę posądzić o zamach, zdradę albo nie wiadomo co, a drużyny sportowe o umyślne zatrucie. Tak czy inaczej, jeśli po badaniach okaże się, że jednak w tej zupie coś pływało, to restauracja zazwyczaj bierze to na klatę. Jak bowiem dowieść, że to z winy ryby od dostawcy X, śmietany od dostawcy Z, czy może tego, że kucharz zostawił garnek na nasłonecznionym parapecie na 12 godzin zamiast schować go do lodówki? Podobnie jest z klientami prywatnymi. Niestety restauracje muszą i tutaj nadstawić policzek. Restaurator pierwszy dostaje z liścia. Mądrzy przedsiębiorcy ubezpieczają się od takich rzeczy, reszta podejmuje ryzyko, choć takie ubezpieczenie na niewielką nawet kwotę może kiedyś komuś uratować dupę. Dla wielu restauracji kwota 50 tysięcy potencjalnego odszkodowania, które trzeba by zapłacić klientowi za zatrucie, to być albo nie być. Dostawca produktów do restauracji najczęściej wychodzi z tego czysty. Nawet jeśli to jego składnik wywołał ostrą biegunkę u olimpijskiej reprezentacji skoczków o tyczce, to trudno mu cokolwiek udowodnić, choć oczywiście może się zdarzyć, że badanie próbek jednoznacznie wskaże, że przyczyną zatrucia było mięso – wtedy rusza lawina i za chwilę hurtownik ma gorąco na dupie. Zazwyczaj kończy się na tym, który zwierza ubił i rozebrał. I często okazuje się, że miał podrobione papiery, czego kupujący od niego hurtownik nie jest w stanie zweryfikować. Prawda jest taka, że w Polsce z większą uwagą badany jest chyba beton do produkcji podkładów pod szosy niż jedzenie. Choć nie wynika to z jakichś luk systemowych czy czyjejś złej woli. Oczywiście wszyscy mają kontrole sanepidu, ale one mogą co najwyżej zakwestionować warunki, w jakich przechowywany jest towar. W magazynie produkty są popakowane, szczelnie pozamykane w puszkach, słojach, w hermetycznie zamkniętych opakowaniach, wszystko zaś po kilkaset sztuk stoi w kartonach, na paletach, w zgrzewkach. Cały proces ich uwalniania zaczyna się w kuchni. Bardzo często dopiero tam można stwierdzić, czy pod wiekiem puszki nie czai się pleśń.

Ale przecież nie tylko dostawcy wkurwiają restauratorów, bo także restauratorzy nie pozostają im dłużni.

W warunkach otwartego rynku i tak dużej konkurencji, stały, wierny klient to skarb. Dlatego nie ma nic bardziej wkurwiającego niż nielojalni klienci. A tę nielojalność widać. Jeżeli jeden hurtownik zablokuje danego klienta ze względu na stos nieopłaconych faktur, to u drugiego dostawcy od razu widać wzmożone ssanie na produkt, który nigdy u niego nie schodził. Na kolejne telefony i maile z przypomnieniami o nieopłaconych fakturach restaurator odpowiada, że sorry, nie ma kasy, bo u niego w restauracji teraz nic się nie dzieje. Ale przecież konkurencyjne firmy się znają i jedna wie, co u drugiej piszczy w trawie. Wniosek – zamiast zacząć spłacać swoje należności restaurator wolał otworzyć rachunek u innego dostawcy, któremu pewnie też nie będzie płacił. Są restauracje, których właściciele mówią ci wprost, kiedy do nich dzwonisz zapytać, co z płatnościami, że jak ich dług przekroczy dziesięć tysięcy, to może coś tam zaczną przelewać, ale póki nie ma dychy, to spierdalaj. Czasami lepiej w ogóle nie sprzedać i mieć mniejszy obrót, ale za to otrzymać należne pieniądze, które się mielą. W przeciwnym wypadku masz po prostu utopioną kasę i utopiony towar.

Szefowie kuchni bywają chujami, którzy nie potrafią przyznać się do błędu. Gość zamawia u dostawcy ryż. „Ale jaki ryż?" – pyta dostawca. „Do paelli" – słyszy w słuchawce. I szukaj wiatru w polu. Możesz pytać znajomych, nawet dzwonić do Hiszpanii i pytać, z czego robią paellę, żeby dostarczyć do restauracji odpowiedni ryż, ale jeśli się okaże, że wybrałeś zły, to spora część szefów kuchni nie uderzy się w pierś i nie stwierdzi: „okej, mea culpa, nie doprecyzowałem", tylko wręcz przeciwnie – postawi jasne oskarżenie: „zjebałeś". Dlatego też, żeby uniknąć wszelkich nieporozumień, ważna jest skuteczna komunikacja między restauracją a hurtownią. Szef kuchni musi jasno powiedzieć, jakich konkretnie produktów oczekuje, a wtedy z większym prawdopodobieństwem je dostanie.

Polskie prawo wymaga, by wprowadzane do krajowego obiegu produkty zagraniczne miały ponaklejane etykiety w języku polskim, ale niestety nagminnie ich brakuje. Etykiety z informacją po polsku może dodawać dystrybutor, hurtownik, producent. Tak czy inaczej, muszą być. Każdy produkt spożywczy, który kupujesz (możesz teraz sprawdzić w lodówce), ma na opakowaniu nadrukowane konkretne informacje – kraj pochodzenia, producenta, wagę, tabelę wartości odżywczych i kilka innych. Niewielki odsetek firm sprowadzających produkty dla gastronomii przykłada do tego wagę. O ile jeszcze dystrybutorzy, którzy dostarczają towar do handlu detalicznego, czyli na półki sklepowe, dają radę, bo mają świadomość, że nikt nie będzie chciał sprzedawać czegoś, co nie spełnia norm prawnych, o tyle dostawcy dla lokali gastro już nie bawią się w takie rzeczy. To tak naprawdę martwy przepis, bo jeśli kucharz zamawia makaron ryżowy, to wie, czym on jest, skąd pochodzi, z czego został zrobiony, jakiej wymaga obróbki i ile kalorii ma jedna porcja. Nie ma zatem potrzeby, żeby mu te informacje dostarczać w taki czy inny sposób. Niemniej jednak prawo jest prawem.

W rzeczywistości certyfikacja i obkładanie się papierami zostało ograniczone do minimum. Jeśli restauracja poszukuje produktów bezglutenowych, to może wymagać przedstawienia odpowiedniego papierka na dowód, ale jego kserokopia podpisana przez pracownika stosownego laboratorium nie przyjeżdża z każdą dostawą. W wypadku zaś mięs, ryb czy owoców morza kupowanych na polskim rynku wszystkie niezbędne zaświadczenia, choćby od weterynarza, są oznaczone na fakturze: mieszczą się w zapisie, że produkt spełnia wymogi tak zwanego hacapu, czyli systemu HACCP (w oryginalnym, bardzo mądrym angielskim brzmieniu jest to Hazard Analysis and Critical Control Point System, a w niezbyt sensownym polskim tłumaczeniu: System Analizy Zagrożeń i Krytycznych Punktów Kontroli. Ma rzekomo pomagać w zarządzaniu „bezpieczeństwem żywności" i w ocenie „możliwości wystąpienia zagrożeń" oraz ich eliminacji podczas produkcji żywności. To amerykański system, wprowadzony kiedyś przez NASA w odniesieniu do produktów dla kosmonautów, a potem przejęty przez całą branżę gastro. Ileśset stron procedur i przepisów. Nuda. Dowiesz się z niego, żeby nie wbijać sobie noża w oko ani nie wsadzać ręki do garnka z wrzątkiem, bo zrobisz sobie kuku). To faktura stwierdza, że towar nadaje się do spożycia. W razie kontroli wszelkie potrzebne papiery i zaświadczenia posiada producent. Kiedyś faktycznie do każdej większej partii dołączany był dokument opisujący pochodzenie, zaświadczenia o badaniach i tak dalej. Teraz procedury zostały uproszczone, a podobne dokumenty pojawiają się tylko w wypadku zamówień z zagranicy. Rzecz jasna i od tej zasady są odstępstwa, najczęściej związane z wybuchającymi tu i tam epidemiami ptasiej grypy, świńskiej grypy, choroby wściekłych krów. Wtedy oczywiste jest, że restauracja prosi hurtownika lub producenta o wystawienie odpowiedniego dokumentu, bo chce mieć pewność, że produkt podawany jej klientom jest bezpieczny. Producent danego surowca także powinien mieć możliwość wystawienia lub zdobycia odpowiednich pieczątek dla swoich wytworów – w sytuacji kryzysowej może mu to uratować biznes.

Jak z tego żyć?

Firmy dostawcze same się kredytują. Gdybyś chciał uruchomić dobrze prosperującą hurtownię, musiałbyś mieć na początek pewnie z 20–30 razy większe pieniądze niż w wypadku zakładania restauracji, a pamiętajmy, że restauracja najpóźniej kilka dni po zrealizowaniu zamówienia dostaje kasę na konto, jeżeli klient płaci kartą (a przeważnie płaci gotówką). Dostawcy zaś działają w systemie faktur, które mają określony termin płatności wynoszący około trzech miesięcy. I powiedzmy sobie jasno – naprawdę znikomy procent restauratorów opłaca swoje faktury w terminie. Przeciąganie płatności jest nagminne, podobnie zresztą jak we wszystkich branżach. Dostawca ma zatem cały czas wrażenie, że jest oszukiwany. Jeśli restauracja Krowi Cycek zamawia jednego miesiąca jagnięcinę i nie płaci, bo twierdzi, że nie ma kasy, ale zamawia ją kolejny raz miesiąc później, to wiesz, że ściemnia, bo skoro zamawia ją ponownie, to znaczy, że tamtą dostawę już sprzedała. Czyli dostała za nią kasę, ale tym razem zdecydowała się na przykład opłacić dostawcę piwa, żeby odsunąć groźbę braku trunku na weekend.

Z tego też powodu restauratorzy muszą czasami na chwilę bądź na zawsze zrezygnować z usług danego dostawcy i przerzucić się na innego. Ale tamten drugi może nie być w stanie dostarczyć im dokładnie tego samego produktu – kurze piersi bierze nie z Radomia, lecz spod Suwałk. Dlatego jeśli w karcie widzisz danie pod tytułem „pyszna zapiekana pierś ze zdrowej radomskiej kury", to wcale nie znaczy, że ta kura jeździła passatem z rejestracją WR. Tak samo jak „karkonoskie kotleciki jagnięce" niekoniecznie muszą mieć cokolwiek wspólnego z Karkonoszami. Pierogi ruskie nie są z Rosji, fasolka po bretońsku nie jest z Bretanii, a ryba po grecku jest ni chuja po grecku.

Najmniej kłopotów sprawiają produkty suche, takie jak kasze, makarony i tego typu rzeczy. Przeważnie są hermetycznie zamknięte, potem pakowane w kartony. Nic wielkiego im się nie może stać, nie wymagają też specjalnej pielęgnacji ani nie wiadomo jak wyśrubowanych warunków. Względnie wdzięczne są też mrożonki, pod warunkiem że są przechowywane we właściwych warunkach. Największy problem jest ze świeżym mięsem. Na szczęście na rynku wyewoluowały firmy, które specjalizują się tylko i wyłącznie w dostawach świeżego mięsa, więc potrafią je odpowiednio zabezpieczyć. Oczywiście nawet najbardziej profesjonalna firma nie jest w stanie wyeliminować jakichś głupich, ale zupełnie zwyczajnych historii, na przykład takiej, że do samochodu wleci mucha czy cokolwiek innego, co może zniszczyć lub obniżyć jakość produktu. Zaraz po mięsie najszybciej padają warzywa i owoce. Jeżeli zamawiasz 200 kilogramów ziemniaków, to przyjeżdżają one do ciebie w workach i nikt ich nie segreguje – doświadczony restaurator, składając zamówienie, liczy się ze stratą paru kilogramów i ma to wkalkulowane w koszt. Sałaty, zioła – to wszystko pada momentalnie i musi być świeże. Największy wkurw nadchodzi wtedy, gdy dostajesz trzy skrzynki czegoś – dwie pierwsze z góry są super, ale trzecia na samym dole to 40 kilo zgnilizny. To także powoli się zmienia, bo wielu restauratorów zaczęło robić zakupy samodzielnie, czy to na targach, czy w sklepach wielkopowierzchniowych. Pracują w nich ludzie, którzy przebierają te owoce i warzywa przed sprzedażą. Jeśli już trafi im się jakiś nadgniły egzemplarz, to go wyrzucają, bo wiedzą, że za kilka godzin ten cytrus zrobi większe bagno. Dlatego i dostawcy zaczęli reagować i sami starają się sortować sprzedawane przez siebie produkty, by nie podpaść klientowi, który płaci.

Wielu restauratorów skarży się, że dostawcy mają problem z utrzymaniem jakości dostaw warzyw i owoców w ciągu całego roku, że w marcu dostają pomidory innej jakości niż w sierpniu. Ale mamy przecież cztery różne pory roku. Niemożliwością jest dostarczanie przez 12 miesięcy dokładnie tych samych, pyszniutkich i słodziutkich pomidorów w takiej samej niskiej cenie. Jakość się zmienia – to produkty żywe, na które działają czynniki zewnętrzne i których dotyczą naturalne cykle. Nie kupisz dobrych pomidorów w styczniu, bo wiadomo, że będą mocno pompowane. Nie kupisz zimą dobrych szparagów, bo przyjadą z Peru i choć będą pięknie wyglądać, to jednak w smaku będą przypominać framugę.

Co wpływa na ceny produktów? Sytuacja na rynku – a to skomplikowana rzecz – oraz kurs waluty, jeżeli produkt jest ściągany z zagranicy. Marże są stosunkowo niewielkie. Spora część osób myśli, że dostawcy produktów do gastronomii to Rockefellerowie i na wolumenie sprzedaży zarabiają krocie, ale to oczywiście bzdura. Knajpy narzucają na produkt około 300%, a hurtownicy pracują na minimalnych narzutach. To marże niemal żebracze w porównaniu z tym, co dokładają restauracje. Mnoży to oczywiście wolumen sprzedaży, więc można jakoś z tego żyć, ale rentowność hurtowników jest często bliska zera. Trzeba jeszcze przecież wziąć pod uwagę wszystkie koszty, których nie brakuje – pracownicy, media, mroźnie, magazyny itp. Twierdzenie, że dostawcy są bardzo bogaci, może być zasadne w odniesieniu do ludzi obracających bezpiecznymi towarami, gdzie straty są minimalne. Ale w wypadku dostawców owoców, warzyw czy mięsa – tu bym polemizował.

Aha, jest jeszcze jeden czynnik, który wpływa na ceny produktów w hurcie – ceny u konkurencji. To dość istotne. Hurtownik, układając swój cennik, ma prześwietlone cenniki konkurencji. Oczywiście nie wie, czy cena cennikowa jest utrzymana, czy też klient dostaje od niej np. 40% rabatu. Mimo to ceny muszą być konkurencyjne. Trzeba żonglować – albo nastawić się na lepszy produkt i mieć wyższe ceny, ale niższą sprzedaż albo też mieć niższe ceny na część warzyw i liczyć, że tę zniżkę wyrówna nieznaczne podniesienie cen innych warzyw, bo restaurator będzie wolał zamówić całość z jednego źródła zamiast mnożyć sobie faktury i dostawców. Najmniej chodliwe rzeczy są najbardziej marżowe. Produkty potrzebne na co dzień jadą na minimalnej marży. Do dania możesz dorobić historię – sam sprzedawałem zapiekaną skórę z łososia – de facto odpad – na najdroższym czarnym talerzyku za duże pieniądze. Do produktu natomiast historii nie dorobisz. Możesz oczywiście utrzymywać, że twoje owoce pochodzą z ekologicznej uprawy w samym sercu Amazonii, zrywane są tylko przy pełni księżyca przez nagie dziewice, które codziennie biorą kąpiel w mleku, więc są najpiękniejsze na świecie. Ale czy uda ci się stworzyć na to popyt? Zanim restauracja zacznie ten produkt kreować i na nim zarabiać, upłyną miesiące, jeśli nie lata. Sam próbowałem wykreować modę i popyt na rybę, która w Stanach nazywa się mahi-mahi, w Polsce zaś koryfena. Kilkakrotnie próbowałem ją wprowadzić na polski rynek, bo jest super – jakość mięsa porównywalna z tuńczykiem albo miecznikiem, dużo niższa cena, poza tym idealna na grilla. Po prostu petarda. Nie przyjęła się, a w USA idzie jak świeże bułki.

Jeżeli chodzi o ceny produktów na rynku, to najmniej kosztów tego typu będą miały restauracje wegetariańskie – warzywa najszybciej odlatują, ale są najtańsze. Najgorzej jest z mięsem – jest, i zawsze było, najdroższe, a w dodatku trzeba je szybko zużyć. Chyba że kupujesz warzywa tylko ekologiczne z jakiejś specjalnej komitywy – kiedyś za cztery marchewki, pięć pietruszek i jednego pora zapłaciłem jakieś 15 złotych, co pokazuje, że ceny takich produktów są odpowiednio wyższe.

Jak to działa?

Szef kuchni składa jednorazowo zamówienie: „będę brał od ciebie ziemniaki". Raczej nie określa się tego na zasadzie abonamentu pod tytułem „raz w miesiącu przywieź 700 kilo". Po prostu kiedy się kończą, szef kuchni wykręca numer do dostawcy i zamawia. Jeśli towar jest w jakiś sposób unikalny czy rzadki – np. kiedy szef kuchni wymyśli sobie, że będzie miał w karcie polędwicę z tygrysa bengalskiego – może poprosić dostawcę o trzymanie dla niego stocka, czyli po prostu przygotowanie się na to, że będzie zamawiał zakupienie od producenta większej ilości towaru, którą w miarę upływu czasu będzie po kawałkach zwoził do restauracji. Zazwyczaj jednak jest tak, że w magazynie czeka wystarczająco dużo danego towaru, żeby zadowolić wszystkich.

Hurtownicy nie bawią się w ściąganie 30 puszek pelati tylko po to, żeby mieć cokolwiek. Gdyby tak było, to w razie zamówienia przez restaurację 100 sztuk, musieliby zamawiać je od producenta. A skutek byłby taki, że restaurator na tych 100 głupich puszek czekałby ze dwa tygodnie – najpierw złożenie zamówienia, hurtownik dzwoni do producenta, wysyła samochód, ale przecież po 100 puszek nie opyla się wysyłać ciężarówki, więc czeka, aż będzie okazja, może jakoś przejazdem, po czym dopiero przywozi do restauracji. Głupie i nielogiczne, bardziej pośrednictwo niż handel hurtowy. We wszystkim jednak trzeba zachować umiar – nie sztuką jest skonstruować ofertę zawierającą 10 tysięcy indeksów, z których tylko 300 cieszących się wzięciem będzie w magazynie, bo nagle zjawi się klient, który poprosi o produkty numer 301 i 302 na jutro, a tu chuj, nie ma w magazynie, bo są tylko w ofercie. Lepiej mieć ofertę z trzydziestoma produktami, ale niech będą one w dobrej jakości i w dobrej cenie, a także dostępne od ręki. Warto na tym budować swoją pozycję na rynku zamiast kombinować i mataczyć. Tak czy inaczej, w magazynach czekają całe palety żarcia wszelkiego rodzaju, a hurtownik kontroluje stan magazynowy za pomocą urządzeń zwanych komputerami. Chyba że będziesz miał inne nastawienie – np. wymyślisz sobie, że chcesz kompleksowo obsługiwać restauracje specjalizujące się w kuchni azjatyckiej, więc będziesz dostarczał wszystko, od ryb i ryżu po pałeczki i przyprawy. Bo czemu nie?

A więc (nie zaczyna się zdania od „a więc") szef kuchni składa zamówienie: „będę brał od ciebie ziemniaki". Nie określa ilości. Po prostu liczy na to, że jak się skończą, dostawca znów je dostarczy. Ma być i już. Żaden szef nie jest w stanie wyliczyć, że miesięcznie zejdzie mu na przykład 100 kilo marchewki. To byłoby wygodne, wiedziałby dokładnie, ile zamówić i nie narazić się na straty, ale niestety nikt nie obiecywał, że będzie łatwo. Dlatego też dostawcy muszą być pod telefonem praktycznie dwadzieścia cztery godziny na dobę. Są oczywiście również dostawcy wyspecjalizowani w jednym produkcie, którzy na danym rynku pojawiają się w określonych z góry porach – np. gość, który ma

ALLEVAMENTO
kg.

najlepsze zioła, przyjeżdża do miasta we wtorki i piątki, a ryby z Niemiec przyjeżdżają w czwartki. Składający zamówienie kucharz musi to wiedzieć i tak dostosować zamówienia, by mieć jak najświeższe produkty, ale jednocześnie nie ryzykować tego, że przez 4 godziny nie będzie miał ich w ogóle. Ale tutaj restaurator jest klientem – jeśli hurtownik nie dostosuje się jakoś do jego potrzeb, to restaurator zrezygnuje z jego usług, więc hurtownik nie będzie mógł z nim handlować, a przecież z kimś musi. Biznes to biznes. Dlatego raczej odpadają opcje pod tytułem „dostawa o 5:30 w niedzielę", kiedy wszyscy pracownicy restauracji chrapią przytuleni do swoich poduszek.

Kiedy szef kuchni zmienia kartę, obdzwania obecnych na rynku dostawców, żeby zorientować się, który z nich da mu najlepszą cenę za produkt pożądanej jakości. Kiedy już zdecyduje się kupować olej od dostawcy X, zazwyczaj korzysta z jego usług do końca ważności wprowadzanej karty, czyli przez sezon. Nie podpisuje się jednak żadnych długoterminowych umów ani lojalek, wskutek czego dochodzi czasem do aktów nielojalności, o których już wspomniałem. Tak czy siak, dostawca musi być przygotowany w każdej chwili na wykonanie zamówienia. Jeśli jego magazynier spieprzył sprawę i okazuje się, że z jakiegoś powodu nie ma na miejscu wystarczająco dużo makreli, to zdarza się, że hurtownie handlują towarem nawet między sobą (zazwyczaj na bardzo niskiej albo wręcz zerowej marży), byle tylko mieć go w ofercie. A ta jest ruchoma. Można się targować. Restauratorzy korzystają z tego: „daj mi olej trochę taniej, to będę u ciebie zamawiał także nabiał". Gdy nadarza się okazja do wywalenia konkurencji, to każdy w to wejdzie, nawet jeśli nie miałby na tym specjalnie zarobić. Mniejsza konkurencja = więcej klientów = większe obroty.

Kiedy rozdzwonią się telefony od restauracji, wówczas pakuje się wszystko na ciężarówkę i rusza w trasę. Raczej nie zdarzają się dni, w których nikt nie dzwoni i kierowcy siedzą przed magazynem i palą już ósmą fajkę. Ten biznes nie opiera się przecież na pięciu odbiorcach, ale na dziesiątkach lub setkach. Jest zatem mało prawdopodobne, że na dany dzień nie przypadnie żaden kurs.

Możliwość zamówienia towaru od dostawcy jest praktycznie nieograniczona. Handlowcy mają włączone telefony przez całą dobę siedem dni w tygodniu, a jeśli komuś akurat rozładuje się komórka, to można wysłać SMS-a, nagrać się na poczcie głosowej, wysłać maila, zadzwonić do innego. Razem ze współpracownikami uruchomiliśmy kiedyś rodzaj sklepu internetowego, w którym można było zamówić dowolną liczbę danego produktu, siedząc na kiblu z telefonem. Przez półtora roku skorzystała jedna osoba – ktoś z centralnej Polski zamówił butelkę sosu – ale może obecnie ta forma sprzedaży cieszyłaby się większą popularnością? Do złożenia zamówienia nie potrzeba wielkiej interakcji. Tak naprawdę im mniejsza, tym większe prawdopodobieństwo, że wszystko pójdzie okej. Wystarczy, że ktoś nagra się na pocztę: „Halo, dzwonię z restauracji Pod Sroczym Ogonem, poproszę o 500 kilo śledzia i 200 kilo mąki, do widzenia". Handlowcy wysyłają jednocześnie zamówienie do systemu. W tym czasie magazyn składa produkty. Pracownik magazynu oraz kierowca na podstawie wystawionej faktury powinni sprawdzić, czy wszystko znalazło się w ciężarówce (jak wspominałem, nie zawsze tak się dzieje). Potem już tylko zamknięcie drzwi, odpalenie silnika i w drogę. Wszystko w rękach kierowcy i zdarzeń losowych.

Różne firmy pracują w różnych godzinach. Niektórzy rozwożą towar dwa razy w tygodniu – w nocy zamówienie jest składane, a wczesnym rankiem już jest rozwożone, bo w szkołach czy szpitalach karmi się przecież od samego rana. Potem jadą do restauracji, które nie otwierają się przed 12 czy 13. Na koniec można jechać do hotelu, bo magazynier pracuje na przykład do 18. Jeśli jest taka potrzeba, to niektórzy dostawcy mogą zrealizować zamówienie nawet w tym samym dniu, w którym zostało ono złożone.

Miałem takich asów kierowców, którzy potrafili się przez cały dzień pierdolić z rozwożeniem zamówień. Gość wyjeżdża z magazynu wraz ze wschodem słońca, ma do obskoczenia kilka punktów. Dzwonię do niego o 18, a ten jeszcze w drodze – tutaj się zatrzymał, z tamtym pogadał, z tym spalił peta, a u tego zjadł obiad. Zamiast skończyć o 15, jeździ i jeździ, a ja odbieram telefony „gdzie jest, kurwa dostawa?!". Ale byli też tacy kierowcy, którym zależało na czasie – wskakiwali do samochodu o 10, a jak ruch był niewielki, to już o 13 pili herbatkę w domu, bo było po robocie.

Oczywiście niektórzy restauratorzy lubią się zabezpieczać i składają zamówienie z większym wyprzedzeniem, inaczej dostawcy co chwilę dostawaliby zawału. Również w wypadku bankietów czy innych imprez zapotrzebowanie znane jest wcześniej. Przygotować się można też do tak zwanych zamówień kontraktowych, kiedy na przykład dostawca X wygra przetarg na zaopatrywanie więzienia czy szpitala. Często już w warunkach przetargu określone jest zapotrzebowanie, ale nie jest dokładnie wskazany czas, czyli wiadomo, że w ciągu trwania umowy (np. 5 miesięcy) klient będzie potrzebował 500 bochenków chleba. Wszystko jest elastyczne. Dostawca wie, że sprzeda produkty za konkretną kwotę, ale nie wie, jak będzie to rozłożone w czasie. Swoją drogą, zamówienia kontraktowe są najgorsze, bo najbardziej ryzykowne. Stając do przetargu, oferujesz konkretną cenę i musisz się jej potem trzymać. A co, jeśli okaże się, że dany produkt wyskoczył w kosmos i można go sprzedawać dużo drożej? Oczywiście jest też druga strona medalu – produkt może mocno stanieć, a klient musi go kupować od ciebie drożej. Niemniej jednak nigdy nie wiesz, co się stanie.

Najwięcej można zarobić na zaopatrywaniu statków i imprez masowych. Armator zapowiada z trzytygodniowym wyprzedzeniem, że statek odpływa tego i tego dnia i potrzebuje konkretnych produktów. Tylko tam już nikt nie bawi się w zamawianie kartonu czegoś – tutaj towary liczone są w paletach, a kwoty na fakturach sięgają kilkudziesięciu tysięcy. Podobnie na imprezach masowych. Pamiętam, że kiedy znajomi obstawiali Przystanek Woodstock, faktury na zapiekanki i tego typu szroty wjeżdżały na kilkadziesiąt, a nawet kilkaset koła.

Kalendarz hurtowni dostosowany jest do kalendarza klientów restauracji – sezon, święta, wszystko zgadza się jeden do jednego. Sezon letni (albo zimowy w miejscowościach górskich) jest przejebany. Wyrabiasz trzykrotność obrotu zimowego, ale śpisz też trzy razy mniej.

Rynek hurtowniczy zmienił się w momencie wejścia nań globalnych sieci, które obsługują wszystko, co można obsługiwać. W wielkopowierzchniowych marketach sprzedających hurtowe ilości możesz kupić wszystko, jeśli tylko masz czas tam pojechać, i niekiedy jest nawet taniej. Ale mniejsi dostawcy mają przynajmniej jedną przewagę: możesz sobie u nich zamówić 6 puszek, a w markecie musisz kupić cały karton, bo nikt nie rozdzieli kartonu na sztuki. Jeśli potrzebujesz słoika oliwek, pięciu litrów oleju i pięciu kilo dorsza, to twój dostawca przywiezie ci to bez mrugnięcia okiem. W dużych marketach, owszem, zdarza się, że wychodzą naprzeciw oczekiwaniom mniejszych klientów, ale nie są w tym tak elastyczni cenowo.

Sztuczka polega na nawiązywaniu relacji. To jest handel – im lepsze masz stosunki z potencjalnym klientem, tym większa jest twoja szansa na to, że stanie się on klientem rzeczywistym. W wielkim supermarkecie nie nawiązujesz stosunków. Nie poprosisz o zniżkę dla stałych klientów (co najwyżej dostaniesz jakąś odhumanizowaną kartę klienta), nie poprosisz o podrzucenie kilograma soli, bo nie zauważyłeś, że się skończyła. Jeśli masz dobrą relację z dostawcą, a dostawca z tobą, to możecie razem nie tylko robić dobre interesy, ale także wyświadczać sobie przysługi. A przysługa jest podstawą jeszcze lepszych interesów. Znam sytuacje, w których sprzedawca chodził dookoła potencjalnego odbiorcy przez pół roku, dzwonił, pukał i nie sprzedał mu w tym czasie nawet kilograma cukru. Ale potem tak zatrybiło, że okazał się jednym z najlepszych klientów ever. A to dlatego, że sprzedawca potrafił zbudować relację. Odbył pięć, dziesięć spotkań, poznał potrzeby, dopasował ofertę. I przekonał.

Czasami szefowie kuchni wymuszają na znajomych dostawcach dany produkt: „chciałbym tego używać, spróbować", choć zazwyczaj to dostawca podrzuca szefowi nowy produkt, który współpracująca z nim firma wprowadziła na rynek, i mówi: „spróbuj, pokombinuj z tym, będziesz się wyróżniał". Ale jeśli odbiorcy, czyli restauratorzy, przeistaczają się w kreatorów, to są świadomi produktów i chcą eksperymentować, żeby ulepszać swoją ofertę i podnosić możliwości. A do tego potrzebują coraz to nowszych i ciekawszych produktów. I to jest najsłuszniejszy ze słusznych kierunków. Nikt jednak nie będzie bawił się w sprowadzanie egzotycznego i drogiego produktu specjalnie dla jednej restauracji, bo podobny, tańszy, bo na przykład z Wietnamu, można kupić w markecie i nie trzeba się pierdolić z nadzorowaniem zamówienia i całą papierkową robotą. Inni z kolei dostosowują się do potrzeb klienta, oferując usługi dotyczące sprzedawanych produktów. Jeśli ktoś potrzebuje mięsa wyciętego w konkretny sposób, to firma mu je wycina. Na naszym rynku jednak tego typu działania są jeszcze rzadkością, choć na pewno rozpowszechnią się niebawem w mgnieniu oka. Rynek gastronomiczny rozwija się w zawrotnym tempie, więc zaopatrujący go hurtownicy muszą nadążać. Jeśli w danym regionie jeden z nich wprowadzi daną usługę, to reszta już nie ma wyboru – jeśli chce być konkurencyjna, nie może zostać w tyle. Gdy nie idziesz do przodu, cofasz się – to przysłowie jest aktualne zawsze i wszędzie.

Rozpoczęte kilka lat temu zmiany na rynku działają na zasadzie kuli śniegowej. Przestały już być kosmetyczne i delikatne. Teraz po prostu napierdalają i jeśli nie będziesz napierdalał razem z nimi, jeśli nie staniesz w awangardzie, to przepadniesz z kretesem. Niektóre firmy próbowały nawet rozszerzyć swoją ofertę o absolutnie wszystko, co może być potrzebne w restauracji, także o chemię czy artykuły biurowe. Okazało się to jednak kłopotliwe, bo te produkty wymagały innych samochodów do transportu – nie można przecież przewieźć kartonu płynu do mycia kibla w chłodni razem z tuszami wołowymi. Od dostarczania chemii, ręczników papierowych i całej reszty są inne firmy. Akurat to kupuje się zdecydowanie łatwiej przez dostawców niż samemu w sklepie (niektóre sklepy handlujące hurtowymi ilościami produktów w tej kategorii są najdroższe na świecie), bo hurtownicy mogą sobie pozwolić na zupełnie inne negocjacje cenowe z producentem lub importerem. Poza tym szefa kuchni mniej obchodzi to, czym sobie gość podetrze dupę, niż to, jaką zje rybę, dlatego często przywiązuje do tego mniejszą wagę. Poza tym, jeśli przez jeden dzień zabraknie pasty do podłogi, to nikomu niebo na łeb nie spadnie, ale jeśli zabraknie soli albo krewetek, to będzie niewesoło. W najgorszym wypadku może zabraknąć płynu do naczyń lub papieru toaletowego, ale wtedy wystarczy wysłać kelnera do najbliższego sklepu – na kilka godzin przecież wystarczy, a w tym czasie możesz załatwić sobie dostawę.

Dostawca jest ogniwem pośrednim między producentem danego surowca a restauracją. Ktoś mógłby pomyśleć – dlaczego restaurator nie uderzy po dany produkt bezpośrednio do producenta, oszczędzając na marży dostawcy? Zasadne pytanie, bo faktycznie, zdarzały się sytuacje, kiedy to szef kuchni lub właściciel knajpy, kierując się danymi na etykiecie, docierali do producenta i zamawiali jego produkty bez pośredników. Czasami szły za tym większe deale – np. szef kuchni zgadzał się na występowanie w reklamach danej firmy. Jeżeli restauracja jest sfokusowana np. na kuchnię azjatycką, to faktycznie może kupić produkty dużo taniej u producenta lub importera z Niemiec niż od pośrednika z Polski. Ale do tego trzeba się narobić. No i dostawca ma tę przewagę, że obsługuje restaurację jeśli nie kompleksowo, to przynajmniej w większym zakresie, bo ma bardziej rozbudowaną ofertę niż pojedynczy producent. Wyobraźcie sobie, jak dużo różnego rodzaju produktów schodzi w kuchni – mleko A, ser B, olej C, mąka D... rostbef wołowy Y, glutaminian sodu Z. Powiedzmy, że jest ich 100 (choć w rzeczywistości jest ich więcej). Jeśli chciałbyś każdy z nich brać bezpośrednio od producenta, to musiałbyś nieustannie kontaktować się z jakimiś osiemdziesięcioma firmami. Rezultat byłby taki, że cały czas latałbyś z wywalonym jęzorem między kuchnią a biurem, wystawiając faktury, wydzwaniając i odbierając zamówienia. Potem poszedłbyś po rozum do głowy, wziął kredyt i wybudował odpowiednio przygotowany magazyn, żeby móc pozwolić sobie na większe zamówienia, ale wtedy część produktów straci na świeżości – jeden problem w miejsce drugiego. A przecież tych 100 produktów może ci systematycznie, w dogodnych dla ciebie terminach, zapewnić 5 dostawców. Masz pięć faktur, pięć numerów telefonów, nie musisz budować magazynu za pożyczone z banku franki. Wygoda, mój panie. Poza tym hurtownicy potrafią przeciwdziałać sprzedawaniu przez producenta jego wytworów z pominięciem pośrednika. Jeśli dana hurtownia jest wyłącznym kolporterem produktów firmy X (przy czym mam wrażenie, że słowo „wyłączny" powinno się w tym wypadku pisać w cudzysłowie), może jej po prostu powiedzieć: „słuchajcie, sprzedajemy rocznie wasze produkty za kilka milionów, a wy nas tak? To w takim razie my sobie znajdziemy innego producenta, więc wasze dochody spadną o naszą sprzedaż, a wzrosną dochody konkurencji". Taki mały działający szantażyk, który też jest do obejścia, bo można założyć przecież spółkę córkę za granicą i kupować przez Niemcy czy Czechy. Tylko więcej z tym papierowej roboty.

Papierkowa robota w biznesie hurtowniczym nie jest większa niż w innych. Po prostu wystawiasz faktury odbiorcom, producenci wystawiają tobie i wszystko hula. Pamiętaj tylko o dołączaniu do faktur rozrachunków płatności, żeby przypomnieć, że do zapłacenia jest jeszcze pięć koła z zeszłego miesiąca, a nie tylko 300 złotych na tej fakturze. Nękanie odbiorców mailami, telefonami czy takimi dokumentami to niestety codzienność. W papierkowej robocie ważne jest stworzenie sieci dostawców sprzedających towar tobie, czyli producentów lub importerów. Ci jednak najczęściej sami szukają hurtowników, którym będą opylać towar w skali makro, żeby ci mogli z kolei opylać go w skali już-nie-tak-bardzo-makro do restauracji, które opylają go konsumentom w skali mikro.

Żeby poradzić sobie na tym trudnym rynku zaczynając od zera, powinieneś mieć dwie rzeczy: dużo siana i dużo kontaktów, czyli odbiorców gotowych kupować od ciebie towar od pierwszego dnia. Renoma? Nie trzeba. Wystarczy podkupić konkurencji kilku handlowców, jeśli sam nie masz wystarczających kontaktów. Ci już pewnie zdążyli podkupić kilku szefów kuchni, więc na początek masz jakąś maleńką siateczkę odbiorców. Zgarniając dwóch czy trzech najlepszych sprzedawców, zgarniasz też rynek i wolumen sprzedaży. Oni bowiem znają ludzi i wiedzą, kto czego potrzebuje i co komu należy zaoferować, żeby się skusił. A przede wszystkim wiedzą, kto jest godnym uwagi płatnikiem, bo nie sztuka opchnąć komuś groszek za dwadzieścia tysięcy i nigdy nie zobaczyć z tego ani grosza, bo restauracja padła po dwóch tygodniach. Dalej niestety nie ma skrótów – zostaje ciężka praca i pilnowanie, by być konkurencyjnym. Jeśli nie chcesz być chujem i nie w smak ci podkupywanie konkurencji handlowców, to niestety musisz mieć renomę. Żaden szanujący się szef kuchni nie skorzysta z usług firmy „no name", reprezentowanej przez anonimowego gościa, który przyszedł do restauracji, położył katalog i zostawił wizytówkę, nawet jeśli ceny w owym katalogu będą niższe niż u jego aktualnych zaopatrzeniowców. Nie ma bowiem gwarancji, że ten tańszy produkt z nowej na rynku firmy będzie przynajmniej równie dobry jak ten, który szef kuchni kupuje obecnie. Nie ma też gwarancji, że ta nowa firma ma odpowiednie warunki do przechowywania towarów, że dotrzymuje terminów, że nie da dupy z czymś innym. Dlatego kluczem do sukcesu, a jednocześnie fundamentem, jest nawiązywanie relacji – musisz być w stanie przekonać potencjalnego odbiorcę, żeby chociaż spróbował.

Szefowie kuchni też nie są w ciemię bici i orientują się w cenach obowiązujących na rynku. Jeśli zatem, reprezentując totalnie nową firmę, przedstawisz im cennik, będą w stanie na jego podstawie stwierdzić, czy faktycznie masz do zaoferowania godny towar, czy jest to jakaś przewała – po prostu produkt niższej jakości albo chwilowa cena, która zaraz i tak zrówna się z cenami u konkurencji. Oni raczej wykorzystają twoją niższą ofertę do uzyskania lepszej ceny u aktualnego, sprawdzonego dostawcy. Zadzwonią do niego i rozpoczną pokerową rozgrywkę: „mam tu dowód, że te ziemniaki chodzą taniej, niż mi sprzedajesz od trzech lat. Dymałeś mnie cały czas, bo różnice dochodzą do 5 złotych na kilogramie. Co mi teraz powiesz? Chcę nową ofertę albo won".

Wspomniałem o opłacaniu kucharzy? Wspomniałem. Szefowie kuchni i kucharze są czasami na tyle bezczelni, że kiedy przychodzisz z ofertą, walą prosto z mostu: „dostaję od aktualnego dostawcy 10% obrotu. Ile ty mi dasz?". To nic innego, jak przepuszczanie kasy pod stołem, powszechnie zwane łapówką. Nawet nie zapytają o cenę czy jakość produktu, obchodzi ich jedynie to, by zgadzało się w ich kieszeni. I nie ma bata – wielu dostawców musi wliczyć to w koszty.

Bardziej legalnymi sposobami opłacania kucharzy jest organizowanie promocji jak na stacjach benzynowych na zasadzie: „jeśli wyrobisz tyle i tyle obrotu, to wygrywasz wycieczkę na Malediwy dla dwóch osób albo laptopa". To po prostu pobudzanie potrzeb – i tak korzystasz z danego produktu, więc po co masz go zamawiać u konkurencji, skoro możesz kupić w podobnej cenie u nas i jeszcze uzyskać jakiś bonus. Standardem są bluzy kucharskie – to już niemal waluta, a to nie są małe pieniądze. Czasami żeby ubrać wszystkich kucharzy na zmianie, trzeba wyłożyć na stół kilka tysięcy złotych. Zdarzają się jeszcze tak zdesperowani dostawcy, że oferują na przykład stawianie mroźni. I tak dostawca ryb stawia restauracji mroźnię za trzydzieści tysięcy albo pakuje sześćdziesiąt tysięcy w nowy sprzęt do kuchni w zamian za obietnicę zamawiania towaru. Odbiorcy natomiast często nie zdają sobie sprawy, że to kontrakt niewolniczy, bo po prostu koszt tej mroźni czy kuchni trzeba odrobić.

Najczęściej jednak zwyczajnie po ludzku pakuje się kasę do kieszeni szefów kuchni i kucharzy. Ci nie dbają o interes swojej restauracji, swojego miejsca pracy, tylko o swój. To wynika z tego, że są niedoceniani, kiepsko opłacani, nie czują się właścicielami. Ale czasem wynika też z tego, że są wśród nich wredne szuje.

W każdej branży jest coś, co można usprawnić i doprecyzować. Wystarczy zanalizować, co niedomaga, i znaleźć pomysł na wyeliminowanie słabości. Jeśli trudności sprawia forma zamówienia, można wręczyć restauracjom tablety z aplikacją, za pomocą której trzema kliknięciami kucharze będą mogli bezpośrednio uzupełnić braki w magazynie. I już jest szybciej. Najgorsza jest interakcja między ludźmi, więc jeśli można wyeliminować ten etap, będzie wygodniej. Zdarzają się bowiem naprawdę głupie sytuacje, bo któryś z kucharzy kiepsko mówi po polsku i coś przekręci w rozmowie, a inny sepleni, a na dodatek nagrywał się na pocztę głosową pośród krzyków w kuchni, więc nie do końca można to nagranie potem odczytać.

Kreatywny marketing w hurtowniach leży jak długi. Usprawnienie sprzedaży polega także na pobudzaniu zapotrzebowania, szczególnie na produkty nowe, ściągane z odległych krajów. Czasami wystarczy mailing o tym, co można z tym nowym sosem zrobić, czasami zorganizowanie jakiegoś spotkania-szkolenia dla kucharzy z ekspertem w danej dziedzinie. I już powstają relacje, już mnożą się pomysły. Promocje, najprostsza z prostych metod? A jakże, proszę bardzo, działa, pobudza, nakręca. Ale musisz odpowiednio poinformować odbiorcę o takiej akcji. Załóż bazę numerów telefonów swoich klientów, zainwestuj w jakąś bramkę SMS i raz w tygodniu wyślij im informację, że masz w promocji konkretne produkty – najlepiej te, które słabo rotują, albo te, które są w codziennym użytku. Poinformuj ich, że w tym tygodniu cena na ten produkt jest taka i taka bez względu na to, jaką ofertę dostali wcześniej.

Skąd restauracje brały produkty, kiedy rynek hurtowniczy nie był tak rozwinięty jak teraz? Ano właśnie bezpośrednio od producentów i importerów. Pamiętam, że kiedy lata temu pracowałem w jednej z pierwszych restauracji chińskich, właściciel – zapewne po konsultacji z szefem kuchni – ściągał kontener niedostępnych w Polsce produktów prosto z Azji (niektóre restauracje rozwinęły eksport do tego stopnia, że zaczęły jednocześnie dystrybuować produkty zagranicznego producenta w kraju). Cała reszta? Musiała sobie jakoś radzić. W większości wypadków kupowano na przykład całe zwierzę, a następnie kucharze na kuchni rozbierali je po nocy. Czasami też po prostu prosili, żeby pokroił je przynajmniej z grubsza rzeźnik.

Produkty codzienne – mleko, jajka, warzywa – najczęściej kupowało się samemu na rynku albo wprost od znajomego rolnika. Resztę, szczególnie w trudnych czasach komunizmu, trzeba było zdobywać chałupniczo. I pojawiał się problem – jeśli nawet szef kuchni miał świetny pomysł na mięso żubra, to mógł go sobie wsadzić głęboko, gdy nie miał możliwości pozyskania produktu. Po części zapewne dlatego komunistyczny rynek gastronomiczny nieco kulał (chyba że ktoś obsługiwał władze – wtedy można było zdobyć wszystko, działać na bogato i mieć gest i rozmach). Przypomnijcie sobie zresztą (albo wyczytajcie gdzieś), skąd się wzięła nazwa barów mlecznych. Choć powstały jeszcze przed wojną, a upowszechniły się w Polsce już w okresie międzywojnia, to ich znaczenie szczególnie doceniono po II wojnie światowej, kiedy sklepy świeciły pustkami. I w takich właśnie barach karmiono tym, co można było dostać. Królowały potrawy na mleku, jajkach, rządziły kasze i dania mączne, ale za to gorzej było z daniami mięsnymi. I w ten właśnie sposób menu barów mlecznych z tamtych czasów jest najlepszym odzwierciedleniem stanu dostaw produktów dla gastronomii w gospodarce centralnie planowanej, czyli takiej do dupy.

4. Okiem obsługi, czyli kilka słów o gościach

To rozdział o tobie. Tak zakładam, bo z góry uznałem, że jesteś klientem restauracji, pubów, klubów nocnych. Może nie bywasz w nich codziennie, może raczej sporadycznie, raz w miesiącu podczas służbowej podróży do innego miasta, kiedy jesteś odcięty od kuchni swojej małżonki/małżonka lub ukochanej mamy i przychodzi ci zajrzeć nieśmiało do hotelowej restauracji. Ale tak czy inaczej zaglądasz. Więc to rozdział o tobie. Dowiesz się, co tak naprawdę gastrobranża o tobie myśli.

Przestroga

Zacznijmy od tego, że – pewnie zauważyłeś to po sobie – jeśli klientowi gdzieś smakuje, to tam wraca. Pewnie, czasami popróbuje czegoś innego, ale potem znów nachodzi go chętka na ten placek po cygańsku albo na ogon knura w zalewie z taśmy magnetofonowej, więc idzie do sprawdzonego lokalu. Nie każdy jest przecież foodie, czyli gościem, który ma kupę szmalu i może rozbijać się po całym świecie, żeby każdego dnia stołować się w innym miejscu tylko po to, by zrobić talerzowi zdjęcie i wrzucić je na Instagrama. Zazwyczaj, jeśli ktoś zaakceptuje warunki danego lokalu, przyzwyczai się, to nie szuka zmiany. Ma pewność, że się nie zawiedzie, nie zatruje, nie umrze.

Jako klient powinieneś być świadomy tego, że niewiele jest usług, które potencjalnie mogą wpłynąć na twoje życie w takim stopniu, jak gastronomia. Ona daje ci substancje, które wprowadzasz do swojego organizmu. Muszę wyjaśniać? Okej, przychodząc do Baru Pod Kością, nie podlegasz absolutnie pod łaskę i niełaskę kucharza czy kelnera – jeśli coś ci się nie spodoba, możesz przecież wyjść, nie zjeść, poprosić o zmianę, zrobić aferę, podpierdolić bar do Sanepidu, cokolwiek. Ale decydując się na skorzystanie z restauracji, jesteś zależny od konkretnego kucharza i kelnera, choć nie w takiej mierze, jak od pilota w samolocie. Jeśli ktoś ci napluje do ziemniaków albo wsadzi penisa do coca-coli, to nawet nie będziesz o tym wiedział. A przecież gdybyś wiedział, to nie wziąłbyś tego do ust, prawda? Nie zatrujesz się tym, nie umrzesz. Ale gdybyś wiedział, to byś nie zjadł. Słyszałem historię z pierwszej, nomen omen, ręki o pewnym nierozgarniętym kucharzu, któremu podpadły dziewczyny pracujące naprzeciwko, więc zemścił się na nich, finiszując do sosu dania, które zamówiły. Ponoć im smakowało, a on zapewniał, że to tajemna receptura. Pewnie żyją sobie szczęśliwie do dziś i wychowują zdrowe latorośle, a po wspomnianym posiłku nie miały nawet mdłości, ale przecież gdyby były świadome tajemnej receptury, toby tego nie tknęły.

Możesz być klientem dobrym, normalnym, lubianym lub nierzucającym się w oczy. Możesz też być klientem, który w jakiś sposób podpadnie pracującej w danym lokalu gastrobraci. Podpaść można na naprawdę wiele sposobów, więc lepiej tego nie robić. Przy czym nie mam na myśli tego, że masz żreć, co ci dadzą bez mrugnięcia okiem, zapłacić i zostawić napiwek w wysokości siedmiokrotności rachunku. O nie! Gość restauracyjny ma swoje prawa, z których powinien mieć odwagę skorzystać, a to bywa problematyczne. Część klientów ma jednak odwagę nawet przekraczać cienką granicę między korzystaniem ze swoich praw na normalnych, ludzkich zasadach a byciem upierdliwym chujem o ego wielkości Boeinga 747-8. Takie przekroczenie równa się często oskarżaniu pracowników restauracji o rzeczy, na które nie mają oni wpływu. Dlatego opowiem ci za chwilę o tym wszystkim, żebyś był świadom, za co możesz się wkurwić przy stoliku na kelnera czy kucharza, a za co niekoniecznie, bo nijak nie jest ich winą. Ale najpierw ku przestrodze poczytaj o tym wszystkim, co może cię spotkać, jeśli ktoś w restauracji będzie miał cię NAPRAWDĘ dość (tak naprawdę piszę ten rozdział tylko dlatego, że jest w nim kilka obrzydliwych historyjek, a przecież wszyscy takie lubimy).

Wachlarz kar, jakie restauracyjno-barowa obsługa może zastosować wobec chujowego klienta, jest niezwykle szeroki, a ograniczają go w zasadzie jedynie fantazja i ewentualne wątpliwości natury etycznej. Kiedy pewna matrona przerąbała sobie u kelnera, a pech chciał, że akurat w tej restauracji pracował gotowy na wszystko kucharz, dostała kaszankę z bardzo osobistym podarunkiem od tego ostatniego. Wystarczył mu sygnał od kelnera, żeby dokonał szybkiego aktu samogwałtu ze szczęśliwym końcem na patelnię. Jej zawartość po chwili z uśmiechem na twarzy uprażył (podobno strasznie skakała na gorącej patelni), a następnie wrzucił na to kaszankę, jajko, usmażył, pomieszał i gotowe. Kelner po dziś dzień twierdzi, że klientka cmokała z zadowolenia. Ja z kolei wolałem sączyć moją zemstę powoli. Kiedy sam jeszcze chodziłem z tacą i zdarzało mi się coś, co w moim mniemaniu wymagało mojej reakcji, to od razu wiedziałem, że zemsta będzie słodka, i leciałem po bandzie. Wiedziałem, że albo sprawa wyjdzie na jaw i mnie wypierdolą, albo wyjdzie na moje. Robiłem to z pełną świadomością i premedytacją. Podobnie było na barze – jeśli gość cwaniakował, to jego uwalenie było kwestią honoru. Nie trzeba mu było nawet dolewać do wódy wody utlenionej ani oszukiwać go w inny chemiczny sposób. Jako barman i kelner lubiłem zemstę przeciągać w czasie. Wystarczyło podać Long Island, ale tak potężny, że tylko zabarwiony colą. Jak delikwent coś takiego wypił, to było wiadomo, że nie wyjdzie o własnych siłach. Cokolwiek potem zrobił, już był na przegranej pozycji. Możesz mu powiedzieć, że jest chujem i ma wypierdalać, bo jest pijany i go poniosło. Jak ci walnie w twarz, to idziesz do sądu i wygraną masz w kieszeni, bo był pijany. Niektórzy barmani lubią nawet takiego ancymona prowokować. Jeśli barman jest trzeźwy, a klient ledwie stoi, to policji można wmówić wszystko.

I tak zadarcie z kelnerem lub barmanem kończy się: a) wywaleniem na rachunku, b) dodatkami spoza karty na talerzu, c) totalnym sponiewieraniem. W ostatnim wypadku, jeśli masz szczęście, to w odpowiednim momencie ochroniarz wywali cię z knajpy (pamiętasz historię kobiety wyrywającej sobie włosy z głowy przytoczoną w rozdziale o barmanach?). Jeśli masz pecha, to wylądujesz na dołku, a w rezultacie dostaniesz

po portfelu, o jakiejś tam reputacji nie wspominając (tutaj przypomnij sobie pewnego byłego posła, który dostał wciry od policjantów przed klubem). Dla mnie właśnie sprowadzenie kogoś do poziomu bydła było najsłodszą zemstą. Nie moczyłem przyrodzenia w drinku ani nie wkładałem go w ziemniaki – nie chciałem się do tego zniżać. Delektowałem się zemstą, sącząc ją chwila po chwili. Wywalenie na kasę? Bogaty by nawet nie zauważył, a mi zależało, żeby to była nauczka, którą zrozumie. Prezes banku, który ląduje na 24 godziny na dołku? Ładna historia. A w rankingu mścicieli kelnerzy i barmani zawsze będą wygrywać z kucharzami. To oni przecież mają styczność z wkurwiającym klientem, oni muszą się z nim użerać. Kucharz w tym czasie przewraca sobie spokojnie placka na patelni za ścianą przy wtórze chamskich kawałów opowiadanych przez kolegów i ma upierdliwego gościa w dupie.

Tyle tytułem przestrogi. Teraz czas na naukę. Mam dla ciebie krótki poradnik restauracyjnego savoir-vivre'u, czyli czego nie robić w restauracji, żeby nie wyjść na buca, chama, debila, idiotę, zwykłego głupka lub żeby nie zostać pokaranym przez obsługę w któryś z powyższych sposobów.

Jak być restauracyjnym gościem, a jak gościem lepiej nie być

Zacznijmy od podstaw: nie uprawiaj seksu w restauracji.

Pewnie pomyślałeś właśnie, że to oczywiste (jeśli tak, to gratuluję, istnieje prawdopodobieństwo, że jesteś normalnym, trzeźwo myślącym człowiekiem o zdrowych relacjach społecznych), ale wierz mi – nie dla wszystkich.

W pewnej azjatyckiej restauracji był taki specyficzny kojec. Siadało się przy niskim, azjatyckim stoliku, ale było specjalne miejsce w podłodze, żeby można było jednocześnie opuścić nogi. Dzięki temu nie trzeba było ich podkurczać albo przybierać dziwnych póz rodem z jogi i można było wygodnie zjeść posiłek. Przed wejściem do niego trzeba było zostawić buty. Pewna kelnerka zaniosła tam posiłek i stwierdziła, że już więcej tam nie pójdzie, bo akurat trafiła na moment, w którym kobieta robiła facetowi laskę. W restauracji pełnej ludzi! Jeszcze więcej ekscesów przydarza się na imprezach. Podczas jakiejś osiemnastki w naszej restauracji w lożach odbywały się regularne orgietki małolatów. Może są takie miejsca, gdzie takie coś jest okej, może nawet w klubie nocnym szybkie pukanko w kiblu czy loży nikogo nie dziwi, ale w restauracji to chyba lekka przesada. Zatem nie polecam. Jeśli nagle nad golonką złapie cię chuć, to pokaż, że jesteś facetem i potrafisz znaleźć ustronne miejsce, przy czym nie mam na myśli stolika w kącie ani loży za firanką. Chyba że jesteś kobietą. Wtedy po prostu wstrzymaj swoje żądze i oczekuj od swojego partnera, że zachowa się nie jak byle samiec, lecz jak prawdziwy mężczyzna, i poczeka na odpowiednią chwilę.

Jedną z najbardziej kłopotliwych sytuacji, której jednak nijak nie da się całkowicie wyeliminować, jest wylewanie płynów na klientów. Pamiętam, jak jedna z koleżanek wywaliła na głowę córki bogatego biznesmena szklankę świeżo wyciśniętego soku z pomarańczy. Oczywiście nie zrobiła tego umyślnie – po prostu spadł jej z tacy. Ludzka rzecz, niestety może się zdarzyć najlepszym. Co w takim wypadku ma zrobić klient? Jak się zachować? Wydrzeć się na kelnera? Zwyzywać go od debili i łamag, zażądać od właściciela wypieprzenia go z roboty? Głupia sytuacja. Zapewniam, że zarówno oblanym gościom, jak i nieszczęsnemu kelnerowi jest w takim wypadku nieswojo. Za to inni kelnerzy i barmani znikną w tej chwili za drzwiami kuchni, żeby śmiać się do rozpuku. To też nie powinno nikogo dziwić, śmiejemy się nawet ze starego numeru z nadepnięciem na grabie albo pośliźnięciem się na skórce od banana. No pomyśl sam – jeśli kelner potyka się i wylewa łysemu typowi na głowę zupę pomidorową z makaronem, to co robisz w pierwszym odruchu? Śmiejesz się. Bo to śmieszne.

Niestety nie ma żadnego ogólnie przyjętego restauracyjnego kodeksu postępowania w momencie, kiedy stek w sosie żurawinowym przypadkiem ląduje na drogim garniturze jednego z gości. Oczywiście w pierwszej chwili pechowy kelner zazwyczaj oferuje pokrycie kosztów prania. Co dalej? Różnie bywa i trudno się spodziewać, żeby oblany gość był z tego powodu szczęśliwy. Muszę jednak powiedzieć, że w większości sytuacji, z jakimi miałem do czynienia, trafiało na rozsądnych gości, którzy zdawali sobie sprawę, że w ferworze pracy takie rzeczy po prostu mogą się zdarzyć. Przypominam sobie zaledwie jedną sytuację, kiedy klient był wściekły do nieprzytomności, bo kelnerka zalała mu jakiś ultradrogi krawat – ani pralnia, ani oferta odkupienia takiego samego krawata nie schłodziły mu głowy. Z takiej sytuacji niestety nie ma wyjścia. Moja znajoma stewardesa oblała kiedyś pasażera pierwszej klasy kawą, na dodatek trafiła prosto w krocze. Rzuciła się do niego od razu z chusteczkami, żeby go powycierać, ale ten się tylko speszył i poprosił, żeby przestała. Skoro nikt nie powinien mieć o to pretensji w restauracji, to tym bardziej w ciasnym i trzęsącym się samolocie.

Jeśli tobie jako kelnerowi przydarzy się taki wypadek, to cokolwiek zrobisz później, będzie albo równie zabawne, albo tragikomiczne – w zależności od tego, jak zareaguje ofiara twojej fajtłapowatości. Jeśli zaś będziesz pechowym klientem, którego przypadkowo oblał kelner, to pamiętaj, że to tylko człowiek. Zaakceptuj ofertę zapłacenia za pralnię, ale zachowaj zdrowy rozsądek i nie wyzywaj matki biedaka od kurew.

Ciekawi cię, czy zdarzają się sytuacje jak z filmu, kiedy wściekły kelner daje klientowi tortem w papę albo kiedy rozdrażniona kelnerka ostentacyjnie wylewa gościowi na głowę piwo? Muszę cię zasmucić – ja się nie spotkałem. Zresztą uważam, że ludzie, którzy by tak zareagowali, nigdy nie powinni pracować w gastronomii. Oczywiście są momenty, kiedy kelner cały aż się gotuje i ma ochotę wywalić na gościa całą tacę, ale szybko chłonie, bo co mu to da?

Największa obraza dla kelnera? Pstryknięcie na niego. Każdy ci to powie, więc tym bardziej tego nie rób. Pstryknąć to sobie możesz na konia albo na swoją starą. Jeśli pstrykniesz na kelnera lub kelnerkę, to masz jak w banku, że twoje jedzenie będzie zawierało jakiś dodatkowy tajemniczy składnik w postaci płynu do podłogi lub spermy. Gwizdnięcie na kelnera nie jest wiele lepsze – to też wezwanie do wypierdolenia klienta na rachunku. Na kelnera nie wołaj też ani „ej ty", ani „panie starszy". W ogóle nie wołaj, nie jesteś w lesie. We Francji to funkcjonuje: woła się „garçon", co w dosłownym tłumaczeniu oznacza „chłopiec", i nikt się nie obraża. Tak się przyjęło i już. Ale co kraj, to obyczaj. Chcesz przywołać obsługę – poszukaj kontaktu wzrokowego, zapytaj, czy możesz poprosić o rachunek czy o co tam chcesz. Zawsze jest przecież kelner, który akurat sonduje salę, czekając na możliwość obsłużenia klienta. To jego praca.

Wydaje mi się, że inne właściwe i niewłaściwe zachowania w restauracji dyktuje dobre wychowanie. Raczej nie będzie w dobrym guście w pełnej restauracji wydmuchanie nosa w chusteczkę i zostawienie jej kelnerowi w prezencie. Mnie zdarzyło się otrzymać od klientki jeszcze ciepłą pieluchę, bo przewinęła dziecko. Co prawda była w jakimś tam woreczku, ale mimo wszystko jesteśmy na środku restauracji, w której ludzie chcą cieszyć się smakiem, a tu parująca pielucha, cieplejsza niż zupa, którą przed chwilą podałem. Niesmaczne. Inne prezenty, takie jak numer telefonu nagryzmolony na karteczce przez babeczkę, która jest przekonana, że ten dwukrotnie od niej młodszy kelner na pewno zadzwoni wieczorem, wizytówki i tak dalej też nie są mile widziane. Do facetów: kelnerka też nie zadzwoni, choćbyście nie wiem jaki napiwek zostawili pod wizytówką z napisem „Prezes", „Manager", „CEO", „Król", „Prymas".

Może się zdziwicie, ale odradzam też wszelkie próby pomagania kelnerowi: zabieranie mu pełnych talerzy czy szklanek z tacy, kiedy przynosi zamówienie, a po posiłku składanie talerzy jeden na drugim, nawet jeśli na stoliku jest mało miejsca. Oczywiście może się zdarzyć, że kelner coś wyleje, ale prawdopodobieństwo takiego wypadku jest większe, jeśli będziesz mu jeszcze gdzieś tam manipulował łapami przy tacy. Natomiast z tym składaniem talerzy chodzi o coś innego. Wiem, że ludziom, którzy to robią, często się wydaje, że pomagają kelnerowi, bo on i tak musi je poskładać, ale nie zawsze tak jest. Osoby, które pracują w restauracji, mają opracowany swój system. Człowiek zazwyczaj myśli o tym, co robi, i stara się usprawniać działania swoje i kolegów. Czasami jest więc tak, że talerze składane są jakimś innym systemem, dzięki któremu potem łatwiej je umieścić w zmywarce, sparować, cokolwiek. Poza tym to robota kelnera. On sobie tak wszystko zrobi, że będzie mu najlepiej. Z drugiej strony, jeżeli już zjadłeś, chcesz jeszcze chwilę posiedzieć, dokończyć wino, może zamówić drugi kieliszek, a na twoim stoliku wciąż stoją talerze, to przecież nikt ci nie zabroni złożyć jeden na drugi. Kelner powinien zadbać o to, żeby po posiłku zabrać brudne naczynia ze stolika. Jeśli jeszcze nie zdążył tego zrobić, a tobie one przeszkadzają, to jego problem, że będzie miał potem poskładane nie tak, jak lubi.

Jest jeszcze jedna rzecz, której kategorycznie nie powinien robić klient baru (w restauracji jest to raczej niemożliwe) – podkradać drinków. Jeśli jesteś niecnym złodziejem napojów, to wiedz, że przez twój przełyk przeszły takie substancje, że na samą myśl o nich powinieneś teraz na wszelki wypadek przytulić się do muszli. Pamiętam historię, jak podczas jakiejś imprezy plenerowej kolesie, którzy prowadzili stoisko z piwem, zorientowali się, że ktoś im podkrada trunek. Przy dużych kolejkach zazwyczaj po prostu nalewa się kilka piw z nalewaka, które czekają, aż ktoś przyjdzie – w ten sposób kolejki są mniejsze.

Ci goście również tak robili – zawsze mieli na kontuarze kilka nalanych już piw. I co jakiś czas im jakieś znikało. Wkurwili się więc i postanowili oddać mocz do jednej ze szklanek. Potem dolali piwa, zrobiła się piana, wszystko ładnie. Postawili na kontuarze i bacznie obserwowali. I oczywiście znalazł się frajer podkradacz, który złapał szklankę i poszedł do swoich ziomków popijać. Wyglądał, jakby mu smakowało. W innym pubie z kolei delikwent podkradał drinki stojące na barze, więc barmani do jednego z nich dolali płynu do mycia naczyń. Oczywiście chlapnął. Zatoczył się, oparł o bar, beknął parę razy i tyle go widziano. A nawet nie dokończył tego drinka. Podobno jeszcze długo puszczał bańki ustami.

Takich podpierdalaczy drinków nazywa się golasami, a golasów nikt w knajpie nie lubi. Z jakiegoś powodu zawsze mają największe wymagania – nalać z butelki do szklanki, zamieszać srebrną łyżeczką cztery razy zgodnie z siłą Coriolisa, podać bambusową słomeczkę prosto z ostatniego transportu z Ekwadoru z odciskiem serdecznego palca prawej dłoni Jima Morrisona. Kiedy zamawiasz wino w restauracji, to normalne, że kelner przyjdzie i ci naleje. Ale w pubie lub przy barze, kiedy barman ma milion osób do obsłużenia i podaje ci wodę w odkapslowanej butelce i szklankę, to serio musisz mu zawracać łeb, żeby ci jeszcze nalał? Rączek nie masz?

Na koniec wątku kar jeszcze jedno wyjaśnienie: te wszystkie kaszanki ze spermą, pieniące się drinki, mocze w piwie to ekstrema. Nie jest tak, że kelner czy kucharz jest tykającą bombą zegarową i wystarczy, że nie spodoba mu się sposób, w jaki trzymasz widelec, a już dolewa ci Cifa do purée. Nie. Zazwyczaj, jeśli będziesz dla niego niemiły, to po prostu to oleje, może ponarzeka na twój temat z kolegami, w drodze wyjątku naleje ci wina z dwóch niedopitych kieliszków po innych klientach albo naleje ci nieco mniej alkoholu, niż powinien. Nic ci się po tym nie stanie, ale cóż – nie jest to sympatyczne. Te wszystkie ciężkie działa – spermy, mocze, penisy i inne rzeczy, które zazwyczaj zostają w okolicy toalety – restauracyjny pluton wytoczy przeciwko tobie tylko wtedy, kiedy dasz im naprawdę mocny powód. A granica jest przesunięta daleko, bo oni mogą wiele znieść. Mimo wszystko dla własnego dobra nie sprawdzaj, gdzie ona dokładnie się znajduje.

Co wkurza obsługę?

Pracowników restauracji na maksa wkurwia brak rotacji stolików. Jest to szczególnie bolesne w sezonie, na przykład w często odwiedzanych okolicach i niedużych lokalach, na kilkadziesiąt miejsc. Przyjdzie jeden z drugim, zapłacą za dwie kawy i siedzą pięć godzin, zajmując stolik, przy którym mogłaby zjeść porządny obiad rodzina z dziadkami i dziatkami, tym samym dając restauracji zarobić. A po nich jeszcze jedna rodzina. Oczywiście nikt się na ciebie nie obrazi, jeśli będziesz systematycznie coś zamawiał albo kiedy restauracja jest pusta – i tak mają otwarte, nikt nie czeka na miejsce, więc luz.

Ciężko wyczuć intencje klientów, którzy przychodzą, zamawiają po toniku i siedzą godzinami nad pustą szklanką. Nie wiadomo, czy zaproponować im deser, czy danie główne, a może drinka. Bywały sytuacje, że gość przychodził o 14, zamawiał ciastko, wyciągał laptopa i do 22 na nim klepał. Kiedyś goście urządzili sobie u nas biuro na 3 miesiące – spotykali się ze sobą, z klientami i podwykonawcami, przeprowadzali rekrutacje pracowników. To trochę nie fair. Przecież wystarczy się dogadać, jak choćby pewna pani z firmy farmaceutycznej: powiedziała, że potrzebuje na 5 godzin jakiś stolik na uboczu, bo będzie miała kilka spotkań, oczywiście będzie płacić za zamówienia. Zapytała, czy może przyjść na takiej zasadzie. I to było fair. Kiedy przychodzisz, zamawiasz jedną wodę, siedzisz pięć godzin, bo przychodzi lekarz, dekarz, tynkarz, architekt, to nie jest fajne. Jeśli tak chcesz, to chociaż zamawiaj, żeby zajęcie tego stolika przez ciebie było dla restauracji opłacalne.

Wiesz, co jeszcze wkurza kelnerów i kelnerki? Zaskoczę cię: siadanie przy brudnym stoliku. Gość, który wchodzi do restauracji, szuka zawsze najlepszego dostępnego stolika. Jeden lubi przy oknie, drugi lubi przy kiblu, bo chce mieć asekurację w razie biegunki. Jeszcze jeden woli z daleka od baru, bo wkurza go młynek do kawy. I czasami wolne są trzy stoliki, w tym jeden, jedyny, wybrany i najukochańszy. Sęk w tym, że ten jeden, jedyny, wybrany i najukochańszy dopiero się zwolnił i kelner nie zdążył jeszcze posprzątać po poprzednich klientach. Nic to jednak, to przecież nie przeszkadza. Stolik wolny, więc można siadać. No i niby faktycznie nie przeszkadza, ale jednak przeszkadza. Nie potrafię tego do końca racjonalnie wytłumaczyć. Może chodzi o to, że kelner nie lubi uczucia sprzątania komuś stolika pod nosem – to tak, jakby był prywatnym służącym. Dziwne. Albo może problem polega na tym, że wycierając stolik, będzie niejako zmuszony zrzucić wszystkie okruchy na siedzącego tam już klienta, a w dodatku nie będzie mógł porządnie zamieść podłogi pod stolikiem, i tak dalej. A jeszcze zdarzy się klient, który zacznie biednego kelnera opierdalać, że spadły na niego jakieś okruchy. Generalnie z jakiegoś powodu jest to krępujące – może trzeba by o to zapytać behawiorystę?

Zawsze śmialiśmy się z pewnej polskiej osobowości telewizyjnej, dla której śniadaniem był podwójny Johnnie Walker na lodzie. Może nie dla wszystkich jest to oczywiste, ale picie dużej ilości alkoholu, robienie imprezy w godzinach lunchu nie jest wskazane. Zdarzało się, że ekipa przychodziła o 12 i garowała do rana. Kolejni goście, którzy pojawiali się w restauracji, byli zmieszani, a kadra też nie wiedziała, jak się zachować, bo wraz z liczbą osuszonych butelek rosła liczba decybeli i generalnie zachowanie pijących pozostawiało coraz więcej do życzenia.

Zupełnie inną sprawą jest, kiedy przychodzisz z przyjaciółmi do restauracji wieczorem, chcecie zjeść kolacyjkę, a potem posiedzieć przy winku, kulturalnie celebrując spotkanie przy wspólnym posiłku. No i znów – wszystko sprowadza się tak naprawdę do kultury osobistej. Jeden wypije kieliszek wina i będzie grzecznie dyskutował o teatrze, inny po takiej ilości alkoholu będzie się darł i wszczynał awantury, bo świeca na stoliku ma kolor czerwony, więc jest lewacka.

Będąc kiedyś kelnerem i obsługując ludzi, szczególnie podczas imprez firmowych, napatrzyłem się na tyle sytuacji, że narosły we mnie stereotypy. Do dziś pamiętam jedną ze słynnych polskich osobistości estradowych starej daty – która akurat nigdy nie wstydziła się tego, że jest regularnym alkoholikiem – jak na imprezie jednego z prominentnych polityków (chłop już nie żyje, niech mu ziemia lekką będzie) w obszczanym brązowym garniturze próbowała zawiązać sobie krawat na nosie jak słoń. Dlatego tak naprawdę myślę, że jeśli dasz ludziom wystarczająco dużo gorzały i jest wystarczająco zabawowy klimat, to prędzej czy później z każdego wyjdzie element. Niby przez pół książki zapewniam cię, że gastronomia bawi się jak nikt, ale jak się dobrze zastanowić, to okaże się, że w porównaniu z różnymi innymi branżami jesteśmy polny groszek, bo jeśli masz do czegoś dostęp na co dzień, to po prostu nie cieszy cię to aż tak bardzo. Kucharze, kelnerzy, barmani mogą sobie pozwolić pójść w tany przez pięć wieczorów w tygodniu, to jest po części wpisane w rytm ich pracy. Ale weźmy takiego korpoludka, który 8 godzin dziennie spędza w szarym boksie oświetlonym nagą świetlówką i przepisuje cyferki z tabelki A do tabelki B za najniższą krajową. Jeśli jemu na imprezie firmowej pozwoli się pójść na całego, to zacznie wlewać w siebie takie ilości alko, jakich normalnie by nie wypił, a na dodatek będzie ruchał wszystko, co się rusza – od koleżanki z boksu przez córkę szefa po akwarium z homarami. To po prostu zerwanie z łańcucha. Podobny problem z tym mieli członkowie pewnej niemieckiej ekipy rugby, którzy zawitali kiedyś w skromne progi restauracji hotelowej, gdzie stałem za barem. Szybko się najebali i zrobili się głośni. Zadziałała siła grupy – mam iść do kilkudziesięciu wielkich jak szafa gdańska najebanych rugbystów i wyprosić ich z knajpy? Albo połamią mi wszystkie kości, albo – w najlepszym wypadku – pójdą sobie i za chwilę zaczną demolować hotel. Więc po prostu zamknąłem bar. Ale jeden z nich podszedł, powiedział po angielsku, że ma urodziny. Stanął, spuścił spodnie do kolan, wywalił fiuta na wierzch i powiedział: „daj mi dziwkę". Nie wiedziałem, co zrobić. Nie zadzwoniłem po dziwki. Rozeszło się po kościach. Niektórzy nie znoszą alkoholu zbyt dobrze. Takie akcje zdarzają się zwłaszcza w nocnych klubach, choć zazwyczaj kończy się po prostu standardową reakcją organizmu, czyli wymiotowaniem. Swoją drogą na ten temat można by napisać osobną książkę (i ktoś to już pewnie zrobił). Ja ze swojej strony dodam tylko tyle, że jeśli widzisz grupę Azjatów, która poi się europejskim alkoholem, to możesz z góry zakładać, że padną. Azjaci po prostu nie wytrzymują naszych trunków – inna flora bakteryjna robi swoje.

Widziałem ludzi, którzy na co dzień pracują na eksponowanych, wysokich stanowiskach, mają nazwiska, które często lądują w nagłówkach prasowych, a spuszczeni z łańcucha zachowują się jak ostatnie świnie i ostatnie bydło (nie ubliżając ani świniom, ani bydłu – to naprawdę inteligentne, sympatyczne i smaczne zwierzęta). To właśnie alkohol. Widziałem bogatych ludzi, facetów w najdroższych garniturach z żonami ubranymi w suknie od topowych projektantów, którym po kilku głębszych odbijało i zamieniali się w żywą chuć, mającą za zadanie wypić, obrzygać i wydymać wszystko w zasięgu wzroku. Widziałem kobiety, które po kilku drinkach zapraszały między swoje nogi absolutnie każdego, kto choć trochę przypominał mężczyznę. Serio, wystarczy nawet trochę procentów, by z przeciętnego gościa restauracji czy baru zrobić typowego wieśniaka, który jest gotowy na szybką zdradę w kiblu z byle kim i będzie zaśmiewał się do upadłego z każdej „kurwy", jaką wypowie któryś z jego kolegów od szklanki. Na szczęście dla nas, kiedy pracujesz w branży gastronomicznej i masz z podobnymi sytuacjami styczność praktycznie nieustannie, nabierasz dystansu. Uświadamiasz sobie, że ci wszyscy bogaci i potężni są niżej na drabince ewolucyjnej niż ci, którzy ich obsługują. Jednym słowem: ścierwo. (A jak już sobie to uświadomisz, to potem cię całe życie boli, że jakiś patafian, który nie umie absolutnie nic, a poszerzanie horyzontów zakończył na *Łysku z pokładu Idy*, zarabia w jeden dzień tyle, ile ty w ciągu dekady). Co ciekawe, mam wrażenie, że największe gówno siedzi nie w tych wspomnianych bogaczach, prominentnych politykach i ludziach najwyżej postawionych, ale w przeciętnych dyrektorach, menedżerach i innych takich, którzy zarabiają niewiele więcej od obsługującego ich kelnera. Zapewne mają wrażenie, że kelner jest po to, żeby im usługiwać. Wystarczy być jako tako zorientowanym w polszczyźnie, żeby wiedzieć, że „usługiwać" to nie to samo co „obsługiwać". I w ten sposób próbują leczyć swoje kompleksy przy pomocy kelnera lub, nie daj Boże, kelnerki, traktując ich jak szmatę. Kelner to nie służący. Poza tym służących też należy szanować, kropka.

Sala restauracyjna to odbicie społeczeństwa. Zdarza się więc, że dwa stoliki, które kompletnie się nie znają, zupełnie przypadkiem wchodzą w interakcję, która kończy się wspólną imprezą. Zdarza się też, że kończy się karczemną awanturą. Ktoś komuś zwróci uwagę, że jest za głośno, że przeklina, a w restauracji są dzieci, i draka. Może to będzie szowinistyczne, ale zauważyłem, że to kobiety podkręcają aferę. Wjeżdżają partnerowi na ambicję: „i co, nic z tym nie zrobisz?". Często nie potrafią przystopować. W większości wypadków jednak jest tak, że stoliki się integrują i robią się fajne balety. Z przygodnego spotkania o 17 robi się fajna biesiada na cztery stoliki. Rodzą się z tego przyjaźnie i znajomości. Wielokrotnie obserwowałem takie sytuacje z boku, a nawet uczestniczyłem w takich imprezach. Podobne integracje nie są zresztą zarezerwowane dla klubów nocnych – jeśli w restauracji jest luzik i fajna atmosfera, udziela się to wszystkim. Fajnie. Nie sprowadzajmy lokali gastronomicznych wyłącznie do roli koryta, w którym jest pasza.

Restauracyjne zbrodnie i kary

Ludzie są różni. Wplątują się w różne sytuacje i różnie na nie reagują. Niestety wiele takich wydarzeń pociąga za sobą reakcję łańcuchową w postaci rozmaitych zachowań innych osób. W restauracjach jest przecież tak samo. To, że w jednym kącie sali klient robi kelnerowi aferę z byle powodu, wpływa na komfort klienta w drugim kącie sali. Biegające między stolikami dziecko będzie denerwowało parę trzydziestolatków, podczas gdy pięćdziesięciolatkowie będą się niepokoić, czy aby nie rozbije sobie głowy o krzesło. A bywa i tak, że ktoś umrze – w restauracji, w której pracowałem, jeden z gości zwyczajnie osunął się na podłogę w trakcie posiłku i już niestety nie było mu dane wstać. Nie, nie został otruty. Innym razem przyjęcie weselne zakończyło się przed czasem po tym, jak pan młody oklepał w kiblu pannę młodą. A najlepsze wesele – dla nas, załogi – było wtedy, kiedy dzień przed ceremonią zmarła matka panny młodej. Przyjęcie weselne (choć miało raczej charakter stypy) zaczęło się o 18, a skończyło godzinę później. Wszyscy byli zdruzgotani śmiercią bliskiego członka rodziny i szybko rozeszli się do domu. A jedzenie i alkohol zostały, więc zaprosiliśmy znajomych i ucztowaliśmy. Piliśmy tylko zdrowie matki panny młodej.

Restauracyjne zbrodnie i kary to jedna rzecz, ale wspomniałem także o twoich prawach, do korzystania z których masz święte, nomen omen, prawo. Najważniejszy rozdział w tej restauracyjnej konstytucji dotyczy potraw.

Jeśli coś ci nie smakuje, to powiedz to kelnerowi, masz do tego prawo, możesz nawet zwrócić potrawę do kuchni (do tego tematu jeszcze wrócimy), ale zrób to kulturalnie i dyskretnie zamiast drzeć papę „kurwaaaaa, to jest paskudneee, co wy tu podajecie!". Jeśli będziesz to robił ostentacyjnie, żeby cię usłyszeli inni klienci, to w najlepszym razie wyjdziesz po prostu na chama. Fajnie jest poza tym wytłumaczyć kelnerowi, co ci w danej potrawie nie pasuje – może uda im się to naprawić albo przyrządzą ją jeszcze raz, zwracając na to uwagę. Określ to – jest za słona, za gorzka, może nie lubisz dużo cebuli albo konfitury żurawinowej. Ponoć w pewnej greckiej restauracji jedna damulka chciała przykozaczyć i wypytywana przez właściciela, co jej właściwie w tej greckiej sałatce nie odpowiada, odparła: „nie czuję w tym smaku Grecji" (dzień wcześniej w programie telewizyjnym te same słowa miały paść z ust blondwłosej późniejszej endorserki parówek). Jeśli powiesz, że ci nie smakuje, bo jest niedobre, to nie pomożesz ani kelnerowi, ani kucharzowi, ani swojemu wizerunkowi. Warto zatem, żebyś w trakcie swojego życia nabył podstawową umiejętność odróżniania smaków. To się przydaje nie tylko w restauracjach. Jedzenie jest twoim paliwem, warto więc przyłożyć się do tematu, choć wbrew pozorom nie jest to takie łatwe.

Aha, kelnera interesują twoje kulinarne preferencje dlatego, że ma je przekazać kucharzom, a następnie postawić zamówienie przed tobą na stoliku. Ale nie interesuje go, dlaczego akurat nie to albo nie tamto. Bardzo często ten problem mają panie 50+, które z jakiegoś powodu chcą wytworzyć rodzaj prywatnej więzi z kelnerem. Z absolutnie szczerym mamusinym uśmiechem opowiadają mu wtedy: „Najchętniej, wie pan, wzięłabym tę fasolkę, ale po fasolce mam straszne wzdęcia. A tutaj pieczarki, a mnie się po pieczarkach nieprzyjemnie odbija, wie pan".

Ani kelnera, ani tym bardziej gości przy sąsiednim stoliku nie obchodzą twoje problemy gastryczne. Delektując się pyszną zupą bananową, nie mam ochoty dowiadywać się mimochodem, że ty po takiej zupie masz murowaną srakę jak stąd do Albuquerque. Kelnera też nie interesuje, dlaczego decydujesz się na tę pozycję z karty, odrzucając pięć pozostałych. Czy kiedyś podczas zamawiania sałatki zapytał cię, czy robisz to dlatego, że się odchudzasz? Założę się, że nie. Nie musisz się tłumaczyć ze swojego wyboru, a jeśli już czujesz taką silną potrzebę, to przynajmniej omiń wszystkie niezbyt przyjemne opowieści o wzdęciach, wiatrach, zgadze, wybuchowych rozwolnieniach, wysypce w okolicach łonowych, trądziku i katarakcie. Po prostu zapytaj, przyjmij do wiadomości odpowiedź, ewentualnie powiedz, że nie możesz jadać tego składnika albo go nie lubisz. Bez szczegółów. Restauracja to nie konfesjonał ani gabinet lekarski.

Najlepiej w ogóle ograniczyć interakcję, zwłaszcza jeśli restauracja jest pełna. Kelner to nie panienka do towarzystwa – jego zadaniem nie jest zabawianie cię rozmową. To też nie barman, żeby wysłuchiwać twoich zwierzeń o złamanym sercu. I vice versa. Pewnie, jeśli jesteś stałym klientem, a restauracja jest pusta, to kelner sam może zagadać: „o, dawno pana nie widziałem" albo coś w tym stylu. Ale to on wyznacza granice konwersacji przy stoliku. Jeśli więc jesteś w zatłoczonej knajpie, to nie jęcz mu, dlaczego dzisiaj nie ma pana Janka, a straszny dziś deszcz albo że podobały mu się nowe Gwiezdne wojny. Z twojego powodu ktoś przy innym stoliku się irytuje, bo musi dłużej czekać na kelnera, kiedy akurat go potrzebuje. Jest tylko jeden rodzaj konwersacji, do jakiej zobowiązany jest kelner: to rozmowa służąca temu, by jak najlepiej cię obsłużyć. Dlatego możesz, a w razie wątpliwości wręcz powinieneś, pytać kelnera o sprawy związane z daniem, które chcesz zamówić. Jeśli czegoś w karcie nie rozumiesz – pytaj. Nie zgrywaj chojraka, który wszędzie był i wszystko wie, bo przez własną ignorancję możesz dostać danie, które nie będzie ci odpowiadało. Możesz w stu procentach zdać się na obsługę. Jeśli dobrze ci z oczu patrzy, jesteś miłym, normalnym klientem, to kelner zadba, żeby krzywda ci się nie stała. To leży w jego interesie, bo chce mieć klientów, na których restauracja i on sam zarabiają. Ale nie pytaj kelnera, co dziś poleca, bo poleci ci to, co akurat trzeba sprzedać, bo kończy się data ważności. Jeśli masz problem z podejmowaniem decyzji i wybór batona w automacie na dworcu doprowadza cię do szewskiej pasji, to przynajmniej sprecyzuj, na co masz ochotę – na jakieś lekkie mięso czy może rybę albo zupę, ale najlepiej jakąś gęstą, kremową?

Ograniczenie interakcji odnosi się, rzecz jasna, także do dotykania obsługi. Pomijając już zagadnienie dystansu interpersonalnego i dyskomfortu, jaki odczuwamy, gdy zupełnie obca osoba zaczyna nas obłapiać, to jest po prostu niepraktyczne. Pamiętaj, że kelner coś niesie. Nie klep go po plecach, nie łap za ramię, o klepaniu kelnerek po tyłku nie wspomnę – jeśli o tym pomyślałeś, to ktoś powinien sklepać cię po pysku. Nie rób tego wszystkiego, bo możesz w ten sposób wytrącić kelnera z równowagi, wskutek czego ta pomidorówka wyląduje na twoim garniturze zamiast w twoim żołądku. Jeśli tak się stało, to wiedz, że wina leży po twojej stronie. Wszelkiego rodzaju dotyk lubią zwłaszcza starsze panie (dziwnie to zabrzmiało, ale wiesz, o co chodzi). Może brakuje im ciepła, ale często łapią kelnerów za ręce, obejmują ich, mając oczywiście jak najlepsze intencje. Dobrymi chęciami jest piekło wybrukowane. Jeśli pracownik restauracji nie jest twoim kumplem, to jedyną akceptowalną formą pożegnania się z nim za pomocą kontaktu fizycznego będzie podanie mu ręki z banknotem w ramach napiwku. Kilka razy zdarzyło mi się, że klient płacił za zamówienie kartą, ubierał się, przy wyjściu podchodził, mówił „dziękuję, do widzenia" i wystawiał rękę, którą ściskałem, odwzajemniając pożegnanie i podziękowania, a jednocześnie przyjmując banknot.

Niektóre restauracje na świecie wprowadziły zakaz używania telefonów komórkowych, bo społeczeństwo jakiś czas temu osiągnęło apogeum pierdolca i robiło zdjęcia na Instagrama albo

Facebooka każdemu głupiemu talerzowi bigosu, jaki postawił im przed nosem kelner. Prym w zakazach wiodą restauracje gwiazdkowe, bo przykład idzie z góry. Nie ma się czemu dziwić – spora część klientów restauracji w XXI wieku zaraz po zajęciu stolika wyciąga telefon. Jeśli siedzisz przy stoliku sam, to pal sześć – przeglądaj sobie zdjęcia śmiesznych kotków ile wlezie, bo przecież w trakcie oczekiwania na posiłek trzeba się czymś zająć. Kiedyś czytało się gazety, dlatego do dziś wiele restauracji ma świeżą prasę dla klientów, a popularne są też książki. Ale na litość boską – jeśli przychodzisz do restauracji na romantyczną kolację ze swoją kobietą (lub ze swoim facetem), to czy wyciągasz z plecaka gazetę i napierdalasz krzyżówki albo sudoku? Nie. Restauracja to miejsce socjalizacji. To miejsce, w którym uczysz się nawiązywać relacje społeczne, bliższe i dalsze, jeśli nie nauczyli cię tego rodzice. Czyli: zabawiasz partnerkę rozmową (zabawiasz, a nie zanudzasz do porzygu), nie drzesz japy, nie wymachujesz łapami jak pojebany, nie biegasz dookoła. I nie wyciągasz telefonu, żeby gapić się na niego jak w obrazek. Już lepiej, żebyś gapił się w dekolt partnerki, nie po to założyła tę niewygodną sukienkę, w której się fatalnie czuje, żebyś zasłaniał sobie ją swoim Samsungiem za zeta w abonamencie na 36 miesięcy. W Polsce jeszcze chyba nie do końca zrozumieliśmy, że używanie telefonu w pewnych sytuacjach jest niegrzeczne. Restauracje chwalą się tym, że można w nich skorzystać z bezprzewodowego internetu. Czekam na te, które będą się chwaliły brakiem takiej możliwości. I tak każdy ma teraz internet w abonamencie...

Mamy XXI wiek, jesteśmy zabiegani, zapracowani i tak dalej. Kiedy więc wychodzisz ze znajomymi na lunch czy kolację i naprawdę musisz mieć ten telefon na podorędziu (ale nie po to, żeby się gapić na tajmlajn na Twitterze), to go miej. Połóż go gdzieś obok siebie, przeproś biesiadników, wyjaśnij, że czekasz na ważne połączenie albo że zostawiłeś dziecko z opiekunką i się niepokoisz. I wyłącz dźwięk. W sytuacji mało formalnej nikt się przecież nie obrazi. Jeśli telefon zadzwoni, odejdź od stolika i odbierz. Proste. Ale jeśli okazja jest bardziej formalna, planujesz się oświadczyć albo pierwszy raz spotykasz się z rodzicami swojej narzeczonej, to serio, daruj sobie. Nie powinno się trzymać telefonu cały czas obok talerza jako dodatkowego sztućca także z innego powodu: jeśli przy stoliku siedzi sześć osób i każda ma obok siebie co najmniej jeden telefon (a już nie daj Boże tablet, o laptopie nie wspominając), to gdzie ten biedny kelner ma postawić te wszystkie talerze z daniami? Jeśli zdarzy mu się rozlać kompot, to lepiej, żeby wylał go na obrus, czy też na twojego drogocennego iPhone'a z wiecznie zbitym wyświetlaczem?

Napomknąłem już o tym przy okazji opowiadania o golasach, ale zawsze warto powtórzyć: klient powinien zdawać sobie sprawę, że jeśli jest jedna kelnerka i ma do obsłużenia siedem stolików, a przy każdym z nich siedzą trzy osoby, to nie jest w stanie zrobić tego jednocześnie. Oczywiście ma kontakt wzrokowy ze wszystkimi, ale odciąganie jej od jednego stolika wołaniem tylko po to, by poprosić o słomkę albo o większą o 5 milimetrów łyżeczkę do herbaty, bo ta, którą masz, kiepsko leży w dłoni, jest wkurzające.

Równie wkurzające – i dla obsługi, i dla innych gości restauracji – jest też nieuzasadnione wynoszenie się nad innych klientów. Cokolwiek by się działo w polityce, w restauracji panują reguły, które z grubsza można określić jako demokratyczne. Klient z Pipidówka Dolnego jest tak samo ważny, jak klient z Paryża czy Nowego Jorku. Skoro tak samo płaci, to jest tak samo obsługiwany i przysługuje mu dokładnie to samo, co każdemu innemu klientowi. Dlatego wymuszanie czegoś na obsłudze, „bo ja jestem z Warszawy/Nowego Jorku/Adelajdy/jestem posłem/gwiazdą rocka", jest po prostu frajerskie. Sorry, Warszawo, ale masz tu trochę za uszami. Ileż to razy, pracując w pięknym polskim kurorcie na „S" z długim drewnianym penisem wystającym w morze, nasłuchałem się, że ktoś jest z Warszawy, ZE STOLICY, więc powinien być obsłużony poza kolejnością, mieć wszystko za darmo, a tak w ogóle to ja sam powinienem zabiegać, by u nas zjadł, i jeszcze mu za to zapłacić, pocałować w rąsię i mlasnąć lodzika. Polska jest scentralizowana i wszystkie najważniejsze instytucje mieszczą się w Warszawie – to jasne jak słońce. Ale nie upoważnia to nikogo (a zwłaszcza knypków, którzy pracują w tychże instytucjach od trzech miesięcy) do kategorycznego żądania przywilejów. Przywilejów możecie się domagać pod Sejmem. Do restauracji wojenki polityczne nie docierają. Okej, Trójmiasto jest specyficzne. Przyjeżdża tam też specyficzny sort ludzi z Warszawy – jedni roboczo, inni na wakacje – a jeszcze specyficzniejszy sort ludzi tu pracuje. Może jesteśmy przewrażliwieni? Niemniej jednak podejrzewam, że inne miejsca kojarzone z odpoczynkiem i wakacjami – choćby Kraków czy Zakopane – mają podobny problem. Jeśli z jakiegokolwiek geograficznego powodu czujesz, że masz prawo do wywyższania się nad mieszkańców innych miast czy regionów, to zachęcam do zakupu podręcznika do historii, wystarczy pierwsza klasa podstawówki, i wyciągnięcia wniosku mówiącego o tym, że jesteś głupi. Głupi jak baba, która domagała się ode mnie, żebym jej w tej sekundzie znalazł wolny stolik w zatłoczonej restauracji, bo ona przyjechała z Warszawy, więc przecież mogę kogoś wyjebać z sali, żeby zrobić jej miejsce. Nie tędy droga.

Jako dowód różnic mentalnych między Trójmiastem a Warszawą niech posłuży historia pewnego klubu nocnego, który od lat niezmiennie cieszy się wzięciem w stolicy, a który w Sopocie wytrzymał jakieś cztery miesiące. Jeden z zatrudnionych w sopockim oddziale barmanów opowiadał, jak dostał kiedyś srogi opierdol, bo pożyczył znajomemu pracownikowi z innego sopockiego klubu butelkę wódki. Ot, międzyknajpiana pomoc. W Warszawie to ponoć nie do pomyślenia: skończyło ci się? No to dobrze! W Trójmieście to na porządku dziennym. Wiem, że w innych ośrodkach właściciele knajp też trzymają ze sobą sztamę i nawet jeśli nie są najlepszymi przyjaciółmi, to pomagają sobie, spotykają się, wymieniają informacjami. Restauratorzy i właściciele klubów dzielą się kontaktami do dostawców, pożyczają sobie nawzajem sprzęt, jeśli któremuś coś akurat padło, krzesła i stoliki, a nawet – uwaga, uwaga – personel, jeśli nagle okaże się, że dwóch kelnerów zaniemogło, a trzeba obsłużyć sporą rezerwację. Posiadanie znajomości wśród kolegów po fachu przydaje się też w sprawach dotyczących nieuczciwego personelu. Jeśli jeden restaurator wypierdoli pracownika, bo tamten odwalił jakąś grubą akcję, na przykład wyrzygał się do garnka, to jeśli funkcjonuje w środowisku jakaś sensowna wymiana informacji, nikt już takiego gagatka nie zatrudni.

O smaku się nie dyskutuje

Pewnych kłopotów przysparza nieraz pytanie kelnera o to, jak dana potrawa smakuje. Jego odpowiedź może się bowiem rozminąć z tym, co spotka twoje kubeczki smakowe i nie będzie to bynajmniej wina kelnera. Twoja w sumie też nie. Ufam, że masz świadomość tego, że smak to rzecz subiektywna. Rodzi się na kubkach smakowych rozmieszczonych na twoim języku, na twoim podniebieniu, w twoim gardle, w twoim przełyku. Kubeczki meldują twojemu mózgowi o miksie pięciu podstawowych smaków, które wyczuły w kęsie, który właśnie przeżułeś – o tym, jak bardzo jest on słodki, jak jest słony, jak kwaśny, jak gorzki i jak jest, hmm, umami (wciąż dziwnie mi to brzmi). Twój mózg interpretuje te informacje i potwierdza: tak, to, co nazwałeś pączkiem i ugryzłeś, faktycznie smakuje jak pączki, które jadałeś wcześniej. Z dużym prawdopodobieństwem jest to więc pączek z adwokatem, usmażony na smalcu, polany lukrem. Tylko widzisz – twoje kubki smakowe nie zdradzą cię na rzecz kogoś innego. Nie ujawnią informacji o danym miksie smakowym twojemu listonoszowi czy twojej sąsiadce. Nie używają Facebooka ani Instagrama, nie twittują, nie przekazują żadnych danych nikomu innemu poza twoim mózgiem. Dlatego właśnie odczucia smakowe są subiektywne.

Dlatego tobie taki pączek może smakować, ale już twój kumpel weźmie gryza i wypluje, bo stwierdzi, że za słodkie. Ale jak to, przecież tobie smakowało! Dlatego też pytanie kelnera o to, jak dana potrawa smakuje, nie daje gwarancji, że tobie będzie ona smakowała. Kelner odczuwa smak inaczej niż ty. Nawet jeśli próbował dania, o które go pytasz, to co ma ci odpowiedzieć? Inna rzecz, że nie wszystkie restauracje funkcjonują tak samo i często się zdarza, że kelnerzy nie próbowali danej potrawy. Kelner może ci jedynie odpowiedzieć jakimiś ogólnikami – jest bardzo ostre, słone, smakuje grzybami. Czy dzięki temu dowiesz się, czy danie ci posmakuje? Raczej nie.

Kiedyś był taki zwyczaj, że kelner po otwarciu wina dawał gościowi do powąchania korek. Zabawne. Owszem, korek może być świadectwem wina. Trunek przez niego oddycha, dojrzewa. Komuś, kto się na tym zna, korek może powiedzieć o ewentualnej wadzie wina, nie o jego zaletach. Warto go wąchać, warto go oglądać, żeby zobaczyć, jak bardzo wino go spenetrowało. Jeśli bardzo, to coś może być nie tak. Ale jest pewien problem. Jeśli nie masz o tym wszystkim pojęcia, a słowo „sommelier" kojarzy ci się z gatunkiem ryby albo muzyką techno, to korek będzie ci pachniał korkiem i winem i wyczytasz z niego tyle, co wróżka Hermenegilda z fusów po kawie, czyli możesz co najwyżej nazmyślać. Mimo to od czasu do czasu pojawiają się jeszcze w restauracjach goście, którym się wydaje, że wypicie w tygodniu jednego wina z dyskontu daje im wiedzę i umiejętności potrzebne do zgrywania superkipera. Zdarza się to coraz rzadziej, ale jednak. Dostaje taki na własne życzenie korek, wącha jak pies ze wszystkich stron i udaje, że jest w stanie opowiedzieć o bukiecie. Wierz mi – niewielu potrafi z tego cokolwiek odczytać. Jeśli zatem zdarza ci się tak robić, żeby zaimponować partnerce albo zrobić wrażenie podczas kolacji biznesowych, to wiedz, że właśnie dlatego uchodzisz za buca. A już najśmieszniej jest wtedy, gdy próbujesz wąchać jakąś plastikową zatyczkę albo metalową zakrętkę – wtedy to już komedia na całego. Z drugiej strony ponoć wino pod względem sprzedaży powoli zaczyna wyprzedzać (albo już wyprzedziło) piwo, więc może i kultura jego picia i wiedza o nim też się podnoszą?

Nie jesteś na targu

„Ile to kosztuje i dlaczego tak drogo, he, he, o ja cię, jestem taki zabawny, rzucając ten żart, który już w 972 podczas bitwy pod Cedynią miał brodę, ale na pewno, NA PEWNO będziesz się pan, panie kelner, zaśmiewał do nieprzytomności i docenisz błyskotliwość mojego umysłu, a kto wie, może nawet stwierdzisz, że skoro jestem taki dowcipny, to mogę stołować się u was za darmo do końca życia?". Kelnerzy nienawidzą takich śmieszków. Chociaż nie, tak zupełnie serio to mają ich w dupie, bo jeśli słyszysz takiego suchara tysiąc razy w roku, czyli średnio 2,73 raza dziennie, to dochodzisz do wprawy w ignorowaniu go. Na dodatek tekst „ile i dlaczego tak drogo?" najczęściej pada z ust pewnego typu klienta, który rzadko jada poza domem, ale chce uchodzić za zupełnie swobodnie się czującego światowca. No i co kelner ma na taki tekst odpowiedzieć? W głowie zazwyczaj pojawia się myśl: „jeśli jest dla ciebie za drogo, to na chuj tu siedzisz?", ale lepiej skwitować to tylko lekko drwiącym uśmieszkiem. Niektórzy mogą też poczuć się dotknięci i odburknąć, że to nie oni ustalają ceny, co jest oczywiście prawdą. Pracownik restauracji podejmujący trud wytłumaczenia takiemu klientowi wszelkich zawiłości procesu ustalania cen potraw w restauracji jest jak Galileusz próbujący przekonać Kościół katolicki, że Ziemia kręci się wokół Słońca. Przecież jeśli mu wyjaśnisz, że składniki były obrabiane tak, a nie inaczej, to jemu i tak nic to nie powie. Jeśli on wie, że pierś z kurczaka kosztuje w dyskoncie 7 złotych, to nijak go nie przekonasz, że pierś, którą ma na talerzu, jest droższa, bo jest po prostu lepsza, bez chemii, antybiotyków i tak dalej. A pierś z perliczki będzie dla niego dokładnie tą samą piersią z kurczaka z dyskontu, bo drób to drób. Dlatego właśnie przychodzimy ci z pomocą i piszemy tę książkę. Zamiast wyjaśniać bucowi, dlaczego coś kosztuje tyle, ile kosztuje, poleć mu ją. Może się czegoś nauczy i przestanie być kretynem, a my na tym przy okazji zarobimy.

Ale jest światełko w tunelu: „ile i dlaczego tak drogo?" zdarza się coraz rzadziej, bo ludzie już przyzwyczaili się do kasy fiskalnej. W menu są zapisane ceny, podobnie jak w sklepie z prasą albo obuwniczym. Wchodząc do kiosku po kolorowy magazyn z programem telewizyjnym, nie liczysz na rabat po opowiedzeniu najsuchszego z suchych żartów, bo cena pisma jest nadrukowana na okładce. Dlaczego zatem próbujesz to zrobić w restauracji? Proszę, nie pytaj też o rabat, zanim dostaniesz rachunek. To nie jest fajny żart ani dowcipna próba wkupienia się w łaski obsługi. To definicja żenady. Rabat to stolica Maroka. Może geopolityka to nie jest moja dziedzina, ale z tego, co mi wiadomo, nic się w tej materii nie zmieniło. Jeśli ktoś ustalił ceny w karcie, to znaczy, że nie podlegają one negocjacji. Restauracja to nie targ. Jeśli chcesz zaoszczędzić, to obkupujesz się na przecenach. W restauracji także istnieją przeceny – najczęściej nazywają się „lunch". W większości wypadków lunche są po to, żeby coś się działo w lokalu w ciągu dnia, żeby kucharz i kelner nie dostawali pierdolca z nudów. Dlatego są to dania, które kosztują mniej. Jeśli chcesz zaoszczędzić, to poluj na lunche zamiast liczyć, że dostaniesz jakąś zniżkę, bo polubiłeś stronę restauracji na Facebooku. Możesz też połasić się na niedzielne brunche, ale to już inna para kaloszy. Brunch to sposób oszczędzania w restauracji. Załóżmy, że w poniedziałek przyjechało do lokalu 300 kilo turbota. W tygodniu zeszło 200, ale, psiakość, stówa została w lodówce. Co z tym zrobić? Puścić w niedzielę na brunchu w postaci zupy rybnej. Interes się kręci, goście płacą nieraz furę kasy – szczególnie w takich niby-prestiżowych hotelach, gdzie lubią się pokazywać ludzie szczególnego pokroju – zapasy się nie marnują, wszyscy są szczęśliwi.

Podsumowując: gastronomia to odzwierciedlenie klienta. Jeśli jesteś normalnym gościem, nie sprawiasz problemów, sodówka nie pompuje ci ego i nie masz potrzeby pokazania przy restauracyjnym stoliku co to nie ty, to zostaniesz obsłużony należycie. Jeśli jesteś chujem, to żresz chujowo, więc się wściekasz na kelnera, więc żresz jeszcze gorzej. Koło się zamyka, ale pamiętaj, że zaczyna się od ciebie. Jak Kuba restauracji, tak restauracja Kubie.

Wyłamywanie się ze schematu

Czy istnieje możliwość zamówienia w restauracji czegoś spoza karty? Mnie się to często zdarza, bo mam małego syna, który nie wszystko lubi. Tak to już z dziećmi bywa. Wiem, że nie zje makaronu z krewetkami, więc pytam, czy mogę zamówić makaron z samym parmezanem. W większości miejsc to przechodzi. Oczywiście jest to mutacja dania, które jest w karcie, a nie coś zupełnie innego. Podczas przyrządzania posiłku kucharz po prostu nie doda tych krewetek i po sprawie. Jednak niektóre dania robione są z półproduktów – jeśli sos jest przygotowany z puszkowanych pomidorów z bazylią, to kucharze nijak nie będą mogli spełnić mojej prośby o nieużywanie bazylii. Po raz kolejny jednak powtarzam – warto pytać. Mnie często brakuje odwagi, żeby zapytać, czy ten makaron bez krewetek będzie kosztował tyle sam co z krewetkami, czy jednak trochę mniej. Mam jednak świadomość, że to jest coś ekstra. Danie w karcie jest dokładnie wyliczone – jego cena wynika między innymi z kosztu składników. Jaką cenę zatem rzucić klientowi za makaron bez krewetek, jeśli kwota podana w menu uwzględnia krewetki? Bo ile może, do diaska, kosztować siedem krewetek? Jak je odjąć od całości? I jak to nabić na kasę fiskalną? Przecież nie ma takiego produktu w ofercie! Czy nabić to jako dwie herbaty i odliczyć ze stanu dwie herbaty? Albo może jako zupę i zliczyć ze stanu jedną porcję zupy? Problemów jest dużo, więc jeśli za makaron, który na moją prośbę jest pozbawiony krewetek, płacę tyle samo, co za makaron z krewetkami, to nie dyskutuję i się nie dziwię. Nie każde danie jest pizzą, którą można sobie skomponować on-line, klikając na poszczególne składniki po 3 złote każdy.

Zdarzają się klienci, którzy chcą, by na podstawie jakiegoś składnika zrobić im inne danie – jeżeli w karcie jest polędwica wołowa z grilla, to proszą o carpaccio. Nie zawsze coś takiego się uda i to nie dlatego, że restauracja ma to w dupie. Powodów jest wiele – kucharz może zwyczajnie nie wiedzieć, jak poprawnie przyrządzić takie danie. Wspomniane polędwice mogą już być przyprawione i czekać na grillowanie, więc zrobienie z nich carpaccio nie będzie możliwe. Do tego dochodzą te wszystkie problemy z wycenianiem, nabijaniem na kasę, o których pisałem wyżej. Ale fakt, że czasami się zdarza. Stali klienci, którzy już dziesięć razy zjedli wszystkich pięć dań głównych z karty, pytają czasami, czy szef kuchni mógłby zaproponować im coś innego (to ostateczny znak dla samego szefa, że czas wprowadzić nowe menu), ale to niezmiernie rzadka sytuacja, choć w takim wypadku szef kuchni będzie się raczej dwoił i troił, żeby klientowi dogodzić, bo przecież nikomu nie zależy na tym, by stracić stałego gościa. Kiedy któryś z moich stałych gości decydował się na coś spoza karty, już wracając od jego stolika do kuchni, zastanawiałem się, jak to nabić na kasę, żeby wilk był syty i owca cała, czyli żeby restauracja nie poniosła straty, ale też żeby klient zapłacił jak najmniej. Dlaczego? Bo zależało mi na tym, żeby był usatysfakcjonowany i dalej korzystał z naszych usług. Jeśli zamówił pierś z kurczaka, to nie skasuję go jak za dziczyznę, bo się wkurwi i będzie to jego ostatnia wizyta. Rynek, szczególnie w większych miastach, jest tak bogaty, że jeśli w lokalu A smakowałeś wszystkiego i ci się znudziło, to możesz po prostu pójść na sąsiednią ulicę do lokalu B, który oferuje podobną kuchnię, ale przecież nie ma identycznego menu. Wiadomo też, że w japońskiej restauracji nie zrobią ci dania kuchni meksykańskiej, a w kuchni włoskiej nie podadzą bigosu. Ale kurczaka? Pewnie dostaniesz go w większości restauracji. Niemniej jednak, jeśli w danym lokalu są właśnie godziny szczytu, kelnerzy uwijają się w pocie czoła, a na sali nie ma ani kawałka wolnego stolika, to w kuchni jest jeszcze gorzej, więc spodziewaj się odmowy. Karty zostały wprowadzone do restauracji po to, żeby poprzez zmniejszenie wyboru dań usprawnić ich przyrządzanie. Każde wyjście poza schemat w warunkach totalnego zapierdolu będzie kłopotem, czasami na tyle dużym, że kuchnia nie będzie chciała podjąć ryzyka.

Klientom zdarza się również wezwać szefa kuchni, żeby go pochwalić albo zbesztać. Jeśli kelner widział, że sytuacja jest podbramkowa, to wzywając szefa kuchni, powiedział mu przecież, że teraz czas na zjeby. A kucharze, choć zazwyczaj mają jaja, często tchórzą i twierdzą, że nie pójdą, bo mają dużo pracy i pierdolą to. Ale jeśli klient chce pochwalić szefa kuchni, to ten potrafi się nawet przebrać w swój czysty galowy uniform, żeby odebrać gratulacje. Z drugiej strony, jeśli akurat będzie zapierdol, a kupony będą się piętrzyły jak teczki w IPN-ie, to szef kuchni ma pełne prawo mieć gdzieś twoją prośbę o podejście, uściśnięcie dłoni i przyjęcie wyrazów szacunku, bo po prostu ma robotę do wykonania. Wielu zadowolonych gości nie chce kłopotać kucharza, więc po prostu prosi kelnera o przekazanie podziękowań i kelnerzy faktycznie spełniają tę prośbę. Negatywne reakcje też przekazują. Kelnerzy wiedzą, że obsada restauracji walczy na jednym froncie jako zespół. Warto zatem, żeby wszyscy mieli pojęcie o tym, czy idzie dobrze, czy może coś się po drodze spieprzyło.

Bywa, że danie pokonuje drogę w obie strony. Może wyjść z kuchni i dotrzeć na stolik zajęty przez gościa, może też wyruszyć w drogę powrotną ze stolika do kuchni, oczywiście na życzenie gościa. Zawsze powtarzam na warsztatach, że lepiej danie zwrócić do kuchni niż zjeść połowę i stwierdzić, że jest chujowe. To głupota. Po dwóch, trzech kęsach jesteś w stanie stwierdzić, czy ci to smakuje, czy nie. I nie chodzi nawet o to, że ktoś to danie mógł spieprzyć. Może to po prostu jednak nie twój smak? Może chciałeś spróbować żabich udek, których nigdy wcześniej nie smakowałeś, ale jednak okazuje się, że kompletnie ci nie podchodzą? Przydałoby się jednak, żebyś potrafił powiedzieć, dlaczego ci nie smakuje, bo może się okazać, że danie jest jeszcze do odratowania. Może zostało źle przyprawione, może nie przepadasz za czosnkiem, a czuć go mocno w sosie i po prostu wystarczy, jeśli danie wróci bez niego? Opowiadałem ci już wcześniej, że umiejętność określenia, dlaczego coś komuś nie smakuje, to po trochu kwestia edukacji i doświadczenia. Wielu ludzi nie potrafi rozpoznać, że to, co im w danym miksie smaków nie pasuje, to konkretny składnik. Kosztując marynaty, nie są w stanie stwierdzić, że nie odpowiada im gorczyca. Po prostu czują, że coś jest nie tak, ale nie wiedzą co. Są i tacy, którzy nie zorientują się, gdy dostaną danie lekko przypalone albo niedogotowane, ponieważ zwyczajnie nie wiedzą, jak smakuje dana rzecz przyrządzona w odpowiedni sposób. Jeśli nie powoduje reakcji obronnej organizmu, czyli nie wykrzywia ryja, nie jest przyczyną torsji albo biegunki, nie śmierdzi i nie ma na tym pleśni, to teoretycznie wszystko w porządku. Ale nie na tym polega sztuka kulinarna, żeby podawać posiłek, którego jedyną zaletą będzie to, że nie będzie zepsuty. Gdzie zatem przebiega granica między makaronem rozgotowanym a al dente? Jak zwykły szary Kowalski ma ocenić, czy danie, które dostał, nie jest spieprzone od strony technicznej?

Istnieją wzorce smaków, np. wzorcem smaku słodkiego jest w tym momencie 10-procentowy roztwór sacharozy, a za wzorzec smaku gorzkiego służy chlorowodorek chininy. Ale czy istnieje wzorzec spaghetti bolognese? Czy potrawa, która jest przecież mieszaniną składników, będących z kolei mieszaniną smaków (czyli każda potrawa jest mieszaniną smaków do potęgi), ma swój uniwersalny ideał? Nie. Jeden woli ogórki, drugi ogrodnika córki. Doznania smakowe są subiektywne, więc jeśli ci nie smakuje, to powiedz dlaczego i poproś o wymianę albo zwróć danie do kuchni. Kucharze wiedzą, co się znajduje w danej potrawie i jak dany składnik smakuje. Jeśli zatem powiesz, że jest za gorzka, to kucharz będzie wiedział, że to wina gorczycy. A wtedy będzie mógł przyrządzić ci to danie na nowo, używając jej mniej lub nie dodając jej wcale. Jest pięć smaków (być może wkrótce będzie sześć). Użyj tej wiedzy. Powiedz, że jest za słodkie, jeśli jest za słodkie. Nie musisz wiedzieć, że kucharz wsypał za dużo brązowego cukru, żeby zredukować alkohol z wina, którym podlał potrawę. On powinien to wiedzieć. Taka wskazówka mu wystarczy. Jeśli rozsądnie uargumentujesz fakt, że chcesz zwrócić danie do kuchni, to w szanującej się restauracji nikt nie powinien ci robić problemu, choć trzeba pamiętać, że jest to koszt poniesiony przez restauratora. Dobry argument jest powodem, z którego restauracja zwróci ci pieniądze albo odliczy danie od rachunku. Oczywiście szef kuchni może się wkurwić, kiedy danie wróci do niego i – co ciekawe – może mieć rację. Bo przecież zrobił wszystko zgodnie z techniką, zupełnie idealnie, najlepiej na świecie, tak, że najchętniej nie wydałby ci tego dania, ale sam zasiadł w kątku i delektował się swoim dziełem kęs za kęsem, a tobie z jakiegoś powodu nie smakowało.

Jeśli potrawa ci nie smakuje, ale decydujesz się na opcję „przygotujcie mi ją jeszcze raz", to powiedzmy sobie szczerze – ryzykujesz. W większości wypadków trafi do ciebie to samo danie, ale rozebrane i złożone jeszcze raz w całość na innym talerzu, ewentualnie zmieni się jeden ze składników.

Kto pyta nie błądzi

Jeszcze raz do znudzenia, do porzygu powtarzam: kto pyta, nie błądzi. Sam niekiedy mam w restauracji problem, bo nie wiem, jak daną nazwę potrawy w karcie przeczytać. Już wcześniej opowiadałem o takich sytuacjach, ale przeanalizujmy je jeszcze raz. Wyjeżdżasz do Gruzji. Siadasz w knajpie, w brzuchu ci burczy. Dostajesz kartę, a tam wszystko zapisane w języku chujwiejakim, ni to gruziński, ni to francuski, ni pies, ni wydra. Masz do wyboru: zapytać kelnera o to, jak się daną nazwę wymawia i co to za potrawa, albo zgrywać, pożal się Boże, światowca i kosmopolitę od siedmiu boleści i strzelać z wymową, a kiedy kelner cię poprawi, nawrzeszczeć na niego, że wiesz lepiej, bo byłeś wszędzie i zjadłeś wszystko, łącznie z rozumami. Ja wolę się nie ośmieszać i dopytać. Przynajmniej nauczę się czegoś nowego. Nie muszę przecież znać każdej kuchni i wszystkich języków świata. Jeśli będziesz szpanował swoją wiedzą (albo jej brakiem) i przestrzelisz, to masz jak w banku, że w kuchni będą darli z ciebie łacha. Mnie kiedyś pewna pani poprosiła o „zup" i zachodziłem w głowę, o co jej chodzi, bo nie chodziło o zupę. Chciała napój 7 Up. Inny typ chciał zapłacić za „boląże", czyli spaghetti bolognese. Kilkakrotnie słyszałem o piwie „gunis", czyli Guiness. No i „lejt mucziaczo". Usłyszysz coś takiego i musisz się domyślić, co właściwie klient ma na myśli. „Czy może pani powtórzyć?", „Tak, poproszę lejt mucziaczo". I dalej nie wiesz. Razem z kolegami za barem wspólnie dochodzicie, że pewnie chodziło o latte machiato. W natłoku zajęć trudno kelnerowi w takiej sytuacji zachować pokerową twarz. Inny przykład nieporozumienia, wzięty z kolei z najzwyklejszej w świecie smażalni ryb, to przypadek klienta, który zamówił frytki z solą, dostał frytki z solą i wściekł się, że nie ma ryby, a przecież chodziło mu o solę z frytkami. Nie przesadzę, jeśli powiem, że w każdej restauracji takie sytuacje są na porządku dziennym. Dlatego jeśli czegoś nie wiesz – pytaj. I ucz się. Zarówno mojito, jak i latte machiato to nie są produkty rzadko spotykane, lecz wręcz przeciwnie – dostępne na co dzień. Nieznajomość ich prawidłowych nazw świadczy po prostu o twoich wąskich, oj, bardzo wąskich, horyzontach. Te nazwy weszły do uzusu, są w użytku codziennym. W każdej kawiarni dostaniesz machiato, każdy spożywczak oferuje ci napój energetyczny o smaku mojito i rozpuszczalną niby-kawę machiato. Na litość boską, to tak, jakbyś nie wiedział, jak się wymawia „coca-cola" albo „Jack Daniel's". Albo „7 Up". A wiesz, co jest jeszcze gorsze od klientów, którzy nie operują najbardziej podstawowymi nazwami? To, że jak barman dziesięć razy dziennie słyszy „modżajto", to po jakimś czasie będzie tak skołowany, że sam już nie będzie wiedział, jaka jest poprawna wymowa.

Kiedy zapytasz o coś kelnera, ten odpowie ci zgodnie ze swoją wiedzą. Nie ma interesu w tym, żeby kręcić z ciebie bekę i wmawiać ci jakieś kosmosy. Sporadycznie zdarzają się takie sytuacje, jak mojemu koledze, który przez miesiąc sprzedawał bakłażana w sosie słodkim jako rybę, bo sam był święcie przekonany, że to jest ryba. Ale widzisz – nie okłamywał klientów świadomie, tylko opowiadał zgodnie ze swoim stanem wiedzy. Ewentualne oszustwa trzeba raczej nazwać pomyłkami lub niedociągnięciami wynikającymi z niedoinformowania na temat produktu, który się oferuje klientowi. Załóżmy, że gość przy stoliku jest zainteresowany najdroższą potrawą w karcie. Kelner się cieszy, bo wiadomo – największy przychód. Ale gość pyta, czy w potrawie nie ma aby lubczyku, bo on nie lubi. A tu klops – kelner wie, że lubczyk tam jest. Czy ściemni, że go tam nie ma, tylko po to, żeby klient zdecydował się na najdroższe danie, a potem będzie liczył na to, że klient lubczyku nie wyczuje? A jeśli już wyczuje, to ściemni po raz drugi, mówiąc, że to nie lubczyk, tylko bardzo rzadka sól himalajska? Nie sądzę. Jeśli ktoś nie wie, czy ten lubczyk faktycznie tam jest, to zazwyczaj idzie spytać o to kucharza. Ale wkręcanie kogoś dla samego wkręcania? Wątpliwe.

Klienci mają różne oczekiwania i różnie ukształtowany smak. Każdy z nas ma też inne doświadczenia. Jeden jest właścicielem domu na Peloponezie i jeździ tam każdego roku w marcu na pięć miesięcy, inny najbardziej do Grecji zbliżył się, siedząc w siódmym rzędzie na koncercie Eleni. Ale obaj mogą się spotkać w greckiej restauracji na Ursynowie. I co wtedy? Kiedy jesteś za granicą, wszystko smakuje ci inaczej. Jeśli pojedziesz do Grecji, żeby spędzić tam urlop, to choćby było 5 stopni i ciągle siąpiło, i tak żarcie będzie ci smakowało, bo mimo wszystko warunki temu sprzyjają. Wydaje ci się, że spożywasz tę głupią sałatkę grecką w jakimś prawidłowym dla niej kontekście. A gdybyś dokładnie TAKIE SAMO danie dostał na Ursynowie w piękny, wiosenny dzień, zjadł je w otoczeniu pięknych kobiet, przy śpiewie ptaków i pośród kwiatów, to okej, może i będzie ci smakować, ale INACZEJ, bo kontekst jest inny. W drugą stronę, rzecz jasna, działa to jeszcze mocniej – jeżeli popierdalając na urlopie bez stresu w japonkach, krótkich spodenkach i z plecaczkiem po greckiej wyspie, dostałeś jakąś zupę, to nie ma chuja, żeby taka sama zupa smakowała ci równie dobrze, kiedy dostaniesz ją w październikowy czwartek o 17 w Mławie, na godzinę przed spotkaniem z upierdliwym jak komary nad jeziorem klientem. Jedzenie to nie tylko zmysły. Retsina w Grecji smakuje fajnie, ale spróbuj wypić butelkę w Polsce – nie ma szans, chyba że lubisz smak drzew i żywicy. Poza tym różnice smakowe to też kwestia czystej geografii. Przenoszenie smaków z kontynentu na kontynent i twierdzenie, że tajskie jedzenie w Tajlandii smakuje inaczej niż tajskie jedzenie w tajskiej restauracji w Katowicach, to rzucanie oczywistościami. Jeśli byłeś na Phuket, a danie pochodzi z północy kraju, to będzie smakować inaczej, bo pewnie będzie miało chińskie naleciałości, nawet jeśli nazywa się tak samo. Może kapusta, choć tego samego gatunku, była hodowana w innych warunkach? Jedna rosła na żyznych nizinach, druga na mniej urodzajnej ziemi gdzieś na wyżynie? To też wpływa na smak. Wszak z tego między innymi względu wina się od siebie różnią. Dlatego też w zasadzie nie ma czegoś takiego, jak kuchnia danego kraju. Jest za to kuchnia regionów. Na Krecie jada się nieco inaczej niż na Lesbos – nawet jeśli dania są praktycznie takie same, to różnice mogą wynikać właśnie z różnych sposobów upraw, popularności odmian warzyw, mniejszego lub większego nasłonecznienia czy wilgotności powietrza. Cały ten wywód służy uzmysłowieniu tobie, że przychodzenie do włoskiej restauracji w Suwałkach i narzekanie, że nie smakuje tak samo, jak wtedy, gdy w 1995 roku pojechałeś do Rzymu zobaczyć papieża z odległości 500 metrów, jest aberracją. Po prostu nie ma sensu. Możesz się boczyć na kucharza, możesz się skarżyć kelnerowi, ale i tak cię oleją. Dyskutowanie, wdawanie się w polemikę na ten temat nic nie pomoże. Ani restauracja, ani gość nic na tym nie zyskają. Nic się nie zmieni. Ziemia będzie się dalej obracać, politycy dalej będą kłamać. Tłumaczenie restauracyjnemu gościowi, że nie ma racji, przedstawianie mu stanu wiedzy po prostu mija się z celem. Wpuścisz chama do szkoły, to ci atrament wypije.

Na zdrowie

Gastronomia to także alkohol. Bywa, że w restauracji pojawi się gość, po którym widać, że już sobie wypił. Czy dostanie alkohol, jeśli zamówi jeszcze butelkę wina? Przepisy wymuszają odmowę – nietrzeźwym alkoholu nie podajemy. Wbrew pozorom jest to przepis chroniący restauratorów i innych ich gości, a nie jakieś dziwne obostrzenie. Oczywiście trzeba podejść do niego z głową, bo jeśli wysączysz jedną szklankę whisky, to teoretycznie jesteś nietrzeźwy i za kółko wsiadać nie powinieneś, ale raczej nie będziesz się przewracał i porzygiwał po kątach. Ale jeśli po kimś wyraźnie widać, że przesadził albo jest na granicy, to sorry, ale pana już nie obsługujemy. Tacy goście są najprostsi w obsłudze – jeśli tylko zaczynają furczeć, to wystarczy, że zadzwonisz na policję lub ochronę. Gość jest zawsze na przegranej pozycji. Dobra restauracja nie pozwoli sobie też na to, żeby takiego chwiejącego się na nogach delikwenta obsłużyć bezalkoholowo, czyli na przykład podać mu danie. Nie wiadomo przecież, czy po zjedzeniu posiłku nie puści pawia na środku sali albo nie zacznie zaczepiać innych klientów. W takich sytuacjach większość restauratorów pijanego klienta z lokalu wyprosi. Restauracja to nie wytrzeźwiałka.

W latach już dawno minionych w niektórych lokalach korzystało się na niezbyt świeżym stanie klientów, szczególnie gości z dużo bogatszych regionów, takich jak Skandynawia czy Bliski Wschód. Upijało się takiego praktycznie do nieprzytomności, stawiało dookoła niego puste butelki z innych stolików, a potem budziło przez wsadzenie palca do ucha (nie wiem, dlaczego właśnie tak, ale podobno zawsze działało), pokazywało to wszystko i mówiło:

– Płać!

– Ale ja tyle nie wypiłem!

– Ty nie, ale kurwy, które zaprosiłeś – tak.

I zamiast 100 złotych płacił 1000. Nie chciał płacić – policja, więc i tak musiał to zrobić. A jeszcze na pożegnanie zgarnął pewnie kopa od szefa sali. Takie były czasy. Dzikie i niebezpieczne, nie to co teraz.

Jest taki dowcip: przychodzi facet do baru, siada, mówi do barmana:

– Niech pan mi naleje pięćdziesiątkę, zanim się zacznie. – Barman nalewa. Mija kwadrans.

– Niech mi pan jeszcze poleje, zanim się zacznie. – Barman nalewa. Mija kolejnych kilka minut.

– Lej pan, zanim się zacznie.

– Ale co się zacznie? – pyta w końcu kelner. – Ma pan przynajmniej pieniądze?

– No i się zaczęło…

A zatem na sam koniec – niepłacenie rachunku. Najczęściej zdarza się na otwartych przestrzeniach, takich jak ogródki piwne itp. Zjedzą, wypiją, chwila nieuwagi ze strony obsługi, nagle hyc, szukaj wiatru w polu. Nie to, żeby oddalali się w pośpiechu, o nie. Powoli, jakby wszystko było okej, żeby nie wzbudzić żadnych podejrzeń. Teraz większość miejsc ma kamery, ale jeszcze niedawno monitoring był rzadkością. Bez nagrania nie udowodnisz gościowi złapanemu na ulicy, że to jego rachunek. Równie dobrze możesz zatrzymać pierwszego lepszego przechodnia, podsunąć mu kwit pod nos i powiedzieć, że to jego. A nawet jeśli uda ci się w miarę szybko zareagować, to i tak nie złapiesz delikwenta, chyba że możesz się pochwalić dobrym czasem na setkę. Zaskakujące, że ci ludzie potrafią bardzo szybko biegać zaraz po zjedzeniu obfitego posiłku i wypiciu paru piw. Ciekawe, jak by biegali, gdyby jeszcze utrzymywali dietę godną olimpijczyków? Może nasza reprezentacja lekkoatletyczna miałaby z nich jakiś pożytek?

Bywa, że kelnerowi po podliczeniu wszystkiego coś się nie zgadza i to z jego własnej winy. Kilka razy zdarzyło mi się, że na koniec dnia pracy przypominałem sobie, że czegoś nie nabiłem, nie dodałem komuś do rachunku. Moja strata. W ten sposób wywalałem na kasie sam siebie, a właściwie pracodawcę. Nie wiem, czy klienci sprawdzali rachunek, który im podałem – pewnie jedni sprawdzili, zorientowali się, że czegoś brakuje, i stwierdzili, że tym lepiej, bo zapłacą mniej. Inni z kolei rzucili tylko okiem na sumę, zostawili pieniądze i nie analizowali, czy wszystko nabiłem jak trzeba. Tak czy inaczej – świadomie lub nieświadomie korzystali na moim błędzie. Takich przypadków na pewno było więcej, w końcu kelner i barman to tylko ludzie i mogą o czymś zapomnieć, coś źle wstukać na kasie fiskalnej, pomieszać kupony.

Kiedyś jacyś Ruscy czy Kazachowie zapłacili mi galibardą. Wiesz, co to jest galibarda? A fingiel? W żargonie warszawskim galibarda to bransoleta, a fingiel to sygnet. Kazachowie, podchodzili mi pod półświatek, mieli na rachunku jakieś 800 złotych (ja zarabiałem wtedy 300 złotych miesięcznie). Powiedzieli, że nie mają gotówki, a wtedy nie było kart i bankomatów na każdym rogu. Dali mi więc złotą bransoletę pod zastaw i powiedzieli, że następnego dnia przyjdą i zapłacą. Przyszli, ale całą noc nie spałem. Szef co prawda powiedział, że mam być spokojny, bo ta kieta jest więcej warta niż ich rachunek, ale jakby nie przyszli, to co? Musiałbym to sprzedać. A jakby przyszli później? „Gdzie moja galibarda?", „Już opchnąłem, to jest różnica w gotówce dla ciebie". Taa, już to widzę.

Typy gości restauracyjnych

• Rodzina

Pierwszy typ klientów to Rodzina. Rodzina kojarzy mi się z tym, że zawsze ma kłopot z wybraniem czegoś do jedzenia dla dzieciaków. I nie jest to problem wynikający z niesforności najmłodszych klientów restauracji, ale z tego, że restauracje często nie mają dla nich odpowiedniej oferty. Nie chodzi o to, żeby każdemu poniżej 14 roku życia serwować nuggetsy z kurczaka, frytki i colesława, ale żeby możliwe było chociaż zamówienie połowy porcji dania głównego z karty czy zupy. Ten problem jest potworny i tak naprawdę głupi, ale faktycznie istnieje. Poza tym jednak rodziny to wdzięczni klienci. Raczej nie są skore do awantur, dzielnie płacą bez zająknięcia, zostawiają napiwki. Przeważnie są zaabsorbowane sobą, więc jeśli dzieci nie rozrabiają, a rodzice nie zaczną się znienacka kłócić, to wszystko jest okej. Ale jak już się zaczną kłócić, to ratunku. Ile zdrad i ukrywanych problemów wyszło na jaw nad talerzem w restauracji! Jeśli ktoś nie ma wystarczającej siły, żeby powstrzymać się od robienia scen w miejscu publicznym, to może doprowadzić do małej eksplozji. Bóg mi świadkiem, że rodzinne awantury, nawet jeśli odbywają się szeptem, pozostawiają u obsługi i innych gości największy niesmak.

- **Randkowicze**

Najfajniejsi są Randkowicze. Randka rządzi się innymi prawami niż wyjście z rodziną czy z kumplami. Niektórzy randkują tak często, że mają pogrupowane różne miejsca – tu kolacja, tam obiad, tutaj drink, tu jeśli atmosfera ma być bardziej elegancka, tu jeśli chcesz zaimponować luzem, tam jeśli chcesz sprawić wrażenie człowieka obytego w świecie sztuki. Przeważają jednak miejsca, które są ciche, spokojne, może nieco ukryte przed ciekawskimi spojrzeniami przechodniów czy innych gości. Pracowałem kiedyś w restauracji, która była popularnym miejscem na tego typu schadzki, ale z kochankami. Jeśli gość pojawiał się w restauracji z kochanką, to od razu było widać, że ta para jest nieco, nazwijmy to, nieoficjalna. A potem spotykałem tych samych facetów na mieście z całą rodziną. Zawsze byli zakłopotani, gdy mówiłem im „dzień dobry". Jak ułożysz sobie wszystkie puzzle, to jesteś w stanie sporo wydedukować na temat takiej rodziny i zdradzającego męża (lub żony).

Randkowicze mają to do siebie, że często sprawdzają wcześniej miejsce schadzki. To zrozumiałe – facet, który chce zaimponować wybrance, będzie próbował zaplanować wszystko tak, żeby nie było skuchy. Zrobi rezerwację, wybierze najlepszy stolik, zadba o klimat. To fajne, bo daje też jakąś pewność obsłudze.

Takie romantyczne spotkania trwają długo, a niekiedy – dla lepszego efektu – odbywają się w restauracjach, w których jest po prostu drogo. Jeśli facet chce zrobić wrażenie, lecz nie dysponuje zbyt pękatym portfelem, to będzie próbował rozegrać całość tak, żeby wilk był syty, a portfel cały. Będzie na przykład przedłużał. Do dziś pamiętam klienta, który jadł cielęcinę z sosem cytrusowym – główne danie, oczywiście na ciepło – przez bite dwie godziny. Na stole stał świecznik na pięć świec. Wiedzieliśmy, że jeśli ktoś po prostu przychodzi zjeść posiłek, to świece w tym czasie wypalą się mniej więcej w jednej trzeciej. Tej parze zmienialiśmy je dwukrotnie. To były walentynki – najbardziej skurwiałe święto w branży gastronomicznej. Jestem w stanie odtworzyć, jak ten typ wyglądał: miał na sobie marynarkę, koszulę bez krawata, ciemne spodnie, eleganckie wypastowane buty i białe skarpetki frotte z napisem „TENIS".

Randkowicze to wdzięczni goście – raczej nie marudzą, zazwyczaj zostawiają większy napiwek, są najmniej wymagający w obsłudze. A przy tym są dość zabawni dla obsługi, która – wierzcie mi – bacznie ich obserwuje i wymienia się uszczypliwymi komentarzami, bo to jednak dość komicznie przyglądać się przez kilka godzin parze, która tylko siedzi i patrzy sobie w oczy. Niech cię to jednak nie zniechęci do zabierania partnerki na randkę do restauracji, bo w sumie co cię obchodzi, co jakiś kucharz czy kelner myśli?

Od tej bezproblemowości Randkowiczów jest jeden wyjątek – samiec alfa, który chce zaszpanować przed laską tym, że zjebie kelnera albo będzie się popisywał, gdzie to on był, co on wie, i najchętniej nauczy szefa kuchni, jak to danie powinno się przyrządzać. W takim wypadku odsyłam do fragmentu o upierdliwych klientach i sposobach wymierzania im kar. A ponieważ to jest randka, więc każda kara robi się jeszcze boleśniejsza dla karanego i jeszcze bardziej satysfakcjonująca dla karzącego. Innymi słowy: randka się nie uda. Raz nie wytrzymałem.

Obsługiwałem stolik w japońskiej restauracji i słyszałem rozmowę – jeden typ udawał, że się na wszystkim zna. Opowiadał, że był kiedyś w innej azjatyckiej restauracji i dostał japońską kapustę kiszoną.

Z całym szacunkiem, ale to nie była kapusta, tylko marynowany imbir – powiedziałem.

Niby nic, ale z mojej strony był to karygodny błąd w obsłudze. Na dodatek okazało się, że to on był płatnikiem, więc wiedziałem, że z napiwku nici.

• Grupy znajomych

Do restauracji przychodzą też grupy znajomych. Samiec alfa najczęściej występuje właśnie w takim środowisku. W grupach każdy próbuje być ważniejszy, a im więcej wypiją, tym głośniejsi i agresywniejsi się stają. Antropologia twierdzi, że to atawizm – im ktoś jest głośniejszy, im bardziej pręży muskuły, im bardziej zwraca na siebie uwagę, tym większe ma szanse na znalezienie samicy. Proste – im bardziej kolorowe masz piórka, tym większe twoje szanse na przygruchanie sobie gołębicy. A zatem w grupach przyjaciół, zwłaszcza jeśli nie są to pary, zawsze będzie jakiś głośny i wkurwiający człowiek-billboard.

• Biznesmeni

Biznesmeni, którzy nad talerzem dobijają targu, potrzebują przede wszystkim ciszy i spokoju. Chcą porozmawiać, nie dzieląc się przy tym firmowymi tajemnicami z pozostałymi klientami lokalu. Starają się więc wybrać odpowiedni stolik. Często proszą też, żeby im nie przeszkadzać. W restauracjach, które są nakierowane na biznesmenów, wydzielone są osobne sale gwarantujące im ciszę (a jak pokazuje nasza najnowsza historia, czasami również podsłuchy – polityk to też biznesmen). Zamówią sobie jedzenie, kawę, herbatę, może kieliszek wina, posiedzą dwie–trzy godziny. Nie wymagają specjalnej troski ze strony obsługi, a jak już klepną deal, to zazwyczaj zostawiają parę złotych więcej. To klienci tak samo lubiani, jak banki będące najemcami lokali przy głównej ulicy – wiadomo, że opłacą czynsz w terminie, nie nabrudzą, nie poniszczą. Chyba że nasi Biznesmeni po sfinalizowaniu interesu postanowią to uczcić. Przeważnie zaczyna się od alkoholu, a kończy na pytaniu kelnera o najbliższy burdel.

• Starsze Małżeństwa

Fajne są też Starsze Małżeństwa, czyli emeryci i renciści. Jeśli już stać ich na to, by bywać w restauracjach, to najzwyczajniej w świecie się z tego cieszą. Może nie zostawią kolosalnego napiwku, ale będą niezwykle mili, wszystko im będzie smakowało, będą chwalić i promiennie się uśmiechać. Są oczywiście spokojni i chyba najmniej kłopotliwi. Raczej nie pokłócą się nad talerzem, bo po iluś tam latach bycia razem już chyba wyczerpały im się powody do kłótni i chęć udowadniania swojej racji. Dodatkowo mają niezbyt duże wymagania i łatwo ich zadowolić. Ci starsi państwo zazwyczaj są weseli, ale nie głośni. Takie wesołe życie staruszka. Wszystko im smakuje, cieszą się, że mogli przyjść, że był stolik, że mogą zjeść coś fajnego. Często zagadują obsługę, ale trudno nie darzyć ich sympatią.

Starsze osoby uaktywniają się – i chwała im za to! Pomagają w tym wszelkie skierowane do nich inicjatywy – kluby seniora, uniwersytety trzeciego wieku. Pewna grupa staruszków co czwartek spotykała się w restauracji, w której pracowałem. Byli bardzo eleganccy, bardzo kulturalni, przemili. Na koniec spotkania zawsze się śmiali, że za tydzień już kogoś z nich nie będzie. Było to na swój sposób urocze, na swój sposób smutne, ale mieli niesamowity dystans do rzeczy ostatecznych. Lubiłem ich.

• Urlopowicze

Nie zapomnijmy też o Urlopowiczach. Urlop, jak wiadomo, rządzi się innymi prawami niż szara codzienność. Pewnie sam, wyjeżdżając gdzieś, zakładasz sobie jakiś przybliżony budżet, ale masz świadomość tego, że musisz jeszcze uwzględnić margines w wysokości trzydziestu procent. Na urlopie ręka wydająca szmal jest jakby bardziej swobodna, a głowa – na co dzień skąpa i przeliczająca każdy grosz – bardziej hojna. Dlatego pary, które są na urlopie, to dla restauratorów cenni klienci. Przyjeżdżają się zabawić, odpocząć, zrelaksować, a nie stresować wydatkami. Różnie z nimi bywa, ale to już zależy od człowieka. Wiele spośród takich par jest równie wdzięcznymi klientami, jak wspomniane wyżej Starsze Małżeństwa. Mają świadomość, że robienie draki kelnerowi, bo zupa miała nieco inny kolor, niż sobie wyobrażali, zjebie humor nie tylko kelnerowi, ale też im samym. No, ale są oczywiście też i niedorozwoje, którym takie akcje podnoszą samoocenę. Uprzejmie ich proszę o wymarcie.

• **Młodzież**

Nastolatki i studenci to głównie klientela klubowa, piwna lub fastfoodowa. Być może też studiowałeś, więc pewnie pamiętasz, że w studenckim jedzeniu nie chodzi o to, żeby było wykwintnie, lecz o to, żeby było szybko, dużo i tanio. Tak samo w studenckim piciu – ma być tanio i ma trzepać. Studenta spotkasz w jego środowisku naturalnym, czyli w podakademikowym klubie studenckim, gdzie dają piwo za piątaka i zapieksy za trójkę. Są przecież miejsca sfokusowane na taką klientelę, a ta się zresztą wymienia (chyba że ktoś dostał się do Rady Studentów albo innego podobnego ciała i w wieku 35 lat studiuje ósmy już kierunek i wciąż mieszka w akademiku lub domu asystenckim – znam takie przypadki). Kiedy ostatnio poszedłem do klubu, w którym zwykłem spędzać wieczory jako studenciak, miałem ochotę powybijać głupkowatą gówniarzerię i zachodziłem w głowę, czy aby na pewno barman ukończył 14 lat (a pewnie był studentem 4 roku dwóch filologii). Pamiętam, że kiedy sam byłem takim denerwującym gówniarzem, na widok czterdziestolatka, ba, nawet trzydziestolatka, zastanawiałem się, co ten zgred tu robi i czy zaraz nie siądzie mu pikawa przy barze, bo w takim wieku to już może się zdarzyć.

Dla całej innej gastronomii studenci to niestety nie jest dobra klientela. Mało płacą, nie zostawiają napiwków, bywają głośni i wkurwiający. Chyba że to studenci prawa, córeczki i synusie bogatych adwokatów, którzy fundują im drogie samochody do parkowania przed wydziałem i kieszonkowe w wysokości trzech średnich krajowych tygodniowo, żeby mogli w ramach drugiego śniadania zamawiać sushi i wyróżnić się od plebsu, czyli studentów wszystkich innych kierunków. Ci są wkurwiający jeszcze bardziej, bo „mój ojciec cię pozwie", ale za to kasy mają jak lodu. I lubią ją przepierdalać w absurdalny sposób.

- **Niepełnosprawni**

Zauważyłem, że do restauracji rzadko przychodzą osoby niepełnosprawne. Jakiś czas temu była afera, kiedy para niewidomych oskarżyła jakąś knajpę o to, że nie pozwolono im posilić się w środku, bo przyszli z psami przewodnikami, a zamiast tego zaproponowano im stolik na zewnątrz. W niektórych miastach Europy działają restauracje, w których panują nieprzeniknione ciemności, wszystko odbywa się po omacku, co jest swoistą atrakcją dla gości, ale sęk w tym, że pracownicy są niewidomi. Goście mogą docenić kunszt niewidomych kelnerów, próbując trafić widelcem do ust. W Polsce póki co takie kolacje można zjeść sporadycznie na zasadzie eventów. Nie ma u nas zbyt wielu niepełnosprawnych ani przy stolikach, ani pośród kadry. Część restauracji w dalszym ciągu nie jest przygotowana do obsługi niepełnosprawnych. Trzy schodki to dla kogoś na wózku zapora nie do przebycia. Wprawdzie załoga restauracji pomaga wtedy gościowi – to przecież nie jest już żadne tabu, ale podejrzewam, że osoby niepełnosprawne nie lubią być zmuszane do proszenia o pomoc, a tym bardziej do czekania na zewnątrz, aż ktoś w środku się zorientuje. Chociaż, z drugiej strony, byłem świadkiem takich sytuacji i nie zdarzyło się, żebym mógł powiedzieć, że restauracja dała ciała. Może w jakiejś mierze kelnerzy, w pewnym sensie zdani na łaskę i niełaskę gości, są bardziej wyczuleni na takie sprawy? Gorzej z niepełnosprawnością umysłową. Jeśli nie masz przygotowania i wiedzy, to nie będziesz wiedział, jak się zachować. Wszystko w rękach opiekunów. Raz zdarzyło mi się robić pokaz kulinarny u klienta w domu. Nie wiedziałem, że jego syn jest niepełnosprawny intelektualnie. W pewnym momencie bardzo mocno złapał mnie za rękę, w której trzymałem nóż, i nie chciał puścić. Nie miałem pojęcia, co zrobić. Była też kiedyś u mnie grupa dzieciaków z Aspergerem. Zespół Aspergera ma to do siebie, że dotknięci nim ludzie są bardzo często niezwykle błyskotliwi oraz wręcz obsesyjnie się czymś interesują i zapamiętują informacje na ten temat. Któraś z dziewczynek zapytała mnie o jakąś przyprawę. Odpowiedziałem, że to cynamon. Po chwili jeden z chłopców trzasnął mi taki wykład o cynamonie, że jestem pewien, że gdybym postawił w rzędzie wszystkich kucharzy i szefów kuchni z całego Pomorza, to nie uzbierałbym tylu informacji na temat przyprawy, co od tego chłopca.

Nie spotkałem się też w Polsce z niepełnosprawnym kucharzem, choć nie twierdzę, że ich nie ma. Tymczasem na świecie różne rodzaje niepełnosprawności nie stanowią przeszkody dla zdolnych kucharzy. W Londynie pracuje np. Ronnie Murray, któremu nie wykształciła się odpowiednio lewa ręka. Z kolei inny szef kuchni, Michel Roux Jr., wziął pod swoje skrzydła młodych adeptów gotowania, którzy zmagają się z różnego rodzaju problemami (sam Roux Jr., choć biega maratony, miewał w przeszłości problemy ze wzrokiem). Nieżyjący już Paul Prudhomme czasami w trakcie pracy poruszał się na elektrycznym wózku, choć akurat w tym wypadku przyczyną była jego otyłość. Francuzowi Pascalowi Ribreau fakt, że jest sparaliżowany od pasa w dół, nie przeszkadza w prowadzeniu restauracji w Toronto. Przykładów jest więcej i nie wszystko zostało powiedziane na ten temat. Chcę wierzyć, że talent i umiejętności zawsze się obronią.

• Dzieci

Wróćmy jednak do klientów. Kilka osobnych akapitów należy się bowiem naszym milusińskim. Potraktujcie to, proszę, trochę jak szpileczkę wbitą w wasze metody wychowawcze, a trochę jak przestrogę.

Dzieci to problem w wielu restauracjach. W niektórych miejscach nie są mile widziane. I choć na drzwiach obok zakazu wprowadzania psów nie ma nalepki z przekreślonym dzieckiem – to by było spore przegięcie – to jednak rozsądny klient może się zorientować, że jego rozkrzyczany bachor z ADHD nie do końca pasuje do spokojnej, eleganckiej restauracji. Wiele lokali delikatnie daje o tym znać rodzicom, nie oferując specjalnych stolików dla najmłodszych ani kącików zabaw, ani też miejsc do przewijania berbecia, za co czasami tracą punkty w internetowych rankingach. To jednak ekstrema. Dziecko, nieważne czy ultragrzeczne, czy wręcz przeciwnie, też ma prawo przebywać w restauracji. Dlatego coraz więcej lokali gastronomicznych, poza przewijakami i specjalnymi krzesłami do karmienia najmłodszych, oferuje też na przykład kąciki zabaw, wyposażone w maskotki, zabawki czy kolorowanki.

Doświadczony kelner wie, że jeśli pracuje w niedzielę, to ma przejebane. Siódmego dnia tygodnia w lokalach pojawia się bowiem najwięcej rodzin z dziećmi, a – niestety – niektórzy rodzice nie są w stanie ogarnąć swojego niesfornego dziecka lub po prostu ignorują jego zachowanie, bo są do tego przyzwyczajeni. Jednakże w miejscu publicznym należy zadbać nie tylko o swój komfort, ale także o komfort innych przebywających tam ludzi. Nawet w kąciku zabaw!

Nie jestem supernianią, ale wydaje mi się, że zachowanie dziecka bierze się z kultury rodziców. Przede wszystkim dzieciaki nie powinny biegać po sali restauracyjnej, bo to się może po prostu źle skończyć – bolesnym zderzeniem ze stolikiem czy krzesełkiem albo z niosącym gorącą zupę kelnerem. O nieszczęśliwe wypadki naprawdę nietrudno, więc dla dobra waszych dzieci miejcie je na oku.

Dzieci to też trudni konsumenci. Są wybredne. Jeśli mały Staś czy jakiś inny Brajanek ma gorszy dzień, to prozaiczna w sumie czynność nakarmienia go zamienia się w drogę przez mękę. Brajanek się wierci, drze wniebogłosy, pluje, rzuca, wyrywa, ucieka, wala po podłodze pod nogami kelnera i innych gości. W ekstremalnych sytuacjach obsługa prosi o uspokojenie dziecka lub wręcz o opuszczenie lokalu. Nie oburzaj się na restaurację, jeśli ci się to zdarzy. Oburzaj się na siebie, że nie potrafisz okiełznać krwi ze swojej krwi i kości ze swoich kości. Rzadko, ale zdarza się, że reagują też inni biesiadnicy – kobieta przy sąsiednim stoliku prosi o uciszenie dziecka, ktoś inny krytykuje twoje metody wychowawcze i generalnie robi się nieprzyjemnie, a miła kolacyjka w rodzinnym gronie staje się koszmarem. To wszystko dotyczy oczywiście małych dzieciaków, które wyrażają swoje emocje i preferencje w najprostszy sposób – płaczem i krzykiem, bo nie potrafią jeszcze określić, że nie smakuje im szpinak.

Co jest fajne – dzieciaki mają bardzo dobrą pamięć i wyrabiają sobie gust. Jeśli rodzic wie, jak do dziecka przemówić, jak się z nim bawić jedzeniem (i nie mam tu na myśli rzucania strawą lub lepienia piramidy z purée), to mały będzie jadł wszystko i nie będzie wybrzydzał, że lubi tylko nuggetsy z keczupem i frytkami. Warto obserwować kształtujące się gusty dzieci. To duża przyjemność poznawcza. Może się okazać, że córka na przykład nie przepada za wyrazistymi potrawami, nie lubi mocno przyprawionych, ale jeśli coś jest delikatne, to zjada z apetytem.

Na szczęście są też obyci rodzice, którzy zdają sobie sprawę, że dziecko może być kłopotliwe. Jeśli jest małe, to rodzice je karmią. W domu malec może nachlapać, nabrudzić, rodzice może się trochę podenerwują, ale muszą się z tym liczyć, bo trudno od trzylatka wymagać żelaznej dyscypliny. W restauracji jednak nie każdy chce się narażać na uszczypliwe uwagi czy karzące spojrzenia ze stolika obok. Dlatego wiele osób decyduje się na karmienie swojej pociechy tylko po to, żeby ktoś inny nie dostał od dzieciaka kalafiorem albo widelcem.

Generalnie z dziećmi problem jest, a zarazem go nie ma, bo jeśli czegoś nie da się wyeliminować, to czy należy to traktować jako problem? Ujmę to inaczej: problem jest, ale nie z dziećmi, tylko z rodzicami. W nich cała nadzieja – to oni muszą okiełznać swoją latorośl. Nie spodziewajcie się jednak, że nigdy nie będzie wam dane natknąć się na wybrzydzające czy rozrabiające w restauracji dziecko. Nie wygłaszajcie też debilnych sądów, że jeśli dziecko nie potrafi się zachować przy stoliku, to rodzice nie powinni zabierać go do lokalu. Bo niby jak dziecko ma przywyknąć do warunków restauracyjnych, jeśli nie będzie w nich bywać?

- **Single**

Przedostatnia kategoria, bardzo rzadka, być może na wyginięciu albo wręcz przeciwnie – jeszcze nie w pełni dojrzała: Samotni. Ludzie są zwierzętami stadnymi i jak już idą do restauracji, to najczęściej w co najmniej dwuosobowych grupach. Bardzo rzadko przy stoliku melduje się pojedynczy osobnik z zamiarem zjedzenia obiadu. Najczęściej, jeśli stolik jest zajęty przez jedną osobę, to ta osoba na kogoś czeka. Samemu można przecież zjeść w domu, ale niektórzy mają odwrotnie – nie chce im się siedzieć samotnie w domu. Jeśli mają sobie zrobić coś sensownego do jedzenia, to wolą zrobić coś innego – obejrzeć film, dokończyć sprawozdanie na jutro. A ileż można jeść kanapki? Samotni to kolejni bezproblemowi klienci – płacą bez marudzenia, zazwyczaj nie szukają zbytniego kontaktu z obsługą, czasami oczekują jedynie jakiegoś spokojnego stolika. Tacy stali klienci powodują nieraz konsternację u pracowników restauracji: jeśli gość w sile wieku regularnie jada sam, to musi być jakimś dziwakiem. A pewnie to są normalni kolesie. Tak oto rodzą się stereotypy. Chyba że przychodzisz do knajpy codziennie przez siedem dni w tygodniu, zawsze o tej samej godzinie, siadasz w tym samym miejscu, zamawiasz dokładnie to samo – wtedy nie dotyczy cię stereotyp dziwaka. Po prostu jesteś dziwakiem.

• VIP-y

No i wreszcie najostatniejsza z ostatnich kategorii, a może raczej najpierwsza z pierwszych: wszelkiej maści VIP-y. W wersji nieoficjalnej – kolacja z małżonką lub śniadanie z kochanką, niedzielny obiad z dziećmi, supertajne rozmowy polityków nad ośmiorniczkami itp. – możesz ich dopisać do którejś z powyższych grup. Ale w wersji oficjalnej wszystko wygląda zupełnie inaczej.

VIP-owskie imprezy, na których pojawiają się najwyższe głowy państw albo chociaż premierzy, to cyrk na kółkach. Jeśli masz u siebie tak wysoko postawione osoby, to na dachach sąsiednich budynków leżą snajperzy, w wejściu do restauracji (również przy wejściu dla pracowników) Biuro Ochrony Rządu rozstawia bramki, wykrywacze metalu i innych złych intencji. Ale wszystko zaczyna się od telefonu z kancelarii, np. prezydenta. Generalnie można stwierdzić z dużym prawdopodobieństwem, że jeśli odbierasz takie telefony, to biznes idzie ci dobrze. Po podniesieniu słuchawki rozmowa przebiega zgodnie z procedurami – ludzie z kancelarii zapowiadają, że tego i tego dnia ktoś przyjedzie na kolację, będzie określona liczba osób. Potem do restauracji wpada BOR i ochroniarze (również innych krajów, jeśli w przyjęciu uczestniczą politycy zagraniczni), którzy sprawdzają wszystko. Zaglądają do garnków, pod dywan, do doniczek, pod stoliki, w dekolty kelnerek. Oceniają jakie są zagrożenia. Sęk w tym, że bardzo często podczas umawiania rezerwacji dla VIP-a nie jest ustalona data sprawdzenia wszystkiego przez służby. I słusznie, bo ewentualny miłośnik wprowadzania chaosu w państwie, znając datę inspekcji, mógłby się odpowiednio przygotować, a tak figa. Zazwyczaj jeśli prezydent ląduje w mieście o, powiedzmy, 9:30, a na lunch jest umówiony u ciebie o 12, to cała agenda spada ci na głowę o 8. Dopiero jakieś pół godziny przed przylotem BOR wysyła do restauracji plan na ten dzień. Jasne – względy bezpieczeństwa. Wcześniej wiadomo jedynie, że lunch odbędzie się danego dnia o konkretnej godzinie.

W kuchni zawsze jest lekarz z BOR-u. Ogląda i sprawdza każde przyrządzane na ten lunch danie. Wszystko trzeba gotować +1, bo on musi wszystko przetestować. Chodzi z giwerą po kuchni ubrany w garnitur i jest rodzajem przedskoczka dla VIP-ów – jeśli coś z posiłkiem miałoby być nie tak, to on ma to wyczuć. Jest członkiem ekipy, sprawdza wszystkie produkty, etykiety i tak dalej. Musisz mu dostarczyć listę produktów, które kupiłeś z myślą o tym posiłku, a on lustruje pozycję po pozycji z najwyższą dokładnością, od soli po wołowinę. Wszystko obwąchują też… psy. To rodzaj rządowego Sanepidu. Sprawdzają, czy ktoś nie trzyma w lodówce trotylu albo czy coś nie jest zatrute. W końcu psiaki mają dużo lepszy węch niż najlepiej wykształcony BOR-owik. Ale bez obaw – psy wchodzą do kuchni na sekundę. Wbiegają, obwąchują i wybiegają. Są tak wytresowane, że żaden nie połasi się na leżący na stole kawał mięsa.

Na imprezach, w których biorą udział ludzie piastujący najwyższe stanowiska w państwie, ochrona jest naprawdę drobiazgowa. Przed całym wydarzeniem restauracja dostaje szczegółowy protokół z informacją co można, a czego nie można. Jeżeli BOR napisze, że nie można przynosić swoich noży, to lepiej tego nie rób, bo albo cię zawiną (a jak ich wkurwisz, to jeszcze dostaniesz jakieś zarzuty, bo czemu nie), albo – jak będziesz miał szczęście – po prostu nie wejdziesz do środka.

Kiedy na sali restauracyjnej siedzą VIP-y, to wbrew pozorom nie ma zakazu wychodzenia na salę z kuchni. Czasami, kiedy atmosfera się rozluźni, wszyscy już się zbierają do wyjścia i zajmują czymś innym, nagle okazuje się, że postronnych ludzi, na przykład kucharzy czy kelnerów, od koronowanych głów dzielą cztery metry i nie ma w pobliżu żadnego ochroniarza. Takie niedopatrzenia zdarzają się zapewne wyłącznie wtedy, kiedy jest prawie po wszystkim i nikt już się nie spodziewa niczego złego.

Szefowie kuchni, u których bywają tego rodzaju VIP-y, znają już oficerów rządowego Sanepidu. Oni pracują w regionach, więc w ciągu kilku lat mają okazję spotkać się parę razy – na każdą taką imprezę przyjeżdża przecież ten sam facet. Za drugim czy trzecim razem piją już sobie kawę w kuchni podczas kolacji, żartują, gadają o pierdołach. Bariera przełamana, choć o jakimkolwiek olaniu obowiązków nie może być mowy.

Menu na dany posiłek proponuje restauracja. Jeżeli zaproszeni na obiad delikwenci mają jakieś wymagania – nie jedzą ryb, mięsa, czegoś innego – kancelaria wysyła informację zwrotną, a szef kuchni dostosowuje jadłospis. Czasami pojawiają się sugestie, żeby zaprezentować jakiś regionalny produkt, ale częściej życzenie przybiera postać najdurniejszą z możliwych: jeśli na kolację zaproszeni są goście z Japonii, to ambasada/kancelaria/organizator chce, żeby na kolację była kuchnia japońska. Po kiego chuja – nie wiem. Nie lepiej zaprezentować gościom z daleka bogactwo naszej kuchni?

Jeżeli lunch odbywa się w restauracji lub hotelu, to od strony formalnej VIP jest normalnym klientem, za którego płaci kancelaria. Po prostu po wszystkim na adres kancelarii wysyła się fakturę i już. Jedyna różnica jest taka, że przez 72 godziny restauracja musi przetrzymać próbki każdej potrawy, która znalazła się na stole. Oficer BOR-u plombuje je swoimi plombami. Po trzech dniach szef kuchni albo właściciel knajpy dzwoni do niego i pyta, czy wszystko jest okej. Jeśli tak, to możesz rozplombować lodówkę i wszystko wyrzucić. 72 godziny to wystarczający czas, gdy chodzi o wykrycie źródła ewentualnego zatrucia pokarmowego. Zatrucie objawi się w organizmie po 12–24 godzinach po posiłku. (Ponoć to częsty przypadek w hotelach, że gość melduje się o godzinie 21, zjada kolację i po dwóch godzinach dzwoni z pretensjami, że się zatruł. Gówno prawda, nie ma takiej możliwości. 12 godzin to minimum, żeby bakterie rozwinęły się w organizmie i spowodowały armagedon. Oczywiście można dostać niestrawności – zjesz coś, popijesz alkoholem i cię przeczyści, ale to już inny lot). Przez te trzy doby restaurator musi trzymać próbki nie poszczególnych produktów, które posłużyły do wykonania dań, ale samych dań. Jeśli była to polędwica w sosie grzybowym z ziemniakami, to 150 gramów każdego składnika tej potrawy ląduje w osobnych woreczkach.

Podczas imprez dyplomatycznych duże znaczenie ma serwis. Niektóre rzeczy określa protokół dyplomatyczny. Jeśli na sali jest 10 osób, to musi je obsługiwać 10 kelnerów, bo wszyscy muszą dostać posiłek jednocześnie. Procedury zależą od charakteru imprezy – czy ma ona być formalna, czy też nieformalna, czy to będzie spotkanie przy herbacie, a może konferencja prasowa, czy biba jest tajna, czy też będzie na niej prasa. Innymi słowy: dostajesz kompletny scenariusz, zawierający ogół danych potrzebnych do skutecznego zorganizowania kolacji czy lunchu. Wszystko jest rozpisane niemal co do minuty: kiedy przyjeżdżają, kiedy obiad, kiedy wywiad, kiedy wyjazd.

Gwoli informacji: prezydent przyjeżdża z całą świtą. Karmi się też kierowców, ochroniarzy, doradców, pomocników, sekretarzy stanu, dzieci, małżonków. Chyba że prezydent zjawia się nieoficjalnie – wtedy towarzyszy mu garstka ludzi.

Nieco inaczej wyglądają rezerwacje dla innych VIP-ów, na przykład drużyn sportowych czy reprezentacji. Zazwyczaj takie grupy przyjeżdżają z własnym kucharzem. Mają narzucone menu, które zostało opracowane z dietetykami, bo przecież muszą się trzymać diet. Kucharz reprezentacji (zaspokajając twoją ciekawość: Szefem Kuchni Piłkarskiej Reprezentacji Polski – to oficjalne stanowisko, stąd wielkie litery – jest obecnie Tomasz Leśniak, skądinąd bardzo fajny chłopak. Wcześniej funkcję tę pełnił także Robert Sowa, właściciel restauracji, w której w 2014 rozegrała się cała akcja z podsłuchami polityków i ośmiorniczkami) kontaktuje się wcześniej z restauracją i ustala, jakie produkty restauracja ma sprowadzić. Na miejscu pracuje z restauracyjnymi kucharzami i pisząc „pracuje", mam na myśli „pracuje", a nie „stoi obok, patrzy i groźnie kiwa palcem". To on w końcu zna także kulinarne preferencje zawodników.

Jeżeli zaś chodzi o międzynarodowe gwiazdy typu piosenkarze czy aktorzy, to oni również często gęsto mają w swojej świcie kogoś odpowiedzialnego za żarcie. Zazwyczaj jadają w hotelu – zamawiają posiłek prosto do pokoju i raczej nie pojawiają się w restauracji. Nie mają wcześniej ustalonego menu, z reguły korzystają z karty. Bywa, że mają jakieś specjalne życzenia, swoje ulubione produkty, wtedy restauracja dostaje z wyprzedzeniem informację i po prostu te rzeczy dla nich ściąga. Co ważne – menedżerowie, czy kto tam jest odpowiedzialny w świcie gwiazd za te rzeczy, pilnują wszystkiego, więc kontaktują się z restauracją odpowiednio wcześniej i nie ma problemu, że coś jest na ostatnią chwilę.

Niektóre produkty potrzebne do obsługi grup VIP-owskich lub gwiazd są w Polsce trudno dostępne. Tak było chociażby w przypadku piłkarzy FC Barcelony, którzy podczas wizyty w Gdańsku potrzebowali specjalnych jogurtów konkretnego producenta, z jakimiś określonymi kulturami bakterii, które na naszym rynku po prostu nie były dostępne. Nasz szef kuchni kontaktował się jednak wcześniej z ich szefem kuchni, wysyłał mu nawet zdjęcia tutejszych podobnych produktów. W takich sytuacjach ich szef kuchni albo wybiera coś alternatywnego, jakiś miejscowy zamiennik o zbliżonym składzie i sposobie produkcji, albo – jeśli nie ma sensownego zamiennika lub drużynę obowiązuje kontrakt i może korzystać tylko z produktów jednego producenta – przywozi dany produkt ze sobą lub kontaktuje szefa restauracji z osobą, która dany towar mu dostarczy.

Gwoli ścisłości: jeśli w restauracji pojawiają się koronowane głowy albo przywódcy państw, to właściciel, menedżer czy szef kuchni musi przywitać delegację osobiście. To jest kwestia procedur i protokołu, ale chyba też rozsądku i kultury.

5. Od złożenia zamówienia do podania na stół

Zamówione w restauracji żarło ktoś ci robi. Co więcej, ktoś ci je robi w ściśle określony sposób. Pomyśl sobie o restauracji jako o fabryce, a jeśli nie potrafisz, bo twoja wyobraźnia jest na poziomie filcowego kapcia, to idź do jakiejś amerykańskiej sieci fast food albo do którejkolwiek restauracji z kuchnią otwartą i się gap. Rób notatki. Opracuj drogę, jaką przebyło twoje zamówienie od chwili poinformowania kelnera o tym, co chcesz zjeść, do momentu, aż kelner ci to przyniesie. I tak wiem, że tego nie zrobisz. Wiem też, że jeśli nie ty, to twoi koledzy wciąż myślą, że za ścianą w restauracji wszystko wygląda tak, jak w kuchni domowej i taki też jest tryb pracy. Dlatego właśnie ten rozdział w tej książce w ogóle powstał – żeby twoi koledzy przestali być tak naiwni. No to do dzieła – przeczytaj im to na głos. Ale wcześniej odpal sobie jakiś internetowy słownik języka francuskiego, żeby móc w miarę poprawnie wypowiedzieć pewne pojęcie, które w procesie powstawania twojego zamówienia w restauracji jest bardzo ważne. A owo pojęcie brzmi…

Mise en place

Jeśli masz odpowiednio ułożoną kartę, to cały proces wykonania zamówionego dania jest stosunkowo prosty i szybki. Tajemnica tkwi w odpowiedniej organizacji pracy – gotowanie w lokalu gastronomicznym nie przebiega tak, jak przyrządzanie posiłku w domu, kiedy musisz zrobić wszystko od zera, żeby móc cokolwiek położyć na talerzu.

Część produktów przyjeżdża do restauracji z hurtowni już po odpowiedniej podstawowej obróbce – ryby są wyfiletowane, mięso wycięte i tak dalej. Resztę rzeczy przygotowuje się wcześniej. Myje się i kroi warzywa, przyrządza zupy i dodatki. Myślałeś, że kiedy kucharz dostaje znak, że klient zamówił sałatkę, to dopiero wtedy wyjmuje sałatę ze skrzynki, obrywa listki, myje i tak dalej? Nie, to by trwało zbyt długo, dlatego takie rzeczy przygotowane są już wcześniej – zapakowane w pojemnik czekają na swoją kolej. Są też dania, które wymagają czasochłonnej obróbki termicznej. Niektóre trzeba na przykład gotować przez godzinę, a przecież nie można narażać gościa na tak długie oczekiwanie, bo albo zejdzie z głodu, albo się wkurwi i pójdzie na hot-doga. Także zupa jest przygotowana wcześniej i po prostu czeka w garze, aż klient zażyczy sobie, aby jej skosztować. Wydaje się to logiczne, choć chyba nie dla wszystkich, bo wielu klientów restauracji wciąż jeszcze myśli, że jeśli zamówią talerz rosołu, to kucharz dopiero pójdzie ubić kurę i ugotuje z niej jedną porcję. Zapomnij. Posiłek ma być świeży, ale proces technologiczny często nie może się zaczynać w momencie, kiedy przychodzi zamówienie. Pewne rzeczy trzeba zatem przygotować wcześniej, by móc je wykorzystać później. Za to odpowiada mise en place, z którym już miałeś przyjemność się spotkać i z którym za chwilę się zaprzyjaźnisz.

Znam cię trochę, czytelniku, i wiem, że masz skłonność do popadania w skrajności. Dlatego też od razu wyprowadzę cię z błędu, w który sam się wprowadziłeś podczas czytania poprzedniego akapitu – w restauracyjnej kuchni część składników jest przygotowywana wcześniej, co jednak nie oznacza, że w lokalu dostajesz mrożonkę. Nie, nie, nie. Przyrządzane są te składniki, które po pierwsze mogą poczekać, a po drugie nie muszą być podawane prosto spod noża. Jeśli zamówisz stek, to masz 99% pewności, że został usmażony dosłownie przed chwilą. Ziemniaki, które wraz z nim dostaniesz, zostały ugotowane przed chwilą, ale obrane rano, mniej więcej w tym samym czasie, kiedy została przygotowana marynata.

Procesy technologiczne też można w jakiś sposób skrócić, bo część rzeczy może mieć już za sobą wstępną obróbkę termiczną. Nawet jeśli dany przepis zakłada, że mięso w towarzystwie innych składników musi spędzić na patelni w określonej temperaturze 90 minut, by wydzielił się konkretny sok, klient nie powinien czekać na danie tyle czasu. Ostatnio zresztą modne są kilkunastogodzinne barbecue, a przecież nikt nie chodzi do restauracji po to, żeby dopiero następnego dnia dostać kawałek szamy. Po prostu długotrwałe procesy w kuchni restauracyjnej wykonuje się wcześniej, a obrobione składniki pakuje próżniowo i wrzuca do lodówki. Kuchnia to przestrzeń szybkiego działania, więc wszystko musi być dokładnie zaplanowane. Tu nie ma miejsca na freestyle.

W restauracjach funkcjonuje lista, która określa, co trzeba przygotować rano, przed otwarciem. Na jej podstawie sprawdza się, czy konkretne produkty są dostępne i jak je przyszykować. Doświadczeni pracownicy wiedzą nawet, w jaki sposób powinny być one poukładane w lodówkach czy chłodniach, żeby dostęp do nich był intuicyjny i możliwie najlepszy. A wszystko po to, żeby gość w restauracji nie musiał czekać 90 minut na sos. Mise en place, powiadam po raz kolejny. Zapamiętaj to pojęcie. Wszystko musi być na miejscu i czekać, aż kucharz po to sięgnie, by poddać ostatecznej obróbce.

Podczas opracowywania karty szef kuchni skupia się głównie na tym, żeby dania były względnie tanie, jak najsmaczniejsze i żeby kusząco wyglądały. Myśl o tym, żeby można je było szybko przyrządzić kołacze się gdzieś z tyłu głowy, ale nigdy nie wiedzie prymu (chyba że założeniem całej knajpy jest szybkość obsługi, w końcu fast foody to też restauracje). Od tego, żeby dało się daną potrawę szybko wykonać, jest mise en place. Jeśli się dobrze zastanowić, to największe sieci fast foodów osiągają szybkość obsługi właśnie dzięki sztywnemu, doskonale opracowanemu mise en place, który zamienia pracę w nich w pracę przy taśmie fabrycznej.

Od stolika do kuchni i z powrotem

Klient wchodzi do restauracji, rozbiera się, siada przy stoliku, studiuje kartę. Dokonuje wyboru i przedstawia go kelnerowi. Te wszystkie etapy znasz. A co się dzieje dalej?

Zadaniem kelnera jest, rzecz jasna, przekazanie zamówienia do realizacji, czyli do fabryki. Czyli do kuchni.

Zdarzają się już lokale, które korzystają z dobrodziejstw technologii, by skrócić proces zamawiania. Dzięki tabletom lub innym urządzeniom gość może przesłać swoje zamówienie bezpośrednio do kuchni, ale jest to w równym stopniu praktyczne i niepraktyczne. Z jednej strony niby szybciej, bo pomijamy cały etap przyjęcia przez kelnera zamówienia i przekazania go kucharzom. Z drugiej strony – czy tablet wyjaśni nam wszystkie wątpliwości związane z daną potrawą? Czy opowie nam o niej?

Czy doradzi? Czy zastąpi wizualne walory ślicznej kelnerki, na którą miło popatrzeć, nawet jeśli tylko przechodzi, bo porusza się z gracją i pięknie uśmiecha? Ano właśnie. Nie sądzę, żeby obsługa w restauracjach miała stać się całkowicie bezosobowa. Życie straciłoby wtedy sens. Gdybym chciał gadać z robotami, nagrywałbym się na automatyczne sekretarki.

Kiedyś – choć i dziś nie jest to rzadkością – kucharze otrzymywali wypisany kupon, czyli po prostu karteczkę z zamówieniem. Kupony były wieszane na tablicy w kolejności przychodzenia. Zrealizowane zamówienie było zdejmowane z tablicy. W ten sposób kuchnia cały czas miała aktualne informacje. Dziś bardzo często papierowe kupony są zastępowane przez system komputerowy. Kelner wstukuje zamówienie na ekranie dotykowym, określając dodatkowo na przykład numer stolika. Kartka wyskakuje z drukarki w kuchni lub na barze. W niektórych knajpach (na przykład w takiej wielkiej sieci z kanapkami i colą) praktycznie w ogóle nie używa się papieru – zamówienie wyświetla się po prostu na ekranie. Zazwyczaj jednak drukuje się mały papierowy bon, który ląduje na tablicy lub na metalowej szafce.

W większych miejscach, które potrzebują sztywnej organizacji, bony odbierane są przez szefa kuchni lub osobę pełniącą na dyżurze jego obowiązki – p.o. szefa lub po prostu kierownika zmiany. On nadzoruje dalsze prace – najpierw podaje zamówienie: „panowie, dwa razy perliczka w winie, dwie ogórkowe i cztery banany w czekoladzie", a potem zaczyna się proces składania potraw do kupy (pośród szefów kuchni trafiają się chujki, które czytają dany bon na głos tylko raz, więc wszyscy pracownicy muszą zapamiętywać każde słowo i być skupieni na wszystkim, co usłyszą, nawet jeśli próbują być skupieni na tym, żeby nie podciąć sobie żył podczas filetowania suma). W dużych kuchniach każdy pracownik ma ściśle określony zakres obowiązków, dlatego nie zdarza się, że bony przejmuje pierwszy lepszy kucharz, który akurat ma wolne ręce. W małych miejscach nie ma z tym problemu, bo jest także stosunkowo mniej zamówień, informacja może więc krążyć szybciej. W wielkich molochach odpowiedni sposób przekazywania informacji jest kluczowy. Metody przypominające głuchy telefon kończą kariery wielu restauracji. Duże kuchnie, szczególnie hotelowe, są tak podzielone, żeby każdy wiedział, co należy do jego obowiązków. Jest zatem na przykład sekcja zimna, sekcja sosów, sekcja zup, sekcja składania dań, deserownia i tak dalej (do tego jeszcze wrócimy). Kompletowanie zamówienia przypomina trochę produkcję taśmową – poszczególne elementy wychodzą ze swoich sekcji, są ze sobą łączone w dania, potem w zamówienia. Następnym krokiem jest postawienie dania na tak zwany pas startowy, czyli wydawkę, skąd zabiera je kelner.

Oczywiście dania przygotowywane są w odpowiedniej kolejności. Załóżmy, że do restauracji przychodzi zakochana para: Jacek i Barbara. Baśka akurat się nie odchudza, więc bierze na przystawkę szynkę w boczku, zamawia także żurek, pieczoną kaczkę z kluskami i buraczkami, na deser lody z polewą czekoladową, a do picia wodę gazowaną. Jacek zamawia na przystawkę gruszkę w szynce, do tego krem z dyni, żeberka z kapustą i ziemniakami, na deser ciasto orzechowe, a do tego zieloną herbatę, bo twierdzi, że po zielonej herbacie nie musi myć zębów przez tydzień. Kiedy zamówienie wyskakuje w kuchni, do roboty zabierają się: sekcja przystawek, sekcja gorąca, sekcja sosów, sekcja zup oraz bar (deserownia włączy się za chwilę, bo ma jeszcze trochę czasu). Na stół najpierw wędrują: amuse-bouche (czekadełko), pieczywo i masło (obu pozycji spodziewajcie się w renomowanych restauracjach, ale niekoniecznie w tych nierenomowanych. Najlepiej, żeby restauracja miała pieczywo własnego wyrobu), jak również sztućce i serwetki, jeśli ich tam jeszcze nie ma. W tym czasie bar przygotowuje wodę dla Baśki i herbatę dla Jacka. Gotowe napoje kelner zanosi na stół. Po amuse-bouche z kuchni wychodzą startery – mają to do siebie, że przygotowuje się je dość szybko. W tym czasie praca wre już na sekcji zup (zupa jest podgrzewana do odpowiedniej temperatury – nie może być za gorąca, żeby dało się ją jeść, ale oczywiście nie może być też za zimna – jest nalewana do naczynia, garnirowana, czyli ozdabiana, itp.) oraz w sekcjach sosów (gdzie podgrzewane są sosy do kaczki i żeberek, a kto wie, może i do lodów), w sekcji zimnej (która pracuje nad buraczkami i kapustą) oraz w sekcji gorącej (gdzie trwa pieczenie wcześniej przygotowanych dań: kaczki oraz żeberek). Kelner zanosi gościom przystawki, po czym po kilku–kilkunastu minutach wraca do nich i zabiera puste naczynia. Daje tym samym znać kuchni, że czas na następny etap. Po kilku kolejnych minutach na pasie startowym pojawiają się zupy, które kelner zanosi Baśce i Jackowi, po czym po kolejnych kilkunastu minutach znosi do mycia puste talerze, co znów jest znakiem, że trzeba kończyć prace nad następnymi potrawami. Kiedy gotowe są sosy, mięsa i dodatki, szef kuchni (lub któryś z wyznaczonych przez niego pracowników) układa z nich na talerzu dania, doprawia je, ozdabia i zostawia na pasie. Kelner zanosi je gościom. I znów – po jakimś czasie zabiera puste naczynia, a w tym czasie sekcja deserów kończy krojenie (bo przecież nie pieczenie) i nakładanie ciasta orzechowego oraz lodów. I to jest dla kuchni koniec pracy nad zamówieniem, kupon schodzi z tablicy i ląduje na szpikulcu (jeśli jest potem potrzebny do rozliczeń, bo w restauracji nie działa system komputerowy) lub w koszu (jeśli w restauracji komputery myślą za ludzi). W jego miejsce pojawia się inny bon, więc robota wre dalej. I tak w kółko cały dzień. Nieźle, co? Oczywiście, kiedy np. sekcja przystawek skończy pracę nad daniami dla Jacka i Barbary, to nie czeka, aż dotrą do nich wszystkie dania i aż uregulują oni rachunek, tylko bierze się do przygotowywania zamówienia dla następnych klientów.

W niektórych lokalach dostajesz przystawkę, ale nie zdążysz jej nawet powąchać, a już wjeżdżają zupa i danie główne. Nonsens. Przecież zanim uporasz się z przystawką i zupą, główne danie będzie już zimne. Takie sytuacje wynikają z braku komunikacji między kuchnią a salą. Kelner odgrywa tutaj ważną rolę łącznika. Dzięki niemu kuchnia nie zamienia się w tor wyścigowy dla kucharzy. To on monitoruje sytuację na stoliku i kiedy nadchodzi odpowiedni moment, daje kucharzom sygnał: „poproszę główne". Czas przygotowania dania jest oczywiście niezwykle ważny, ale to jest tak naprawdę czas klienta restauracji. Dlatego też praca w kuchni nie może odbywać się na zasadzie wyścigów między sekcją zimną a gorącą, bo to jest prowizorka. Każdy posiłek powinien być dostarczony gościowi do stolika w odpowiednim momencie.

Zgranie w czasie wykonania całego zamówienia to sztuka, która przychodzi z doświadczeniem. Bywa i tak, że facet od przystawek ma jeszcze do zrobienia sześć porcji, a tymczasem dochodzi zamówienie: przystawka plus kurczak. Gość od gorących może zrobić kurczaka w 10 minut, ale w tym czasie typ od przystawek nie zdąży wygrzebać się z sześciu poprzednich zamówień. I co wtedy? Na szczęście procesy obróbki można wstrzymać. Kurczaka na patelni, który już jest prawie gotowy, można przestawić na mniejszy ogień, przykryć albo nawet zestawić na chwilę z ognia, żeby poczekać na przystawki. Dobry kucharz wie, jak sobie w takiej sytuacji poradzić. Nie wspominając o tym, że inny dobry kucharz będzie też potrafił przygotować ze cztery przystawki naraz, więc nie trzeba będzie długo na niego czekać. Chyba że któryś z tych kucharzy nie jest dobrym kucharzem – wtedy dupa po całości. Ale to już inny temat…

Ani kucharz, ani kelner nie mają wpływu na ludzi jedzących w restauracji, dlatego też nie istnieją żadne ustalenia w kwestii odpowiedniego momentu podania danej pozycji z karty. Nie da się stwierdzić, że pomiędzy zupą a daniem głównym powinno upłynąć piętnaście minut, bo jeden klient zje zupę, po prostu przelewając ją sobie do gardzieli w jedenaście sekund, a drugi będzie medytował nad nią z gazetą przez dwadzieścia minut. Tempo wyznacza klient. Jeśli skończył posiłek, to znaczy, że można zabrać pusty talerz i postawić pełny. Są jednak przybliżone, umowne czasy wydawania potraw. Na tej zasadzie przygotowanie przystawki powinno zająć do kwadransa, dania głównego zaś – do 40 minut. Oczywiście to nie są sztywne normy. Mogą się zmieniać choćby w zależności od liczby osób w restauracji. Poza tym klient nie musi tych wartości znać. No to kiedy tobie, jako gościowi restauracji, wypada zapytać, co się dzieje z twoim zamówieniem? Cholera wie. Są różne podejścia. Mój syn poprosił kiedyś w restauracji o wodę i czekał na nią dziesięć minut, denerwując się, bo co w odkapslowaniu wody i nalaniu jej do szklanki może tyle trwać? Podobnie z zupą – odgrzanie zimnej w garze i nalanie do talerzy to chwila. Kluczowa jest kwestia kuponów. Jeśli kuchnia ma mnóstwo roboty, to nikt nie patrzy na to, że przecież nalanie krupniku do talerza zajmuje 30 sekund, skoro przedtem trzeba jeszcze obsłużyć siedmiu innych oczekujących. W drodze wyjątku kelnerka może poprosić kucharza, żeby coś przyspieszył, bo klient powiedział, że ma mało czasu. Zdarza się przecież, że goście pytają, którą pozycję z karty można dostać szybko, bo za pół godziny odjeżdża ich pociąg. W takiej sytuacji zwykle korciło mnie, żeby odpowiedzieć, że szybko to się robi dzieci, albo chociaż że szybko to można w fast foodzie (które swoją drogą są moim zdaniem coraz powolniejsze). Kelner generalnie zawsze się wybroni, bo może ci zacząć opowiadać o tym, jak to dokładnie kucharze opiekają każdy milimetr kwadratowy nóżki z kurczaka, którą zamówiłeś, żebyś miał idealnie chrupiącą skórkę. Tak czy inaczej, to, co się dzieje w kuchni, nie musi cię obchodzić (chociaż, jeśli czytasz tę książkę, to pewnie trochę cię jednak obchodzi). Zamawiając posiłek w restauracji, masz prawo oczekiwać, że zostanie on podany w rozsądnym czasie. Nie oczekujesz, że dostaniesz go na stół w ciągu trzech minut od złożenia zamówienia, ale jeśli restauracja jest pusta, a ty czekasz już 30 minut na zupę, to masz prawo się niecierpliwić. Ale tu również potrzebny jest rozsądek. Jeśli zamawiasz wyłącznie danie główne, to musisz się liczyć z tym, że możesz na nie poczekać nawet 40 minut. Procesów technologicznych sprawiających, że coś jest nie tylko zdatne do spożycia, ale też smaczne, nie przeskoczysz. Makaron ugotujesz w pięć minut, sos możesz równie szybko odgrzać, ale risotto podane po pięciu minutach od złożenia zamówienia to śmiech na sali. Nie da się tego zrobić porządnie w tak krótkim czasie, bo sam ryż gotuje się około 15–20 minut. A jeśli dodasz do tego złożenie zamówienia i czas podania, to wyjdzie ci pół godziny. A przecież risotto nie jest szczytem skomplikowania i kulinarnej finezji. Oczekiwanie, że danie główne zostanie ci przyrządzone i dostarczone w ciągu pięciu minut, jest nonsensem. Dlatego, jeśli bardzo ci się spieszy, to lepiej zapytaj jednak kelnera, co możesz dostać w najkrótszym czasie. To jedno z najgłupszych pytań, jakie mogą paść w restauracji, ale dziwnym trafem bywa czasami przydatne. Problem w tym, że możesz wtedy dostać coś, co ktoś inny oddał. Dlatego właśnie warto jadać w DOBRYCH miejscach. Ich renoma jest gwarancją, że nic takiego cię tu nie spotka.

À propos risotto w pięć minut – po czasie podania potrawy w restauracji można się zorientować, czy danie było robione w miarę na świeżo, czy w całości odgrzewane albo z mrożonki. Nie trzeba być szefem kuchni, kucharzem, ani nawet gotować jakoś dużo w domu, żeby zauważyć, że coś nie gra.

Nie wiem, co na to inni kucharze i goście restauracyjni, ale uważam, że przerwy między kolejnymi etapami posiłku nie powinny być zbyt długie. Potrawy powinny wchodzić na stół w rytmie spożywania dań. Tak naprawdę te przerwy niczemu nie służą. Jeśli ktoś wcisnął ci kiedyś kit, że są one potrzebne do lepszego trawienia albo coś w tym stylu, to, no właśnie – wcisnął ci kit. Po jednym daniu bez zbytniej opieszałości kelner powinien zaserwować następne. Kropka. Okej, niech to nie będzie bezpośrednia zamiana pustego talerza na pełen. Kelner powinien zebrać talerze, odnieść je do zmywarki, dać kuchni znać, że trzeba już podać kolejne danie. Szef kuchni powinien zabrać się do składania potraw do kupy, by po chwili (moim zdaniem maksymalnie kilkunastu minutach) mogły one już wpadać do żołądków gości. To zresztą jest w interesie obu stron – gość chce zjeść, a nie bezczynnie czekać przy stoliku, a restauracja chce, żeby gość jak najszybciej i najwięcej zjadł, zapłacił i poszedł w cholerę, bo wtedy przy jego stoliku będzie mógł usiąść kolejny. Im więcej gości w ciągu dnia, tym więcej pieniędzy w kasie. Biznes to biznes.

Co się dzieje, kiedy cztery dania z pięciu zamówionych są już gotowe, ale piąte z jakiegoś powodu się opóźnia? Są różne sposoby zachowania się w takiej sytuacji. Najczęściej te cztery biedne dania są przetrzymywane gdzieś na patelniach i w piekarnikach (jeszcze przed złożeniem ich do kupy na talerzach) i oczekują, aż zakończy się proces technologiczny piątego dania. Wtedy wszystkie potrawy opuszczają kuchnię jednocześnie, a goście – choć z opóźnieniem – zaczynają posiłek wspólnie. Jeśli szef kuchni wie, że przygotowanie zamówienia niespodziewanie się przedłuży, bo kucharz przypalił rybę i trzeba ją robić od nowa, to prosi kelnera, by poinformował o opóźnieniu gości i w ramach przeprosin zaserwował im jakąś przegryzkę. Takie sytuacje się po prostu ratuje, bo nie można się przyznać do błędu. Podanie czterech z pięciu dań jest chyba najgorszym wyjściem, bo przy stole siedzi pięć osób – jedna będzie poszkodowana i będzie smętnie patrzeć, jak inni jedzą. Lepiej zatem podać kieliszek alkoholu, przystawkę albo jakieś inne czekadełko, ze światowa, czyli z francuska, zwane amuse-bouche. Kiedyś w wielu restauracjach czekadełko było zresztą obligatoryjną częścią zamówienia, którą lokal serwował od siebie jeszcze przed przystawką. W dobrych restauracjach ten zwyczaj wciąż jest praktykowany. A czekadałko to po prostu kęs czegoś, który ma umilić oczekiwanie.

Mała rzecz, a cieszy i – co najważniejsze – działa. W sytuacjach, gdy coś się w kuchni spieprzyło i trzeba było zająć czymś gościa, żeby nie myślał o tym, jak mu kiszki marsza grają, taki mały smakołyk sprawdzał się jak złoto. A niektórzy kelnerzy potrafią to świetnie rozegrać – zamiast powiedzieć, że z różnych przyczyn oczekiwanie na zamówienie się przedłuży, podają na przykład sorbet z cytrusów, mówiąc, że oczyści kubki smakowe. Nie dość, że nie będziesz się tak denerwował z powodu oczekiwania, to jeszcze odniesiesz wrażenie, że za chwilę wjedzie na stół coś tak niesamowitego, że restauracja musiała zadbać, byś w pełni się tym delektował oczyszczonymi kubkami smakowymi.

Narzędziem, które służy do tego, by kupony się nie myliły i nie mieszały, jest wspomniana wcześniej tablica, która w różnych kuchniach przybiera różne formy. Czasami jednak zdarza się, że coś się popierdzieli i dania wychodzą z kuchni w dziwnej kolejności – stolik, który zamawiał to samo danie co ty, ale kwadrans później, dostaje je pierwszy, a ty czekasz jeszcze dziesięć minut. Nie, to nie jest zaplanowana strategia (chyba że bardzo nie polubił cię kelner). Oczywiście, jeśli ty zamówiłeś o szesnastej świniaka z pieca, a piętnaście minut później ktoś obok zamówił sałatkę, to nie powinieneś być zdziwiony, gdy sałatka na stolik obok dotrze przed twoim świniakiem, bo po prostu jej przyrządzenie trwa krócej i zajmuje się tym inna sekcja. Niemniej jednak, jeśli kolejność podobnych dań jest pomieszana, a ty nie dostałeś żadnej informacji, że coś się przedłuży, to wiedz, że albo jest to błąd sali, albo w kuchni jest chaos, nad którym nikt nie panuje.

No dobra. A co w sytuacji, kiedy jeden z gości zamówi deser, a siedzący z nim kompan zupę i główne danie? W jakiej kolejności to podać? To proste, bo jak wspomniałem wcześniej, o momencie serwowania dania decyduje klient. Kelner powinien więc zapytać, czy najpierw podać jednemu klientowi zupę i główne, a potem drugiemu przynieść deser, czy może chcą jeść razem. Kłopot z głowy.

Ostatnia już rzecz w kwestii czasu przyrządzania potraw – są restauracje, które wypisują w kartach przybliżony czas oczekiwania na danie. Często idzie za tym jakieś pseudowyjaśnienie w stylu: pracujemy na świeżych produktach, marchewka, którą obieramy, jeszcze walczy i się wyrywa. To raczej farmazony, klientowi do niczego nie potrzebne, ale przynajmniej wie, czego się spodziewać. Kelner ma z głowy tłumaczenie gościowi, że wszystko trwa, bo ten już to sobie przeczytał.

Wydaje mi się, że pytanie o czas serwowania potrawy bierze się z potrzeb – u nas wciąż jeszcze do restauracji idzie się często tylko po to, by jak najszybciej napchać brzuch w drodze między punktem A a punktem B, dlatego Polacy wysoko cenią sobie fast foody, szczególnie te amerykańskie. Rzadko chadzamy do restauracji zrelaksować się nad talerzem czegoś pysznego w miłym towarzystwie i przy kieliszku wina. Być może jako społeczeństwo rozwijające się nie doszliśmy jeszcze do etapu, w którym możemy pozwolić sobie na komfort posiadania wolnego czasu, który możemy po prostu przetracić na tego typu rozrywki. Jeżeli już decydujemy się na spędzenie wolnego czasu w lokalu, to idziemy do pubu na drinka. Niestety wciąż oczekujemy karmienia w stylu „tanio-szybko-dużo", mając zarazem świadomość, że jakość kosztuje. Piszę to z bólem, ale znam też siebie na tyle, żeby wiedzieć, że nie jestem miłośnikiem uporczywego, nic niewnoszącego do mojego życia biesiadowania przy restauracyjnym stoliku.

Głęboko wierzę w to, że w walce o stosunkowo krótki czas przygotowania potrawy ofiarą nie pada smak. Mam nadzieję, że żaden z kucharzy nie rezygnuje z jakichś walorów smakowych dania, byle tylko szybko je podać. Danie ma smakować. Ktoś za nie płaci, ktoś oczekuje, że będzie dobrze nakarmiony. Jeśli wiem, że danie będzie tego godne, to jestem w stanie czekać na nie dwie godziny. Znam lokale, w których trzeba czekać na przystawkę nawet ponad trzydzieści minut. Niektórzy kręcą na to nosem, ale to, co dostajesz na talerzu, w stu procentach rekompensuje ci oczekiwanie. Dodajmy, że takie danie również niemało kosztuje. Ale tak już jest – za jakość trzeba płacić. I trzeba się na nią naczekać. Jeśli chcę coś zjeść na szybko, to wolę sam przyrządzić sobie w domu prostą zapiekankę w 10 minut niż żądać od szefa kuchni, żeby dał mi wszystko, co najlepsze, w kwadrans. Mam nadzieję, że presja czasu jest mniejsza niż presja smaku.

Restauracyjni goście często nie są świadomi, że poza czasem podania istotna jest temperatura potrawy. Danie powinno wyjść z kuchni ciepłe, ale nadające się do zjedzenia. Sytuacje, w których klient dostaje talerz pełen tak gorącej strawy, że musi jak głupi dmuchać na każdy widelec albo czekać dodatkowe dziesięć minut, aż będzie w stanie cokolwiek ugryźć, nie powinny mieć miejsca. Oczywiście możesz poprosić, żeby ci mocniej podgrzano zupę, czemu nie, ale robisz to na własną odpowiedzialność.

Gastro geo

Na początek pryncypia: kuchnia restauracyjna (podobnie jak kuchnia domowa) może być zamknięta lub otwarta. Kuchnia zamknięta znajduje się w osobnym pomieszczeniu, do którego wstęp ma wyłącznie personel restauracji. Restauracyjni goście często nawet nie wiedzą, którędy się do niej wchodzi, bo przecież nie jest im to do niczego potrzebne. Do kuchni otwartej nieautoryzowana osoba również nie ma wstępu, ale pomieszczenie to zostało tak skonstruowane, że każdy klient restauracji widzi, co się tam dzieje. Od sali oddziela ją niewielki murek, czasem ścianka sięgająca piersi, czasem po prostu blat kuchenny, a czasem szyba lub jakiś rodzaj przezroczystego pleksi. Kuchnia otwarta zmusza jej pracowników, by w miarę schludnie wyglądali i powstrzymywali się od wrzasków, przekleństw czy w ogóle niepotrzebnych z punktu widzenia pracy interakcji.

Niestety rozróżnienie kuchni otwartej i zamkniętej to często jedyna wiedza, z jaką do projektowania przystępują architekci. Pół biedy, jeśli na restaurację adaptowany jest istniejący już budynek czy lokal – wtedy błędy i niedostatki funkcjonalne można tłumaczyć właśnie tym. Ale jeśli budynek jest projektowany od zera i z przeznaczeniem gastronomicznym, a są w nim podstawowe z gastronomicznego punktu widzenia usterki, to architekta powinno się oblać wrzącym tłuszczem. Wierzcie lub nie, ale architekci projektujący hotele czy restauracje często bardziej skupiają się na aspekcie wizualnym miejsca niż na ergonomii pracy w kuchni czy barze. Po prostu nie mają pojęcia o tym, jak wygląda praca w takim miejscu (może więc warto sprezentować im tę książkę, hm?). Do najczęstszych błędów należy choćby rozdźwięk między ilością miejsca w sali bankietowej a wąskimi przejściami i niewielką przestrzenią w okolicy zmywaka. Architekci nie zdają sobie sprawy, że biedny kelner niosący tace będzie musiał manewrować niczym baletnica, chcąc przedostać się przez drzwi, przecisnąć przez korytarze, by na końcu postawić brudne naczynia w kuchni na podłodze (!), bo w projekcie nie uwzględniono miejsca na regały, które mogłyby te naczynia pomieścić. Nawet projektując kuchnię w domu, warto kierować się kilkoma podstawowymi zasadami, na przykład zachować trójkąt roboczy, czyli umieścić trzy główne elementy kuchennego wyposażenia (lodówkę, zlewozmywak i płytę kuchenną) na wierzchołkach trójkąta. To nie widzimisię projektanta, lecz kwestia ergonomii. Chodzi przecież o to, żebyś podczas przygotowywania sobie zupki chińskiej nie musiał dreptać kilometrów w jedną i drugą stronę. Wyobraź sobie zatem, ilu takich zaleceń powinien być świadomy osobnik opracowujący projekt kuchni restauracyjnej. Oczywiście nie wszystko da się przewidzieć i nie wszystko da się zastosować w praktyce, ale niech będą jakiekolwiek ułatwienia i niech cokolwiek będzie przemyślane – wtedy będę mógł stwierdzić, że architekt jako tako znał się na robocie.

Swoją drogą często wstępny zarys projektu powstaje pod okiem szefa kuchni. I w takim wypadku zazwyczaj ma on ręce i nogi, bo szef wie, jak działa kuchnia. Współpraca między szefem kuchni a architektem jest jakimś gwarantem, że nie wszystko zostanie spieprzone i że nie wyrzucisz kasy w błoto, kupując sprzęt, który nie będzie ci potrzebny. Często zdarza się, że właściciel kupuje do kuchni na przykład grill elektryczny, ale potem okazuje się, że nikt go nie używa, więc robi za dodatkową, bardzo drogą półkę.

Jest kilka podstawowych zasad, nad którymi trzeba się przynajmniej zastanowić. Przede wszystkim kuchnia restauracyjna to produkcja taśmowa. Ostatni element taśmy, czyli miejsce, w którym szef kuchni zestawia dania ze składników przygotowanych przez kucharzy, powinno znajdować się blisko wydawki, czyli wyjścia na salę, tak żeby kelner nie musiał zapierdalać z talerzem jeszcze przez całą kuchnię. Wydawka, czyli pas startowy, to ważne miejsce, być może nawet najważniejsze w kuchni. To tutaj szef musi w kilkanaście sekund ocenić sytuację, przetestować wiele smaków zmieszanych w postaci potraw na talerzach, podjąć decyzje, które stanowią o sukcesie lub niepowodzeniu dania, czyli całej restauracji, sprawdzić, czy wszystkie zmysły są odpowiednio pobudzone poprzez podawane jedzenie. To nad wydawką podzielność uwagi szefa kuchni osiąga maksimum. To tutaj mieści się stanowisko kontroli i komunikacji z kucharzami i kelnerami, czyli z kuchnią i salą, czyli z całą restauracją! Stanowisko szefa powinno znajdować się blisko miejsca, w którym pojawiają się kupony, czyli na przykład blisko komputera z drukarką, która je drukuje, a zarazem blisko tablicy, na której się je wiesza. Najlepiej, kiedy pas startowy jest długi. Przy nim powinna być sekcja zimna, czyli starter. Obok niego stoi szef lub sous chef, który wydaje dania ciepłe – mięsa, ryby i tak dalej. A tuż przy nim jest jeszcze trzecia wydawka, czyli deserownia. Wtedy szef widzi, jak schodzą desery, jak schodzą dania zimne i gorące, może sprawnie wszystko kontrolować i składać.

Najlepiej zatem pracować w formie trójkąta: szef, za nim sekcje zimna, gorąca, desery. Człowiek z kuchni zimnej zazwyczaj jest w stanie złożyć swoje dania sam, podobnie jak człowiek od deserów. Swoje mise en place mają w lodówkach obok siebie. Szef stoi na środku, a za nim pracują dodatki, zupy, ryby, mięsa. Kiedy wszystko potrzebne do danego dania jest gotowe, ląduje u szefa, który je składa i zostawia na wydawce. Proste. Warto zachować trzon kuchenny – wtedy wszyscy kucharze mają swoje spiżarnie obok siebie. Rozsądnym posunięciem jest też umieszczenie obok siebie pieców dla ludzi od ryb i mięs, bo to im są bardziej potrzebne niż gościowi od przystawek. Na szczycie wydawki jest miejsce z tak zwaną salamandrą, która grzeje od góry, dzięki czemu stawiane tam potrawy trzymają temperaturę. Stanowisko do obierania warzyw powinno być blisko wyjścia, żeby nie trzeba było łazić przez kuchnię z worem śmieci. Zmywak nie może się znajdować na środku kuchni. Najlepiej byłoby go umieścić w pobliżu wyjścia na salę (żeby kelnerzy nie musieli daleko nosić naczyń), a zarazem blisko stanowisk kucharzy (żeby ci mieli dostęp do czystych talerzy). Całość powinna po prostu przypominać taśmę w zakładach samochodowych, przy której z poszczególnych elementów składa się całość.

W trakcie budowania kuchni trzeba koniecznie zwrócić uwagę na to, żeby podłoga była równa albo żeby równe były przynajmniej stanowiska, na których będą stały sprzęty. Inaczej wylana na patelnię oliwa zamiast pokryć całą powierzchnię równomiernie zleje ci się na jedną stronę i będziesz się wkurwiał.

Gastronomiczna geografia nie kończy się na kuchni i sali. Każdy pracownik zaczyna dzień od wizyty w szatni – bez niej trudno się obejść. Najlepiej, gdy można do niej wejść od zaplecza, dzięki czemu personel nie przechodzi przez salę. W szatni każdy powinien mieć swoją zamykaną szafkę, w której może trzymać swoje zabawki. Wymogi stanowią, że powinien też być prysznic, ale de facto zobaczysz go w niewielu miejscach. Z szatni prowadzą dwa wyjścia – jedno na salę, drugie do kuchni. Kiepsko, jeśli kelner musi przejść przez kuchnię, gdy chce się dostać na salę. Takie rozwiązanie niepotrzebnie zwiększa ruch w kuchni, co grozi wypadkami. Pomieszczenia biurowe, w których można skupić się na dokumentach i wystawianiu faktur, magazyny na szkło, platery, zapasowe obrusy, sztućce i inne tego typu zabawki, o których zaraz, powinny być bliżej szatni, bo nie są potrzebne na co dzień.

Ważnym miejscem na kuchennej mapie są szafy przelotowe. Często stanowią punkt graniczny między zmywakiem a kuchnią lub barem. Do takiej szafy można się dostać z dwóch stron. Z jednej wkładane są do niej umyte talerze, garnki i szkło, a z drugiej są z niej zdejmowane, kiedy zachodzi taka potrzeba. Dzięki temu nikt nie musi ich nosić w większych ilościach, co minimalizuje straty.

Zgodnie z logiką, jeśli masz knajpę na pięćdziesiąt miejsc, to na starcie powinieneś mieć przynajmniej dwa lub trzy razy więcej kompletów zastawy stołowej, żeby była możliwość zmiany. Zastawa ma to do siebie, że jest dość krucha i jej przypadkowe spotkanie z podłogą zazwyczaj źle się dla niej kończy, więc zapas jest niezbędny. Zresztą – przy pięćdziesięciu miejscach w ruchu jest więcej niż pięćdziesiąt kompletów, bo dochodzi przecież jeszcze czas na zmywanie. Używane w restauracjach zmywarki przemysłowe nie działają tak, jak ich domowe odpowiedniki. Zmywają i wyparzają w jakieś piętnaście minut zamiast godziny. Cały proces jest skrócony, ale jednak trwa. Na dodatek klienci, co tu dużo mówić, kradną. Wynoszone są pokale, kieliszki, sztućce. Ktoś chce mieć widelec z logo twojej restauracji na pamiątkę, bo mu się podobało. Ktoś chce mieć szklankę, bo mu wpadła w oko. Jeśli coś jest obrandowane, ma na sobie logotyp twojej restauracji, to jest większe ryzyko, że zginie (choć wielu się wydaje, że jest wręcz przeciwnie). W akademiach kulinarnych giną fartuchy. Dlatego wszystkiego trzeba mieć więcej. Podobnie w kuchni.

W użyciu jest kilka zestawów garnków, patelni i innych naczyń, ale pozostałe – większe, mniejsze, innego rodzaju, do tego rozmaite szkło do podawania potraw, których nie ma w karcie – czekają w szafach. Po co? Mogą się okazać potrzebne po zmianie karty. Mogą się też przydać przy obsłudze cateringowej jakichś wydarzeń. I wreszcie – mogą być niezbędne do przyrządzenia i gustownego serwowania potraw podczas imprezy zamkniętej ze specjalnie ułożonym na tę okazję menu, jak choćby w trakcie wesel czy styp. Te rzeczy są zatem potrzebne i trzeba je gdzieś przechowywać. Ale to nie wszystko. Niektóre restauracje mają też zapasowe krzesełka, a nawet stoliki, gdyby okazało się, że któryś zaczął się chwiać. Do tego dochodzi miejsce na innego rodzaju meble, które latem można wystawić do ogródka piwnego. Podsumowując – niezbędne jest mnóstwo miejsca, żeby trzymać graty, które nie są potrzebne, ale potrzebne bywają lub mogą być.

Tak jak nie da się konkretnie powiedzieć, ile kompletów zastawy stołowej może być potrzebnych w restauracji, tak nie da się określić, ilu naczyń i narzędzi używa przeciętnie kuchnia. Zmiennych jest tutaj tyle, że do opracowania wzoru trzeba by zatrudnić jakichś jajogłowych z NASA, a przecież gdyby było mnie na to stać, to miałbym w dupie pisanie jakiejkolwiek książki. Napiszę więc tylko to, że w niektórych typach kuchni przydaje się zaledwie jedno naczynie, na przykład wok. Jeśli byłeś kiedyś w porządnej azjatyckiej knajpie i mogłeś widzieć, jak Azjaci walczą z wokiem, to pewnie zwróciłeś uwagę, że wystarczy im dosłownie jeden – jedna potrawa na woku gotowa, pyk, przemywamy szybciutko naczynie wodą i przecieramy pędzelkiem, bo nie ma po tym dużo sprzątania, i już z powrotem na ogień, leci kolejna potrawa. Te dania są tak skonstruowane, że nie ma potrzeby za każdym razem myć woka w detergencie, wyparzać go, odmawiać nad nim modlitwy i składać w jego imieniu ślubów czystości. Ilość naczyń zależy przede wszystkim od ilości stolików, rodzaju i stopnia skomplikowania serwowanych potraw i szybkości zmywania naczyń. Prowadząc akademię kulinarną, byłem blisko fizycznego rozprawienia się z jednym z szefów kuchni, którego zaprosiłem na gościnne wykłady. Nie mieliśmy jeszcze wtedy nikogo, kto by nam pomagał w sprzątaniu, a on wyciągnął nam chyba wszystkie gary. Był przyzwyczajony do tego, że jak coś pobrudzi, ktoś to zbiera i zaraz zwraca czyste. Inni natomiast starają się wykorzystywać swoje narzędzia pracy optymalnie. Szef kuchni, układając kartę, musi mieć świadomość tego, czy w jego kuchni są odpowiednie narzędzia do przygotowania wymyślonych przez niego dań. I dlatego to karta i liczba kucharzy mogą stanowić jakąś wskazówkę przy próbie określenia, ile czego w restauracji jest potrzebne. Żaden podręcznik nie poda ci informacji, jaki asortyment musisz mieć, jeśli chcesz się zmierzyć z danym rodzajem kuchni. Nikt nie jest w stanie powiedzieć ci, że np. do knajpy, w której trzech ludzi będzie pichciło dania kuchni francuskiej, musisz kupić dwanaście garnków dużych, dwanaście średnich, dwanaście małych i sześć patelni. Sam musisz to wyliczyć na podstawie karty. Za opracowanie listy potrzebnego wyposażenia odpowiedzialny jest szef kuchni – on najlepiej wie, jakie procesy technologiczne będą zachodziły w jego kuchni, więc będzie potrafił określić, co jest w niej nieodzowne. Dzięki temu właściciel knajpy uniknie pomyłek w stylu patelni z niewłaściwymi powłokami czy garnków wykonanych z nieodpowiednich materiałów. W niektórych wypadkach jest łatwiej – prym wiodą tutaj wspomniane woki, bo nawet jeśli będziesz chciał mandżurzyć zupy, to wystarczy ci jeden wok plus palnik z gazem.

Marnowanie jedzenia

Restauracje słabo zarządzane marnują dużo jedzenia. Wszyscy jesteśmy świadomi sytuacji na świecie, więc nie muszę nikomu mówić, że to źle. Są na szczęście pewne symptomy, które pozwalają wierzyć, że sytuację da się poprawić, może nie o sto osiemdziesiąt stopni, ale zawsze.

W biznesie gastronomicznym nie da się w ogóle nie marnować jedzenia. To po prostu niewykonalne. Trudno oczekiwać, że kucharze w kuchni zużyją sto procent tego, co mają w magazynie, że w skrzynce pomarańczy przywiezionej przez hurtownika nie będzie jakiejś nadpsutej sztuki, wreszcie, że gość restauracyjny obdarzony dużą porcją zje ją całą. A nawet jeśli zje, to co mu da to, że będzie przejedzony? W żaden sposób nie wpłynie to pozytywnie na stan spichlerzy w krajach, które zmagają się z głodem.

Ostatnimi czasy również do Polski dotarły różne pomysły, bo najwyraźniej i u nas wzrosła nieco świadomość w tym zakresie. Restauratorzy zaczęli podpisywać umowy z firmami, które zobowiązują się do odbierania od nich resztek pożywienia i przetwarzania ich na kompost lub pasze. Po prostu oddzielasz odpady BIO, wrzucasz do specjalnego śmietnika wyposażonego w chłodnię, a firma przyjeżdża i je zabiera. Być może jest to pokłosie wymogu segregowania odpadów, a może nie – to akurat mało ważne. Grunt, że widać pierwsze jaskółki zmiany. Wielu osobom dał do myślenia fakt, że taka wielka, że pewnie widoczna z kosmosu, sieć z kanapkami i innym śmieciowym żarciem spowolniła w swoich punktach system przyjęcia i wykonania zamówień. Zrobiła to ponoć w tym celu, żeby ograniczyć ilość marnowanych produktów.

Utylizowane muszą być tłuszcze. Ze względów czysto sanitarnych nie powinny być wylewane do zlewu czy do sedesu. Na rynku rozwinęły się więc firmy, które odbierają przetworzone tłuszcze. Kuchnie zobowiązane są do przelewania ich nadmiaru do dużych baniaków, które następnie są odbierane i przetwarzane przez fachowców. W dodatku firmy te jeszcze ci za to płacą. Mówimy oczywiście o urządzeniach, które zużywają po kilkadziesiąt litrów oleju, takich jak choćby frytury. Niektóre są już wyposażone w kraniki i specjalne zbiorniki. Nie osiągnęliśmy jeszcze takiego poziomu, żeby po każdym smażeniu pojedynczego mielonego oddawać resztę tłuszczu z patelni do utylizacji. Te niewielkie resztki lądują w kanalizacji. Pewnie gdyby te „niewielkie resztki" zsumować, wyszłyby gigantyczne liczby.

Niestety, w momencie, w którym piszę tę książkę, ciążą na nas jeszcze absurdalne niekiedy przepisy, ale już różne środowiska dobierają im się w końcu do dupy, wdrażając lepsze rozwiązania. Mimo to zawsze jest coś do poprawienia, a zdarza się, że ludzka chęć rozwiązywania problemów z marnowaniem jedzenia stoi w sprzeczności z przepisami prawa. Ciekawy przypadek miał ponoć miejsce kilka lat temu w jednej z fabryk wytwarzającej mrożonki. Każdy produkt zgodnie z przepisami musiał mieć określoną ilość danego składnika. Na stugramowej zapiekance z pieczarkami musiało zatem wylądować na przykład od 8 do 12 gramów pieczarek. Jeżeli na jedną z nich spadł mniejszy kawałek i pieczarek było na niej 6 gramów, to trzeba ją było zutylizować. Jednak pracownicy fabryki potajemnie brali te „odpady" do domu – przecież nie nadawały się do sprzedaży jedynie ze względu na restrykcyjne przepisy, poza tym były zupełnie przydatne do spożycia. Wieść gminna niesie, że kiedy proceder wyszedł na jaw, fabryka musiała zapłacić wysokie kary finansowe. Najlepszym przykładem stała się jednak sytuacja pewnego piekarza z Legnicy, który przed kilkoma laty postanowił oddawać niesprzedane bochenki wyprodukowanego przez siebie chleba stołówce dokarmiającej biednych i bezdomnych. I przyczepił się do niego Urząd Kontroli Skarbowej (choć zarzuty dotyczyły też innych przewin piekarza). Tak czy siak, sprawa faceta, który oddawał niesprzedaną żywność ubogim i splajtował wskutek interwencji fiskusa, przyczyniła się do zmiany przepisów. Od 1 października 2013 roku sklepy, piekarnie, a nawet po prostu zwykli darczyńcy mogą bez ograniczeń przekazywać produkty żywnościowe instytucjom charytatywnym. Wcześniej taniej było takie artykuły zwyczajnie wyrzucić do śmieci, bo za każdą darowiznę, choćby pochodziła z najczystszego serca, trzeba było odprowadzić podatek VAT. Niektóre kraje poszły jeszcze dalej. We Francji rozwijał się ruch promujący spożywanie produktów, które z jakiegoś względu zostały odrzucone przez przetwórnie i restauracje – zbite jabłko było wyrzucane lub utylizowane, bo nie mogło zostać przetworzone na sok, a przecież było zupełnie dobre. W 2015 roku kraj nad Loarą wprowadził wręcz zakaz wyrzucania lub niszczenia jedzenia przez supermarkety. Od tego czasu są one zmuszone do przekazywania takiej żywności organizacjom dobroczynnym lub spożytkowania jej w inny sposób. W Danii zaś otwarty został pierwszy supermarket sprzedający przeterminowaną żywność, bo przecież jeśli coś jest po terminie, to nie znaczy, że musi być zepsute. W sklepie pracują wolontariusze, a wszystkie zyski kierowane są do organizacji charytatywnych.

Straty jedzenia w restauracji powoduje głównie brak ruchu. Jeżeli restaurator się przygotuje, zakupi świeże ryby i mięso, a nikt nie przyjdzie ich zjeść, to może je trzymać w kuchni maksymalnie 72 godziny. Po trzech dobach taki produkt po prostu będzie walił, więc nic się z nim nie da zrobić. W rezultacie ląduje w śmietniku. Dlatego restauracje, które nie mają ruchu, zabezpieczają się na tę okoliczność i mrożą wszystkie produkty, jakie tylko się da.

Łatwiej jest spożytkować spisaną na straty żywność, która nie została jeszcze przetworzona – puszki, konserwy, makarony, nawet nadgniłe jabłko czy starawego banana. Co jednak zrobić z resztkami restauracyjnymi, które są zupełnie inne? Odpadki restauracyjne to (poza wspomnianymi nadgniłymi owocami i nieświeżymi warzywami) po prostu niedojedzone resztki dań. Nie da się przecież z czterech niedojedzonych resztek schabowego z ziemniakami zestawić jednego, całego dania. Byłoby to niewłaściwe choćby ze względów sanitarnych. Dlatego sensownym rozwiązaniem wydaje się właśnie przerabianie ich na pasze dla zwierząt czy nawozy. Póki co jednak zdecydowana większość tego typu resztek trafia po prostu do kosza. Korzystają na tym co najwyżej koty i gołębie.

Na koniec tego tematu pozwolę sobie na kilka twardych liczb. Według danych Organizacji Narodów Zjednoczonych do spraw Wyżywienia i Rolnictwa z 2011 roku na świecie każdego roku wyrzucamy JEDNĄ TRZECIĄ wyprodukowanej żywności nadającej się do spożycia, czyli około 1,3 miliarda ton. Na Europę przypada 100 milionów zmarnowanych ton szamy, czyli około 20–30% kupionego jedzenia (w Stanach Zjednoczonych ten wskaźnik sięga nawet 45%), z których 2/3 nadawałyby się jeszcze do konsumpcji. Ten problem dotyczy też Polski – według danych Eurostatu z 2006 roku marnujemy rocznie około 9 milionów ton jedzenia. Co ciekawe, badania CBOS-u z 2005 roku dowodzą, że im młodszy, im lepiej wykształcony, im bogatszy i mieszkający w im większym mieście Polak, tym więcej żywności marnuje. Postęp nie wszędzie wychodzi na dobre.

Odnoszę wrażenie, że można to odnieść także do polskich restauracji. Im bogatsza, lepiej radząca sobie na rynku restauracja, tym mniej jej będzie zależało na ograniczeniu strat, bo po prostu stać ją na ich ponoszenie, a wszelkie starania bywają czasochłonne i w dodatku kosztowne. Mimo to ergonomia każdej restauracji powinna zakładać, żeby tracić jak najmniej.

Osobiście w całej swojej karierze nie spotkałem się z organizacją, którą taka forma marnowania pożywienia by obchodziła. O możliwości przekazywania go jako darowizny do przetworzenia na pasze i nawozy dowiedziałem się ostatnio, i to z telewizji. Grunt, że coś się zaczyna dziać. Fajnie by było, gdyby szefowie kuchni interesowali się pożywieniem nie tylko wtedy, gdy wychodzi ono z kuchni pod postacią cudnej potrawy, ale także wtedy, gdy wraca do niej w formie niezachęcających resztek. Ale Ziemia jeszcze nie chyli się ku upadkowi (a przynajmniej nie z tego powodu) i jest światełko nadziei – na konkursach gastronomicznych oraz wszelkiego rodzaju egzaminach sprawdzane są również kosze na śmieci, z których korzystali uczestnicy. Jurorzy weryfikują, czy partycypant nie zmarnował wartościowych kawałków jedzenia, czy nie wyprodukował za dużo niepotrzebnych śmieci i tak dalej. Zapewne są też szefowie kuchni, którzy poprzez grzebanie w śmieciach kontrolują swoich kucharzy. Słusznie, bo przecież powinni mieć opanowane prowadzenie gospodarki produktowej.

Warto jednak pamiętać, że jakaś część tematu pod tytułem „marnowanie jedzenia" to kwestia interpretacji. Żeby powstał kilogram wołowiny, trzeba zużyć nawet do 50 tysięcy litrów wody. Czy zatem spożywanie mięsa jest marnowaniem wody i zbóż? To rzecz jasna daleko idąca interpretacja, ale warto się czasem zastanowić nad zawartością lodówki, zanim pójdziemy do sklepu na zakupy.

Komputeryzacja

Jeśli chcesz sobie ułatwić życie, prowadząc restaurację, zainwestuj w systemy komputerowe, które zdejmą ci parę obowiązków z głowy.

Podstawą działania lokali gastronomicznych w XXI wieku jest system POS, czyli „Point Of Sale". Jako klient restauracji pewnie spotkałeś się z dziwnymi dotykowymi monitorami, na których kelnerka wstukuje tipsami twoje zamówienie, a które potem drukują ci paragon. POS-y służą nie tylko do tego.

Kiedy składasz zamówienie, kelnerka wybiera w systemie odpowiednie pozycje z listy i przypisuje je do konkretnego stolika (w ten sposób nie musi się martwić o to, że pomiesza zamówienia). W tej samej chwili zamówienie wyskakuje w formie bonów z drukarki w kuchni oraz na barze. Co dzieje się z nimi później

– to już wiesz. Ale POS jednocześnie odlicza wszystkie składniki potrzebne do przyrządzenia zamówienia od stanu magazynowego. Dzięki temu łatwiejsze staje się pilnowanie zapasów. Jeśli z magazynu zeszły już ziemniaki, to program wyświetli ci, że nie możesz zrealizować zamówienia na frytki. Czasami jest też w drugą stronę: nakładane są nieco mniejsze porcje (niekoniecznie wiąże się to z umyślnym kantowaniem klientów), więc zostaje superata – system myśli, że danego produktu już nie ma, a tymczasem zostało go jeszcze półtora kilograma. POS-y dla gastronomii wykonują też część księgowości, a niekiedy bywają połączone z kasą fiskalną, więc drukują paragony i robią wszystkie fiskalne czary-mary, jak choćby tworzenie faktur VAT. Niektóre obsługują też płatności kartami, zbliżeniowe, przez telefony komórkowe, mają możliwość modyfikacji zamówionych potraw, wprowadzania kart rabatowych czy happy hours, współpracują z systemami hotelowymi, dozownikami piwa czy napojów, wagami, bezprzewodowymi bonownikami kelnerskimi (to takie małe elektroniczne cacuszka z rysikami), a nawet z systemami monitoringu. POS-y mogą też określić stan opakowań jednorazowych, jeśli sprzedajesz na wynos, ale nie kontrolują stanu sztućców, garnków i talerzy. Do tego potrzebna jest przeprowadzana raz na jakiś czas inwentaryzacja.

A jak się nudzisz, to w wolnej chwili możesz na kompie z POS-em odpalić pasjansa.

W POS-ie masz wbitą całą kartę i receptury. Jeśli ktoś zamówi schabowego z ziemniakami i mizerią, to program odejmuje ze stanu magazynowego porcję mięsa, mąki, bułki tartej, jajko, porcję ziemniaków, śmietany i ogórków. To wszystko po to, żeby w razie czego można było się łatwo zorientować, że dany składnik się kończy. Ale co w sytuacji, gdy ktoś stwierdzi, że pierdoli ziemniaki i mizerię i chce do tego schabowego cukinię i paprykę? W systemie nie ma dania „schabowy z cukinią i papryką", a jeśli wbijesz, że klient zamówił danie „schabowy z ziemniakami i mizerią", to będziesz miał superatę na ziemniakach, śmietanie i ogórkach oraz manko na papryce i cukinii. Żeby uniknąć tego typu sytuacji, należałoby w POS-ie wbić każdy element osobno. Nie zamawiałbyś wtedy dania „schabowy z ziemniakami i mizerią", lecz trzy różne pozycje: „schabowy", „ziemniaki", „mizeria". W niektórych barach i bistro tak to zresztą funkcjonuje – dodatki dobierasz sobie sam, ale w dobrych restauracjach od tego jest przecież szef kuchni, żeby skomponować ci CAŁE danie tak, żeby zwaliło cię z nóg (w sensie metaforycznym oczywiście).

Rozwiązania są dwa. Na mutację dań można się nie godzić lub można się na nią zgodzić i wbić na POS-ie w sekcji „otwarta żywność" konkretne składniki dania – wtedy nie są one odejmowane ze stanu magazynowego. Sęk w tym, że żeby wszystko się na koniec miesiąca zgadzało i nie było burdelu w obliczeniach, szef kuchni musi te konkretne ilości danych składników odjąć ze stanu magazynowego ręcznie. A wtedy szefa kuchni pół dnia nie ma w kuchni.

Problem jest szczególnie wyraźny w restauracjach hotelowych choćby przy okazji śniadań w formie bufetów. Bo przecież część produktów została zużyta, część wróciła, bo nie zniknęła z bufetu, więc zjadł ją personel, a część wylądowała w śmietniku. I jak to obliczyć?

Mimo wszystko POS jest ułatwieniem, bo nie trzeba się dzięki niemu pierdolić ze wszystkim analogowo i własnoręcznie. Oczywiście system nie rośnie na drzewach – trzeba go kupić. Zazwyczaj kupuje się licencję na jego użytkowanie wraz z niezbędnym sprzętem. I tak jak różni są producenci systemów, tak różne są ich rodzaje. Na rynku dostępne są poszczególne moduły – na przykład nie trzeba kupować elementu zajmującego się polityką magazynową, bo wystarczy nam podstawowa funkcjonalność. Technika idzie do przodu, więc i ceny spadają. O ile jeszcze niedawno wszelkiego rodzaju POS-y dla gastronomii kosztowały krocie, o tyle teraz jego podstawowe wersje, które dadzą radę w małym bistro czy w niewielkim fast foodzie, można kupić w abonamencie za pieniądze niewiele większe niż za kablówkę. Co więcej – niektóre z nich potrafią już działać w chmurze.

Restauracjom przyda się zatem system POS dla gastronomii i odpowiedni sprzęt – przynajmniej jeden komputer obsługiwany przez ekran dotykowy z wgranym systemem, drukarki bonów na kuchni i w barze (nie we wszystkich barach jest to potrzebne), terminale do płatności kartą. I to w zasadzie wszystko, oczywiście poza kasami fiskalnymi, bo przy prowadzeniu biznesu i sprzedaży rozumie się to samo przez się. Z całą resztą można sobie poradzić, aczkolwiek wraz z rozwojem biznesu kolejne ułatwienia będą zawsze mile widziane.

Wszystko to sprawia, że restaurator nie ma wyjścia i musi się nauczyć nieco technologii. Jego klienci już ją przecież znają. Na szczęście lokale nie mają z tym problemu i sprawnie obsługują wszystko, łącznie z zamówieniami online za pośrednictwem specjalizujących się w tym platform internetowych.

A owe platformy są także sporym ułatwieniem dla klientów, co zresztą widać po ich popularności. Wystarczy wejść na stronę internetową i wpisać adres. Platforma wyświetli listę lokali obsługujących dany obszar. Należy wybrać jeden, wskazać pozycję w menu, wpisać swoje dane i określić sposób płatności. Po kilkudziesięciu sekundach od wysłania zamówienia restauracja potwierdzi jego przyjęcie poprzez kliknięcie przycisku, a na ekranie pokaże się przybliżony czas jego realizacji. Wiadomo, proste, ale nie wszystkim pasuje taka odhumanizowana forma kontaktu z ludźmi, którzy ich karmią.

6. Edukacja

Jeśli chcesz dołączyć do gastrobandy w charakterze kucharza, to zapewne pomyślałeś o jakimś kierunkowym wykształceniu. Sorry, ale edukacja w Polsce nie przygotuje cię do tego zawodu. Dlaczego o tym piszę? Bo trzeba coś z tym zrobić. Nie może być tak, że ludzie, którzy nas karmią, czerpią swoją wiedzę z Internetu albo – co gorsza – z programów telewizyjnych, które są niemalże fabularyzowane.

Początki

Na zachodzie w szkole gastronomicznej uczysz się teorii, a jednocześnie odbywasz praktyki w restauracji. PRAWDZIWEJ restauracji, a nie jakiejś pseudokuchni, w której przez miesiąc uczysz się robić ciasteczka drożdżowe z marmoladą. Po ukończeniu polskiej szkoły nie masz zawodu i nic nie umiesz, dlatego w dużej mierze w naszych gastronomikach lądują przypadkowi ludzie, tacy, którzy sami nie widzieli dla siebie bardziej sensownego zawodu albo których nikt inny w czymś lepszym nie widział. Wiem, bo sam kończyłem gastronomik.

Co robiłem w szkole? Wygłupiałem się, bo nauka tam była tak absurdalna, że nam odpierdalało. Razem z kumplami upijaliśmy się na przykład spirytusem z zaplecza, który był przeznaczony do ciast. Zagryzaliśmy to mrożonymi wiśniami. Okazja do gotowania zdarzała się bardzo rzadko, więc co tam w ogóle można było robić? A jak już gotowaliśmy, to okazywało się, że receptury były popieprzone. Na przykład jak byk stało w przepisie „pół paczki liścia laurowego". Wiedzieliśmy, że to idiotyzm, ale wrzucaliśmy. A później nauczyciele się wściekali, że tyle się przecież nie daje. No kurwa, receptura to receptura, przecież nie ja to pisałem!

À propos nauczycieli – najgorsze jest to, że to nie są kucharze. Większość z nich nigdy nie stała na kuchni. To technologowie żywności po studiach czy jakimś studium. A skoro są technologami, to uczą technologii. Niektórzy gotowali gdzieś, na jakichś warsztatach, ale to nie są ludzie z pasją, z wykształceniem, to nie są prawdziwi kucharze. Jeszcze się nie spotkałem z choćby jednym nauczycielem, który odbiegałby od tego schematu. Wszyscy odbębniają program z książki, punkt po punkcie. Miałem do czynienia z nauczycielami, którzy cieszyli się, że chwilę popracowali w Libanie, ale nie potrafili poprawnie wysłowić się po polsku, o libańskim nie wspominając, a wyraz „dźwig" zapisywali przez „k" na końcu.

Edukację gastronomiczną trawi zatem ten sam problem, co każdą inną dziedzinę kształcenia – brak kasy. Żeby mieć dobrego nauczyciela, trzeba mu odpowiednio zapłacić. Powinien on mieć rozległą wiedzę, olbrzymie doświadczenie i jeszcze umiejętności pedagogiczne, bo do gastronomików w charakterze uczniów trafiają ciągle po prostu analfabeci.

Skoro już wspomniałem o podręcznikach: powinni zainteresować się nimi archeologowie, bo często opisują świat, którego już nie ma – kotlet pożarski, sztufada, jakieś archaizmy, które już dawno wypadły z gastronomii. To niestety problem, z którym boryka się cały świat i jak na razie nie widać szans na jego rozwiązanie – techniki i możliwości ewoluują cały czas, a trudno sobie wyobrazić, żeby wydawnictwa i szkoły aktualizowały podręczniki codziennie. Ale już raz na dekadę to chyba można? Tylko że na to potrzeba pieniędzy. Podręcznik napisany sześć lat później, w 2016 będzie jeszcze w miarę aktualny – przedstawi sporo ważnych rzeczy teoretycznych. Nauczy cię na przykład, dlaczego warzywa kapustne gotuje się bez przykrycia albo dlaczego czerwone warzywa powinno się podczas obróbki termicznej łączyć z tłuszczem. Weź jednak pod uwagę, że technologia nie stoi w miejscu i książka z 1965 roku zapewne nie będzie zawierała informacji o sposobach przetwarzania żywności, które są dostępne dzisiaj (a znajomy szef kuchni opowiadał, że w gastronomiku, do którego chodził od 1990 roku, uczył się właśnie z książek z 1965). Jaki jest tego rezultat? Ano taki, że nawet jeśli trafi się dobry nauczyciel, który ma wiedzę i potrafi ją przekazać, to i tak jest skazany na opowiadanie o rzeczach, których uczniowie nie będą mieli szansy zobaczyć na żywo. Jeden z moich nauczycieli kazał nam opowiadać o obróbce wstępnej śledzi, a my dostawaliśmy je zawsze już wyfiletowane i świeżych w życiu nie widzieliśmy. Teoria, która rozmija się z praktyką? Żaden problem.

Tyle narzekania już za mną, a jeszcze nie doszedłem do absolutnie największej wady sporej części szkół. Polega ona na tym, że uczniowie podczas zajęć nie używają produktów, których na co dzień używa się w restauracji. Nie mówię zaraz o homarach, ale przydałyby się choć podstawy obchodzenia się z lepszym mięsem. Absolwent gastronomika powinien móc odróżnić wysokiej jakości udziec jagnięcy od śmierdzącej i nafaszerowanej chemią jak nastolatek po dyskotece piersi z kurczaka ubitego przed rokiem. Tymczasem z reguły wygląda to tak, że kupuje się tego kurczaka i robi ze trzy podstawowe dania, których i tak żadna szanująca się restauracja nie włączy do karty nawet za wszystkie pieniądze arabskich szejków. Widziałeś ostatnio w jakimś dobrym lokalu kurczaka po hawajsku, czyli pierś kurczaka zapieczoną z plastrem ananasa z puszki i serem? Nie. No właśnie.

Ważnym, ale oczywiście skomplikowanym pod względem organizacyjnym elementem tejże edukacji kulinarnej są praktyki. Nawet jeśli szkoły przyłożą się do wyboru podręczników i nauczycieli, a dzięki temu będą w stanie naprawdę dobrze przygotować ucznia od strony chemicznej i fizycznej, to i tak nie przeprowadzą go przez cały proces technologiczny. Po co to wszystko, skoro delikwent nic z tego nie zobaczy na własne oczy? W teorii możesz się nauczyć, pod jakim kątem trzymać tacę, ale jeśli nie pozapierdalasz na bankietach, nie obsłużysz dwustu osób naraz, nie wypierdolisz tacy pięćdziesiąt razy, to nie nauczysz się jej nosić. Pójdziesz do pierwszej pracy i będziesz musiał uczyć się wszystkiego od początku, niezależnie od tego, czy będziesz pracował na sali, w kuchni, czy też jako ktoś od wynoszenia śmieci. I wtedy uzmysłowisz sobie, że wszystkie lata spędzone w szkole zdały się psu na budę.

Do dziś pamiętam, że przez miesiąc praktyk uczyliśmy się robić cholerne drożdżowe ciasteczka. Mógłbym dzisiaj wstać o czwartej nad ranem i zacząć wykrajać i zaginać te rogale, a potem układać je na blasze. Pamiętam to tak dobrze, bo robiłem je przez 30 dni. Akurat na to było wtedy zamówienie. Mogłem w tym czasie uczyć się innych przydatnych rzeczy, ale nie. Szkoła była zadowolona, bo słynęła z tego, że jej ciasteczka się sprzedają. A jak miałoby się sprzedawać coś innego, skoro robiliśmy tylko to?! I znowu wracamy do kadr – zardzewiałych, zastałych, panicznie bojących się rozwoju i powiewu świeżości, żeby nie używać górnolotnego pojęcia „kreatywność".

Niektórzy szefowie kuchni opowiadają czasem historie, od których włos się jeży na głowie – o praktykantach, którzy nie potrafią odróżnić jednego warzywa od drugiego. Tak, jest AŻ TAK źle. Zapewne są to najbardziej jaskrawe przypadki, które nie do końca świadczą o ogólnym stanie rodzimej edukacji, ale to one zapadają współpracownikom w pamięć i to o nich opowiada się wieczorem przy piwie.

Kiedy praktykant przychodzi po raz pierwszy do restauracyjnej kuchni, bardzo często jest sprawdzany przez kucharzy lub szefa kuchni. Wsadza się go na minę, żeby sprawdzić, czy się kapnie. Niektórzy wysyłają go na przykład do warzywniaka lub magazynu po korzeń Adama. Jeśli praktykant wytrwale szuka owego warzywa, to wiadomo, że będzie z nim kiepsko – korzeń Adama to nic innego jak penis. Wraca taki debil i mówi: „szefie, nie ma korzenia Adama", i przynajmniej kuchnia może się chwilę z biedaka ponabijać. Ktoś powie – przecież ten uczniak mógł pomyśleć, że skoro autorytet, jakim jest dla niego szef kuchni, prosi go o korzeń Adama, to coś takiego musi istnieć. Nic z tego – brak pewności wynika z braku przygotowania. Kandydat na kapitana żeglugi wielkiej raczej nie da sobie wmówić, że jego okręt złapał gumę.

Jasne, że problemy, z którymi boryka się polska edukacja gastronomiczna, są w pewnym sensie uniwersalne – po pierwsze, w dużej mierze dotyczą polskiego systemu edukacji w ogóle, a po drugie, z podobnymi trudnościami zmaga się szkolnictwo kulinarne na całym świecie. Niemniej jednak śmiem twierdzić, że u nas jest dużo gorzej i nasza nauka profesjonalnego gotowania stoi na jeszcze niższym poziomie niż nasza nauka czegokolwiek innego. Zawsze byłem noga z matmy i uważałem, że większość materiału z tego przedmiotu będzie potrzebna tylko w szkole, ale okazało się, że matematyka uczy logicznego myślenia. Język polski uczy komunikacji. Geografia, biologia czy fizyka uczą o podstawach prawideł, którymi rządzi się świat natury. Na tej samej zasadzie w szkołach gastronomicznych powinno się uczyć podstaw gotowania w formie aktualnej i dostosowanej do potrzeb rynku. Wydaje mi się ważne, żeby przynajmniej raz do roku uczeń takiej placówki miał możliwość popatrzenia, jak się rozbiera tuszę wołową, nie mówiąc już o dzikim ptactwie. A tak nie jest. Mówiąc wprost – szkoła nie uczy życia. Trudno się potem dziwić, że ktoś z dyplomem przychodzi do pracy i nie potrafi ugotować wody na herbatę – gdzie niby miał się tego nauczyć?

Jak już człek przez to przebrnie, dostanie jakąś robotę w porządnej kuchni, to i tak okazuje się, że cała szkoła na chuj. Kroić umiesz, wlać wodę do garnka umiesz, ale czy trzeba było tracić tyle czasu w szkole dla tych umiejętności? Trzy czwarte ludzi, którzy pracują w gastronomii, nawet nie powąchało nigdy gastronomika, bo i po co. Są z przypadku, poszli do pracy, bo wydawało im się, że tu będą zarabiać więcej niż jako sekretarka albo górnik.

Najwięcej i najlepiej nauczysz się w miejscu pracy. Tam można nauczyć się wszystkiego od podstaw od kucharzy. Oczywiście, jeśli zaczynasz pracę jako pomocnik kuchenny, to nie masz ambitnych zadań. Zajmujesz się obieraniem cebuli i krojeniem marchewki. Ale jesteś w tej kuchni, obserwujesz, co się dzieje. Jeśli jesteś bystry, to może uda ci się zakodować wszystko w dwa–trzy miesiące. Na dodatek możesz posmakować, zobaczyć, poznać wymogi danego miejsca.

Jeśli chcesz dostać pracę, to musisz wykazać w swoich papierach jakieś doświadczenie. Bez tego nikt cię nie przyjmie. Już na etapie wyłuskiwania kandydatów określa się, kto się nadaje na kucharza, a kto na pomocnika. Temu służą też okresy próbne. Nawet w najobskurniejszych knajpach raczej się nie zdarza, żeby stawiano na kuchni kogoś, kto nigdy nie usmażył ryby. Oczywiście są i tacy, którzy zwyczajnie oszukują w swoim CV, ściemniają o zdobytym doświadczeniu i umiejętnościach, ale wierz mi – szydło szybko wychodzi z worka. Kiedy zatem wystartujesz w końcu po jakąś dobrą robotę w kuchni, nie licz na to, że dostaniesz ją tylko dlatego, że masz fajnie napisane CV i zdjęcie, na którym wyglądasz jak rekin giełdowy. Najpierw przejdziesz test. Niektórzy szefowie kuchni po prostu dadzą ci do posiekania pęczek pietruszki i jeśli nie zrobisz tego w odpowiedni profesjonalny sposób, to nara! Jeśli nie zobaczą u ciebie należytej precyzji, to możesz zapomnieć o umowie.

Jest nadzieja

Na koniec tego zrzędzenia mam jednak coś pozytywnego, co każe wierzyć, że jutro będzie lepsze: edukacja też ewoluuje. Szefowie kuchni już dawno się zorientowali, że jeśli nie będą się rozwijać, to utkną po wsze czasy na etapie schabowego z kapustą. Doskonalą więc swoje umiejętności sami lub pod okiem innych, lepszych od siebie w danej materii. Wielu spośród czołowych polskich szefów regularnie załatwia sobie a to praktyki, a to staże w zagranicznych restauracjach gwiazdkowych, żeby móc zdobyć nowe umiejętności i wiedzę, ale również podpatrzyć rozwiązania organizacyjne. Nawet jeśli takie praktyki przyniosą tylko znikomą wiedzę, to i tak wciąż jest to wiedza. Jeden ze znajomych kucharzy, który przez chwilę pracował u Gordona Ramsaya, wspomniał, że jedyne, czego się nauczył, to jak robić omlet, bo jak dostał patelnią przez łeb, to od razu tę sztukę opanował. Tak czy inaczej, świadomych kucharzy na nasze szczęście przybywa. Nawet w gastronomikach jest coraz więcej ludzi, którzy poszli tam nieprzypadkowo. Za moich czasów było ich, powiedzmy, trzech czy czterech w klasie. Nic dziwnego – wtedy chodzenie do gastronomika nie było zbyt prestiżowe. Mawiało się o nas, że chodzimy „do garów". A gdybym poszedł na mechanizację rolnictwa, to mówiliby, że jestem z „montażu rakiet". Poza tym dla wielu sam fakt, że to nie było liceum, lecz technikum, świadczył o tym, że jesteśmy głąbami. A nie byliśmy. Przynajmniej nie wszyscy. Ale idealnie wciąż nie jest, brakuje złotego środka. Można zaobserwować przegięcie w drugą stronę – byle kuchcik ma na czole napisane „sous-vide". Zaczynają kombinować z czipsami, gąbkami, emulsjami, esencjami i pudrami, a nie mają podstaw, nie potrafią zrobić dobrego purée albo usmażyć porządnego schabowego z kością. To tak, jakbyś nie potrafił pomalować ściany na biało, a próbował walnąć sobie landszaft. Albo jakbyś grał na podwórku w piłkę i uważał, że jesteś na poziomie Ligi Mistrzów (jak jakieś pół miliona naszych rodaków oglądających mecze reprezentacji Polski). Tłumaczę wielu głąbom, że to nie tak. Nie od razu Rzym zbudowano. Jeśli nie potrafisz trzydzieści razy kopnąć w okienko z tego samego miejsca, to nie nadajesz się do trzeciej ligi, a co dopiero do Ligi Mistrzów.

A tak z ciekawości – czy wiecie, jaka umiejętność jest dla kucharza najważniejsza? Obsługa noża – jeśli potrafisz precyzyjnie i szybko kroić, siekać, obierać i wyczyniać inne cuda, to masz papiery na profesjonalistę. Nie przez przypadek w Japonii, żeby zostać sushi masterem, musisz najpierw przepracować dekadę jako zwykły kucharz, a potem zdać egzamin. Musisz być w stanie pokroić i uformować setki tysięcy rolek bez potknięć i w zasadzie tak samo. Tak czy inaczej, wszystko sprowadza się do ćwiczeń – raczej nie dostaniesz szansy zaśpiewania w Carnegie Hall, jeśli do tej pory zaśpiewałeś tylko raz, na dodatek po pijaku i to jeszcze piosenkę z repertuaru lokalnej gwiazdy disco polo.

Trening czyni mistrza, a mistrzem w kuchni jest ten, kto zna się w teorii i praktyce na obróbce żywności. Za tym powinna iść wiedza teoretyczna – kucharz musi wiedzieć, czym jest i na czym polega liofilizacja, pasteryzacja, mrożenie i tak dalej. No i nie ma wyjścia – kuchnia to miejsce, w którym dobrze się czują wszelkie nowinki technologiczne, trzeba więc umieć z nich korzystać. Jeśli wydaje ci się, że plotę bzdury, to pomyśl, że jeszcze kilka lat temu nieprzywierające patelnie czy kuchnie indukcyjne (nie wspominając o przeciętnym daniu kuchni molekularnej) mogły uchodzić za wymysł pisarza science fiction.

Gdyby pewnego dnia w moich progach stanął młodzieniec, który z całych sił pragnie zostać kucharzem lub nawet docelowo szefem kuchni, powiedziałbym mu: „ucz się, ale niekoniecznie w gastronomiku". Radziłbym mu, żeby wykorzystał to, że jest jeszcze nieskażony, i poszedł do dobrego lokalu, żeby zacząć choćby od pracy pomywacza. Szkoła gastronomiczna to straconych pięć lat. Pracując przez ten czas w restauracji, możesz nauczyć się o wiele więcej. Jest tylko jeden warunek: musisz naprawdę zapierdalać. Kiedy zakładaliśmy bar sushi, nie dawaliśmy ogłoszeń, że szukamy kucharza, ale że szukamy kelnerów. Wiedzieliśmy, że w ciągu trzech miesięcy jesteśmy w stanie zrobić z nich kucharzy, ale najpierw musieli się nauczyć podstawowych zwrotów, poznać specyfikę pracy, zasady funkcjonowania w kuchni. Musieli czuć się swobodnie, bo kuchnia była otwarta, więc każdy gość mógł ich zapytać, co robią. Zatem: praca, nauka, praca, nauka. I jeszcze nauka przez pracę.

Podsumowując: najlepszą drogą do dobrej i satysfakcjonującej pracy w gastronomii jest ciężka harówka. Przykro mi.

7. Marzenia o posiadaniu knajpy

Jeśli masz wolną bańkę i chodzi ci po głowie założenie restauracji, to przejdź się w wolnej chwili po okolicy, w której chciałbyś ją otworzyć. Przypomnij sobie, ile było tam lokali gastronomicznych pięć lat temu, i sprawdź, ile z nich wciąż funkcjonuje pod tą samą nazwą. Kiedy już to podliczysz, zastanów się nad przyczynami. Oczywiście przyjdzie ci do głowy, że właściciele tych knajp byli kompletnymi patafianami i popełnili jakieś głupie błędy, których ty nie zrobisz. To jest pycha. Pomyślisz też może, że czasy się zmieniły i teraz ludzie chętniej jadają na mieście niż przed pięcioma laty, więc sukces masz gwarantowany. To jest naiwność. Też mógłbym sobie powiedzieć, że chcę mieć zakład stolarski, bo znam firmę „Taboret", której właściciel wpieprzył w nią kupę siana, a i tak nie potrafią zrobić porządnego krzesła, a ja umiem, chociaż nie wiem, co to hebel. Taki to nasz problem – wydaje się nam, że na wszystkim znamy się najlepiej. Żyjemy w kraju 30 milionów selekcjonerów piłkarskich. 30 milionów specjalistów od polityki zagranicznej. 30 milionów onkologów. 30 milionów leśniczych. A prawda jest taka, że mało kto potrafi dobrze zrobić coś, do czego przysposabiał się przez kilkanaście lat nauki.

Po co ci knajpa i jak się do niej zabrać?

Dlaczego ludzie decydują się na zakładanie restauracji? Przecież nie jest to biznes łatwy ani specjalnie dochodowy, chyba że ktoś od razu mierzy w gwiazdki Michelin, czapki Gault-Millau, ordery uśmiechu i pies wie co jeszcze. Ale na to i tak trzeba się wykosztować, a stopa zwrotu jest ultraniska. Więc czemu, ach, czemu?

Idealnie, jeśli do takiego interesu zabierają się ci, którzy się tym pasjonują. Tak jak wszędzie – jeśli poczułeś powołanie do czegoś, to sama praca nad tym będzie dla ciebie lżejsza, będziesz miał też motywację do powiększania swojej wiedzy i umiejętności. Ale nie oszukujmy się – choć powolutku pojawiają się pewne oznaki zwiastujące poprawę, to gros właścicieli bud, w których karmią się ludzie, nijak się ma do pasjonatów. Częściej w swoją pracę więcej serca wkładają szefowie kuchni niż sami inwestorzy. Jeszcze raz więc zadaję pytanie: po kiego stolca ludzie ci pchają się do gastronomii? Czego w niej szukają? Dlaczego woleli zająć się biznesem restauracyjnym niż na przykład sprzedawaniem mebli, tworzeniem biżuterii, importem egzotycznych olejków eterycznych?

Mam kilka teorii. Zauważyłem, że większość facetów powyżej trzydziestego roku życia chciałaby mieć własną knajpę. Ty byś nie chciał? Nie kłam. Widzę w twoich oczach. Marzycielom jawi się to jako spokojny, pewny biznes, który od właściciela wymaga co najwyżej tego, żeby czasem przyszedł sam lub ze znajomymi i pozwolił zaserwować sobie najlepsze dania, jakie potrafi przyrządzić szef kuchni, oraz najlepsze alkohole, jakie uda się znaleźć na barze. Myślisz, że knajpa to zajebista sprawa? Codziennie idąc do nudnej pracy, polegającej na stawianiu pieczątek, przechodzisz koło restauracji, zaglądasz w witrynę. Myślisz sobie: „Fajnie. Jest spokojnie, nie trzeba się z nikim użerać. Można robić kawkę, usmażyć jajeczko. Proste, przyjemne, niezbyt męczące". Z zewnątrz może faktycznie wygląda to na miłą i łatwą pracę. Na dodatek jeszcze niektórzy sądzą, że można na tym nieźle zarobić, bo jajko kosztuje 30 groszy, a sadzone w karcie 22 złote. Szybki, prosty pieniądz, co? Ten rozdział wypada chyba gdzieś pod koniec książki, więc już powinieneś wiedzieć, że tak nie jest. Niemniej jednak znam sporo przykładów, gdy ktoś po prostu postanowił „zainwestować" (cudzysłowu użyłem tu w sposób prześmiewczy) zarobioną gdzie indziej kapuchę i jego błędne wyobrażenie zawiodło go na gastronomiczne pole minowe. Jeśli ktoś nie uczy się na błędach wystarczająco szybko i nie wyciąga wniosków, to błyskawicznie wtopi i wróci na etat w korpo z podkulonym ogonem.

Jest jednak wiele miejsc, którym szefują może nie pasjonaci, ale ludzie związani z branżą – kiedyś do niej trafili, pracowali jako kelnerzy, pomocnicy, kucharze, pięli się coraz wyżej, uczyli fachu, aż w pewnym momencie stwierdzili, że to jedyne, na czym się znają. No i cóż – faktycznie, najczęściej mają o tym pojęcie. To taka stara gwardia (niezależnie od wieku) – wiedzą, jak to drzewiej bywało, ale starają się też nadążać za współczesnością. Wielu z nich pracowało w restauracjach za granicą, więc założenie własnej w Polsce było przedłużeniem ich doświadczeń. Inni z kolei pracowali w kraju, by potem przejąć państwowe niegdyś lokale za bezcen.

Z jakiegoś powodu posiadanie knajpy to domena facetów. Kobiety się jakoś do tego nie garną, jakby czuły pismo nosem i podskórnie wiedziały, że to niezbyt spokojna branża. Chyba że dostaną taki lokal od starego (nieważne, czy ojca, czy męża). Chłopu nie uśmiecha się płacić podatków, więc inwestuje w restaurację czy mały hotelik i daje go żonie lub dziecku, żeby się nie nudziło i uczyło odpowiedzialności, choć to dziwna metoda – uczyć się odpowiedzialności za cudze pieniądze?

W większości wypadków do gastronomii biorą się ludzie bez odpowiedniej wiedzy i doświadczenia, którzy nie mają o tym zielonego pojęcia, nigdy nie zdarzyło im się pracować w branży, ba, nie znają nawet żadnego zawodowego kucharza, nigdy też nie zajrzeli do kuchni i po prostu nie wiedzą, z czym to się je. To dokładnie tak, jak gdybyś szedł ulicą i pomyślał: „a, założę sobie małą restauracyjkę, bo znajomi chwalą moje spaghetti z paczki. Innym też na pewno posmakuje i wkrótce będę prowadził najlepszą włoską knajpkę poza Włochami. To przecież nie może być takie trudne". Albo tak, jakbym przyszedł do ciebie i powiedział: „masz tu bańkę, zrób z tym, co chcesz". Możesz wydać na koks, wybrać się w podróż dookoła świata albo kupić mieszkanie w Sopocie. Każda z tych opcji będzie dużo lepszym rozwiązaniem niż narażanie sponsora na późniejszą frustrację.

Dlaczego ci ludzie wybierają akurat gastronomię? Obecnie swoje robi moda. Wszelkie programy telewizyjne pokazują, że po pierwsze: będąc szefem kuchni (tudzież właścicielem), można do woli pomiatać podwładnymi; a po drugie: tylko głupi robi błędy, bo przecież te wszystkie rady dawane przez kuchennych rewolucjonistów to banały i oczywistości. Nic bardziej mylnego.

Żeby założyć dużą restaurację, trzeba mieć dużą kasę. Coraz więcej jednak pojawia się małych budek, lokalików na dwa stoliki albo z żarciem na dowóz lub wynos, które prowadzone są przez młodych i biednych. Ci najczęściej łapali doświadczenie gdzieś indziej, ale w końcu stwierdzili, że dość pakowania kasy do czyjejś kieszeni. Złapali bakcyla, a jednocześnie dostrzegli czyjeś błędy i mają pomysł, jak je wyeliminować. Choć knajpy te ze względów finansowych nie imponują wyglądem czy marketingiem, to jednak bardzo często podawane w nich żarcie jest naprawdę niezłe i kosztuje przyzwoite pieniądze. Street-food, bo tak się to ładnie nazywa, też może być dobry. A foodtrucki mogą być jeszcze lepsze.

Bez wątpienia coraz więcej jest lokali, w których kucharze czy ludzie zajmujący się obsługą są właścicielami i współwłaścicielami knajp. To największa wartość dodana tych miejsc, bo wiesz, że ludzie, którzy w nim pracują, dbają o nie. A tym samym dbają o klientów.

Na otwarcie knajpy często decydują się biznesmeni, którzy chcą się sprawdzić w nowej dla siebie gałęzi. Współwłaścicielem zostaje znajomy kucharz, który ich na to namówił. To chyba najbezpieczniejsze rozwiązanie. Sporo osób porzuca szklane biurowce, żeby prowadzić małe dziuple, które dają im więcej satysfakcji niż siedzenie w boksie i przybijanie pieczątek. Biorą się nie tylko do karmienia ludzi w punkcie gastronomicznym, ale także zaczynają się specjalizować w danym produkcie lub rodzaju produktów: zakładają małe cukiernie, produkują sery, warzą piwo.

Pojawił się też jeszcze jeden rodzaj właścicieli lokali gastronomicznych – nazwijmy ich gastrohipsterką. Nigdy nie poznali branży bardziej niż przy lataniu z tacą w sezonie w smażalni ryb, ale odmalowali klitkę w starym budynku, puszczają muzykę i fajnie spędzają czas ze znajomymi, ucząc się powoli lepienia pierogów i gotowania zup. Zaskakujące, że takie knajpy często funkcjonują dość stabilnie, nie padają po roku, choć z drugiej strony nie wiem, czy większość z nich to nie trupy finansowe. Może pomagają im bogaci rodzice, a może lokale te złapały swoje pięć minut, które w gastronomii mogą trwać i pięć lat, po czym moda przemija i wszystko obraca się w pył. A może się mylę…

Zostawmy już pobudki. Osoba, która decyduje się na założenie restauracji, musi liczyć się z tym, że kilka rzeczy stanie jej na drodze. Podstawowa sprawa to wspólnota mieszkaniowa. Gdziekolwiek by to było, wspólnota zawsze jest na nie. Walka z nią to często walka z wiatrakami, a przecież wiatraki są głuche i czyjeś racje mają w dupie, czy co to tam wiatraki zwykły mieć na zapleczu. Pamiętacie faceta, który w lokalu na niby luksusowym osiedlu mieszkaniowym chciał otworzyć knajpę z jakimś niezbyt wymagającym w obróbce żarciem, jak na przykład kanapki? Wspólnota się postawiła i gość mógł sobie co najwyżej w swoim własnym pomieszczeniu zrobić kanapkę dla siebie. Wkurwił się więc słusznie i obkleił witryny literami w oczojebnych kolorach, które głosiły, że będzie tutaj lumpeks, deratyzacja i coś tam jeszcze. A więc wspólnota – pierwsza kłoda pod nogami na drodze do nowej restauracji.

Jeżeli zajmujesz lokal w starym budynku, w którym nie było wcześniej gastronomii, to będziesz musiał ten lokal dostosować. Nawet jeżeli otwierasz go w nowym budynku, ale lokal ma przeznaczenie usługowe, a nie gastronomiczne, to też się z tym napieprzysz. A to dlatego, że wspólnota musi wyrazić zgodę na twoją gastronomię i nie ma znaczenia, czy będzie to dziupla w kamienicy z XIX wieku, czy nowy budynek pachnący jeszcze farbą i zgniłym oddechem ekipy budowlanej. Główną przyczyną obaw wspólnoty jest sprzedaż alkoholu. Ludzie boją się, że będzie głośno, że będzie niebezpiecznie, bo będą się kręciły jakieś pijane typy spod ciemnej gwiazdy, że będzie plucie, bójki i Bóg wie co jeszcze. To uzasadnione obawy, bo gdzie wóda, tam rozpierdol. Na nic tłumaczenie, że otwierasz śniadaniówkę i jedyny alkohol, jaki będziesz miał, to białe wino do deserów. Jak sobie mieszkańcy ubzdurają, że będziesz prowadził klub ze striptizem, to przecież wspólnota nie uwierzy tobie i twoim papierom, tylko mieszkańcom. W sumie to dobrze, bo musi przecież chronić ich interesów. Cóż – punkt widzenia zależy od punktu siedzenia. Druga sprawa – zapachy z kuchni. Wentylacja nie ciągnie dobrze i od 11 do 23 wali pod oknami mieszkańców stekami albo smażoną rybą. Problem ten pojawia się szczególnie wtedy, gdy chodzi o lokal niedostosowany do prowadzenia gastronomii. Łatwiej jest w przypadku miejsc zupełnie nowych, świeżo wybudowanych, które od początku miały zaplanowane przeznaczenie gastronomiczne. Wtedy najczęściej wbudowana jest już odpowiednia architektura, wentylacja uwzględnia kubaturę kuchni i tak dalej. Jeśli chcesz smażyć burgery w pomieszczeniu, w którym wcześniej był lumpeks albo fryzjer, to będziesz się z odprowadzaniem zapachów i dymu jebał co niemiara i nie będzie to jebanie się w papierach, lecz w budowlance. A jeśli nie wybrniesz z tego wystarczająco dobrze, to bądź pewien, że okoliczni mieszkańcy nie ułatwią ci życia, a już na pewno nie zostaną twoimi klientami.

Kiedy już znajdziesz wymarzony lokal, zderzysz się z jeszcze jednym urzędowym murem, któremu na imię Sanepid – Państwowa Inspekcja Sanitarna w postaci Stacji Sanitarno-Epidemiologicznej, wojewódzkiej, powiatowej, jakiej tam sobie życzysz. Kiedy masz już pomieszczenie, ale jeszcze nie zagospodarowane, zupełnie gołe, musisz iść do Sanepidu i przedłożyć pani z fryzurą z lat 70. projekt. Ona rzuci na niego okiem, podniesie powiekę i zapyta cię: „A gdzie jest szafa podawcza? Gdzie jest pomieszczenie na środki czystości? Gdzie jest toaleta? Dlaczego jest jedna toaleta na tyle miejsc siedzących?" (oczywiście ilość pytań i ich fantazyjność zależy od humoru i wyobraźni pani z Sanepidu). Bardzo często jest to pierwszy moment w procesie zakładania knajpy, w którym jej przyszły, pozbawiony doświadczenia właściciel łapie się za głowę i myśli: „Kurwa, co jest?!".

Można się z tym zmagać i pewnie nawet trzeba – panie sanepidowe będą wtrącały swoje trzy grosze, a ty będziesz przeprojektowywał, przeliczał, wydawał kasę, dostawał szału, aż w końcu trafisz na lepszy dzień pani sanepidowej i z nieba zstąpią zastępy aniołów wyposażone w trąby i inne wuwuzele, a cały świat zaśpiewa ci, wtórując solistce: „Akceptuję".

Możesz też pójść na łatwiznę i skorzystać z usług architektów, którzy znają się na rzeczy i rozrysują ci wszystko tak, że pani Danka z Sanepidu będzie oglądała, próbowała, ale nijak nie będzie mogła znaleźć niczego, do czego warto by się przypierdolić. Ten projekt w większości wypadków nie jest potem realizowany, ale przynajmniej zaliczony jest pierwszy checkpoint: babka klepnie, przybije stempel i powie: „możecie działać". Kolejnym etapem kontaktów z Sanepidem jest bowiem odbiór gotowego lokalu i tutaj zaczynają się schody. Niemniej jednak te pierwsze papiery z Sanepidu musisz mieć klepnięte, żeby móc w ogóle przystąpić do realizacji projektu i do ubiegania się o inne dokumenty, jak choćby koncesję na sprzedaż alkoholu. Jako restaurator czy nawet zwykły właściciel budy z hot-dogami albo stacji benzynowej, na której sprzedajesz kawę i kanapki, z Sanepidem będziesz miał do czynienia już zawsze. Póki co zostawiam cię z tą myślą, żebyś się do niej przyzwyczaił. Za moment opowiem ci, jak się z tym wszystkim obchodzić i jak to wszystko będzie wyglądało.

Komu jeszcze będziesz musiał stawić czoła, zanim będziesz mógł otworzyć swoją budę z mielonymi? Być może wandalom, choć wybite szyby czy pomazane sprejem mury to raczej sporadyczne przypadki. Są nagłaśniane, bo media potrzebują krwi, ale jeśli weźmiemy pod uwagę liczbę takich wydarzeń oraz liczbę knajp, to okaże się, że to naprawdę rzadkie. Nawet przy głównych ulicach, gdzie każdego wieczora przewalają się pijane i agresywne masy, jakoś w niczyim interesie nie leży niszczenie restauracji. Co najwyżej naszczają ci na mur. Oczywiście może się zdarzyć, że ktoś się włamie, żeby ukraść kilka butelek tego i owego i dostać się do kasy, ale zakładając sklep z materiałami budowlanymi, ponosisz to samo ryzyko. Trzeba jednak odnotować, że jest pewien specyficzny rodzaj wandala – wandal polityczny tudzież geopolityczny. Ten podgatunek nie potrafi odróżnić kuchni od polityki. Przypierdoli się do knajpy z jedzeniem żydowskim, bo jest antysemitą, przyjebie się do kebabu, bo skojarzy mu się z problemem z uchodźcami, rozjebie szyld knajpy wegańskiej, bo jego mózg zrówna to z homoseksualistami, a on przecież tęczy to nienawidzi, choć nie wie czemu. Nie sposób jednak przewidzieć, co takiemu strzeli do głowy. Społeczeństwo jest tak skonstruowane, że lesbijkom będzie się źle kojarzył makaron, feministkom piersi z kurczaka, narodowcom jakakolwiek potrawa poza gołąbkami i pierogami, hodowcom ogórków zupa pomidorowa, Amerykanom kuchnia rosyjska i tak dalej, i tym podobnie. A czasami to już nawet nie bardzo wiadomo, o co idzie – na szyldzie z jednej strony ląduje namalowana sprejem gwiazda Dawida, a z drugiej strony towarzyszy jej namalowana swastyka. No i weź zrozum. Jak ktoś będzie chciał się przypierdolić, to się przypierdoli, więc nie ma co się martwić na zapas, tym bardziej, że – jak wspomniałem – wciąż są to przypadki raczej sporadyczne. I oby tak zostało.

Jeśli chodzi o wandalizm i wszelkiego rodzaju zniszczenia, to rzecz jasna najbardziej narażone są na to kluby nocne, dlatego potrzebna jest w nich ochrona, która będzie ogarniała to, co się dzieje. Często dochodzi tam niestety do wymiany ciosów z obsługą czy z innymi gośćmi, bo wiadomo – alkohol. Czasami ktoś potrafi rzucić krzesłem w bar albo ciężką popielniczką w witrynę. Takie rozrywki.

Przy okazji wandalizmu – rozsądek nakazuje ubezpieczyć lokal od tego typu wypadków. Większość restauracji funkcjonuje dzięki kredytowi, więc ubezpieczenie po prostu chroni cię przed tym, żeby płacić jeszcze więcej. Największym zagrożeniem restauratorów jest brak ubezpieczenia od zatruć, o czym wspominałem wcześniej. Warto też rozpatrzeć polisę od wypadków losowych – zalanie, pożar, ale też złamanie ręki kelnera (bo się potknął), zbicie kości ogonowej w wyniku pośliźnięcia i tym podobne wydarzenia. Sprzęty są najczęściej ubezpieczane w ramach leasingu, bo trzeba być chorym, żeby kupować wszystko na własność, skoro można wziąć w leasing.

Wróćmy do papierów: Sanepid to raz. Żeby w ogóle móc z nimi rozmawiać, musisz mieć papier stwierdzający, że wynająłeś lokal albo jesteś jego właścicielem. Logiczne. Druga sprawa: koncesja na alkohol. Występujesz o nią, kiedy masz już pozałatwiane wszystko z Sanepidem. Do wniosku musisz też dołączyć zaświadczenie o wpisie do ewidencji działalności gospodarczej lub Krajowego Rejestru Sądowego, papier potwierdzający, że jesteś właścicielem lub najemcą lokalu, i pisemną zgodę administratora lub zarządcy budynku. Nie dostaniesz koncesji od ręki, bo przyznaje ją Rada Miasta, która zbiera się co jakiś czas. Nie dostajesz jej też za darmo – musisz wpłacić minimum 3 tysiące złotych rocznie, ale jeśli ją olejesz i będziesz bez niej sprzedawał gorzałę, to będzie gorzej – konfiskata towaru, grzywny idące w setkach tysięcy złotych. Opłaty są różne, między innymi w zależności od tego, o jaką koncesję się ubiegasz i czy już kiedyś ją miałeś.

Gmina wydaje trzy typy koncesji na handel detaliczny (handel hurtowy to inna rzecz – w wypadku alkoholi do 18% zajmuje się tym marszałek województwa, powyżej 18% jest to obowiązek Ministerstwa Gospodarki). W detalu możesz dostać koncesję typu A, która obowiązuje dla napojów o zawartości alkoholu poniżej 4,5% oraz piwa (bo piwo może mieć przecież więcej). Kolejna koncesja to typ B, dotyczący sprzedaży napojów pomiędzy 4,5% a 18% (z wyłączeniem piwa). Ostatni rodzaj to typ C – gdy ją uzyskasz, możesz handlować trunkami powyżej 18%. Jeśli chcesz sprzedawać wszystko – musisz mieć trzy koncesje. Na dodatek koncesje mają swoje limity określane przez gminy – jeśli sprzedasz więcej trunku, niż określa ów limit, będziesz musiał oddać gminie kilka procent przychodu z tego tytułu.

Nawet jeśli dostaniesz koncesję, to będziesz musiał ją przedłużać – jest wydawana na określony czas. Jeśli chodzi o lokale gastronomiczne, to wniosek nie może dotyczyć okresu krótszego niż cztery lata, choć gminy wydają zazwyczaj koncesje na pięć lat (być może dla ułatwienia sobie rachunków). Kiedy ten czas upłynie, trzeba złożyć wniosek o przedłużenie zezwolenia.

A co, jeśli nie chcesz sprzedawać u siebie alkoholu, ale za to chcesz używać wina lub brandy do sosów? Ciekawostka – zgodnie z przepisami nie możesz tego zrobić. Musisz to zrobić po cichaczu. Można powiedzieć, że w takiej sytuacji nie sprzedajesz alkoholu, bo w trakcie obróbki termicznej powinien się on zredukować. A jeśli jakimś cudem za krótko będziesz trzymał garnek na ogniu i komuś wykaże promile na alkomacie, gdy go policja zatrzyma do rutynowej kontroli? Oczywiście to nie twój problem, ale jeśli trafisz na mściwego upierdliwca, to możesz mieć kłopot. Teoretycznie zatem, żeby korzystać z alkoholu w daniach, powinieneś mieć koncesję, choć tak naprawdę nikt tego nie wie i przepisy są do obejścia, bo nikt nie potrafi ich sensownie zinterpretować. Kolejny raz życie wyprzedza prawo.

Pewien kolega wymyślił sobie kiedyś małą pizzerię, w której na ekranie cały czas będą leciały fragmenty z *Ojca chrzestnego*, a z głośników muzyka z filmu. Otwarcie zaplanowano na poniedziałek. W niedzielę wieczorem trwały gorączkowe przygotowania – wycieranie stołów, mycie podłogi, układanie butelek w lodówce, rozkładanie serwetek. Aż tu nagle do lokalu wszedł jegomość i zasiadł przy stoliku.

Proszę pana, przykro mi, ale otwieramy dopiero jutro.

A nie szkodzi, ja z ZAiKS-u.

Panowie z instytucji takich jak ZAiKS mogą okazać się kolejnymi upierdliwcami, którzy żyją po to, żeby uprzykrzyć życie tobie. Teoretycznie ZAiKS, ZPAV, STOART, SAWP czy SFP mają pobierać opłaty od ludzi, którzy odtwarzają nagrania audio lub wideo w swoich knajpach czy w innych lokalach usługowych, bo jest to odtwarzanie publiczne. W ostatnich latach sporo się w tym temacie działo i wypracowane zostały pewne metody unikania bolesnych opłat lub grzywien. Można wywiesić kartkę, że muzyka w lokalu jest przeznaczona wyłącznie dla pracowników, ale to głupio wygląda. Można rozdawać gościom zatyczki do uszu, ale to już w ogóle szczyt kretyństwa. Można w końcu skorzystać z muzyki, która jest darmowa i nie podlega opłatom – w tym celu najlepiej porozumieć się z internetem, który wskaże odpowiednie pliki i portale streamingowe. Można podpisać papiery z firmą, która za kilka złotych monet udostępnia aplikację, w której znajdziesz mnóstwo darmowej muzy. Można w końcu dogadać się z kilkoma muzykami, którzy za parę stówek będą wpadać i grać jakieś fajne melodie w piątki i soboty. Lepiej mieć w końcu muzykę na żywo i dać zarobić kilku lokalnym artystom niż napychać kieszenie ZAiKS-owi, do którego działalności pretensje mają nawet ci, którzy siłą rzeczy muszą z jego usług korzystać, czyli muzycy. Jeśli zaś chcesz sobie powiesić kilka telewizorów, na których będą wyświetlane telewizyjne kanały muzyczne albo informacyjne, to musisz dogadać się z dostawcą usługi. Podobnie zresztą jest z transmisjami wydarzeń sportowych, jeśli chciałbyś transmitować u siebie jakieś mistrzostwa w czymś tam. Standardowo musisz przecież wykupić pakiet usług od operatora, ale ponieważ będziesz odtwarzał jego kanały publicznie, musisz się z nim porozumieć, określając choćby liczbę miejsc w restauracji i liczbę ekranów. Co ciekawe – w umowach może pojawić się zapis o tym, że nie wolno ci puszczać reklam, więc w przerwie meczu powinieneś wyłączyć ekrany, bo jakaś szuja może się przyczepić.

Nie oszukuj się, że ZAiKS i inni koledzy od praw autorskich cię nie znajdą, jeśli otworzyłeś sobie pub za blokiem. Znajdą cię, oj znajdą. Są lepsi od polskiego wywiadu. Co więcej, może się okazać, że to ich człowiek będzie twoim pierwszym klientem.

Ci od ochrony praw autorskich i kontrolerzy ze skarbówki to ludzie, którzy potrafią wpaść do knajpy wieczorem, kiedy jest największy młyn. Ktoś podchodzi do baru i mówi, że zamówił piwo, zapłacił, dostał, ale nie otrzymał paragonu. Mandat za takie coś może kosztować koło tysiaka, a to przecież nie jest tak, że ktoś zawsze ukrywa dochody. W czasie największego ruchu w ferworze walki przy barze łatwo zapomnieć o podaniu komuś paragonu, łatwo też położyć takowy gdzieś na barze, skąd spadnie, zanim ktokolwiek zdąży się zorientować. I co – dostaniesz tysiąc złotych mandatu i obciążysz nim pracownika, który nie wydał paragonu, a który ma tysiąc pięćset wypłaty? Tacy kontrolerzy to najgorsze mendy. Potrafią wbić się do buzującej życiem knajpy, gdzie trzeba wystać swoje, żeby w ogóle dostać się do baru. I stoją w tej kolejce, przepychają się do baru, żeby pokazać szmatławą legitymację i powiedzieć, żebyś płacił tysiąc, bo oni nie dostali paragonu za piwo za siódemkę.

Kiedy już otworzysz swoje własne gastromiejsce, kiedy już opłacisz wszystko, co pozostało do opłacenia, zatrudnisz ludzi i będziesz chciał pozyskać jak najwięcej klientów, zapewne pomyślisz o reklamie. Najlepszą formą reklamy jest zawsze poczta pantoflowa – jeden przyjdzie, będzie mu dobrze, że ach, poleci koledze, tamten jeszcze innemu i nagle się okazuje, że trzeba czekać na stolik. Zadowolony klient to billboard twojego miejsca. Ale to tylko utopijny model, więc trzeba też pomyśleć o bardziej konwencjonalnych rozwiązaniach. W sukurs przychodzi tutaj internet i prasa lokalna – nie ogólnopolska, nie branżowa. To lokalsi będą twoimi najczęstszymi gośćmi. Nawet jeśli otwierasz budę w sercu kurortu, to oni będą ratować twoją dupę po sezonie. Dbaj o nich zatem nie tylko wtedy, kiedy przekroczą progi twojej restauracji, ale również wtedy, kiedy jeszcze o nich nie wiedzą. Dostarcz im informację w sposób interesujący, inteligentny, niesztampowy, podniecający kubki smakowe. A więc media regionalne. Fajnie, jeśli napiszą, że otwiera się coś nowego. Warto zatem mieć jakieś kontakty, jakąś małą bazę mailową, warto też być na nie otwartym. Nie wszystko, co jest publikowane w prasie, to materiał płatny – jeśli będziesz miał fajny pomysł, zorganizujesz coś ciekawego, to media wpadną, opiszą i zrobią ci „darmową" reklamę. Darmową w cudzysłowie, bo przecież będziesz się musiał wcześniej napracować. Ale będzie warto. Czasami, zwłaszcza jeśli to twoja pierwsza restauracja, lepiej wstrzymać się z jakąś szerszą kampanią reklamowo-informacyjną. Daj sobie miesiąc na rozruch, na wyeliminowanie mankamentów i problemów, na dotarcie się. Musisz mieć długą finansową kołderkę i liczyć się z tym, że pierwszy miesiąc może być koszmarny pod względem przychodów, bo przecież jeszcze się nie reklamowałeś. Ale wykorzystaj ten miesiąc na doszkolenie personelu, dopracowanie karty, może ustalenie sensowniejszych godzin otwarcia. Kiedy wszystko będzie już hulało, wtedy i ty zacznij hulać po mediach.

Dogadanie się z portalami i gazetami regionalnymi to nie jest żadna filozofia i nie trzeba wydawać na to kroci. Podobnie z lokalnymi stacjami radiowymi. Można przecież zorganizować jakiś konkurs dla słuchaczy lub czytelników, zaoferować vouchery, luksusową kolację na Walentynki, szkolenie w wykonaniu szefa kuchni – jeśli masz łeb na karku to pomysłów nie powinno ci zabraknąć. Takie formy promocyjne przyciągną klientów, a jeśli będą zadowoleni, to resztę zrobi poczta pantoflowa.

Ale, ale – pamiętaj, młody adepcie, że poczta pantoflowa roznosi każdą wieść. A złe wieści rozchodzą się pięć razy szybciej niż dobre. Jeśli zatem coś zjebiesz, jeśli będzie fatalnie, to nie licz na taryfę ulgową. Dostaniesz po dupie tak, że jeszcze długo będziesz się wygrzebywał z opinii partacza, a przywrócenie dobrego imienia swojej restauracji będzie cię kosztowało majątek.

Dobrze jest operować nazwiskami – to sprawdzona metoda w każdym biznesie. Transfer gwiazdy do klubu piłkarskiego nie musi przekładać się na lepszą grę drużyny, ale podniesie frekwencję na stadionie, a tym samym zwiększy przychody z biletów, piwa, hot-dogów, pamiątek. W restauracjach nie jest identycznie, ale dość podobnie. Jeśli puścisz w świat niusa, że zatrudniłeś Jana Kowalskiego, znanego i szanowanego kucharza, którego potrawy wszyscy lubią, który jest gwiazdą i przez cztery sezony prowadził w telewizji kablowej popularny program gastronomiczny, to masz jak w banku, że po pierwsze, kilka mediów o tym wspomni, a po drugie, Kowalski przyciągnie zarówno swoich klientów z poprzednich miejsc pracy, jak i nowych, ciekawskich, którzy przyjdą sprawdzić, czy Kowalski to faktycznie taki kozak przy patelni. Z pomocą przychodzą kulinarne talent show, ale to ryzyko, bo taki delikwent odpadający w trzeciej rundzie wcale nie musi być pasjonatem, a na dodatek może mu uderzyć sodówka do głowy i zażąda miesięcznej pensji przewyższającej wartość całej knajpy. Znam jednak świetnego człowieka, który pół życia zawodowego spędził za biurkiem, po czym postanowił gonić marzenia – wystartował w programie telewizyjnym, szybko odpadł, ale złapał bakcyla na tyle, że oferta pracy w dobrej restauracji pod okiem dobrego szefa kuchni była kwestią czasu. Zaakceptował ją i z tego, co mi wiadomo, wszyscy są szczęśliwi. On – że ma dobrą pracę, że sprawia mu ona satysfakcję, że może się uczyć od lepszych; szef kuchni i pracodawca – że mają pracownika, który może nie był od samego początku turbokozakiem, ale chce zdobywać nową wiedzę i umiejętności; no i klienci – bo dobry kucharz pod kuratelą dobrego szefa kuchni to dobra zawartość talerza. A media, wiedząc o tym, że do zespołu dołączył gość, który dał się poznać w telewizorni, zrobiły swoje.

Można też próbować się czymś wyróżnić, ale to trudna sprawa. Bo jak tu się wyróżnić w gastronomii w XXI wieku, kiedy nic już nie jest nowe, ekscentryczne i dziwne? Niedawno okazało się, że na polskim rynku można się wyróżnić, zdobywając choćby gwiazdkę Michelin – jeszcze parę lat temu taka nagroda była dla polskich szefów kuchni niczym Święty Graal. Ale oczywiście wraz z liczbą nagrodzonych nią restauracji jej medialność i nośność spada. Ile osób usłyszało w mediach o tym, że dwa lata po uhonorowaniu gwiazdką Atelier Amaro swoją gwiazdkę otrzymała także warszawska restauracja Senses? Tylko ci, którzy żywo interesowali się tematem. Nieustannie trzeba więc szukać innych sposobów na wyróżnienie się, jeśli nie w skali kraju, to choćby regionu, miasta czy ulicy. Mogą to być wieczorki z daną kuchnią, może live cooking, może specjalne zniżki, może muzyka na żywo, może inne imprezy – znów wszystko w twoich rękach i twojej głowie. Wyróżnij się, bądź oryginalny, twórz i szukaj nowych trendów – wtedy rozgłos masz jak w banku. Ale nade wszystko dbaj o jakość swojej kuchni. Jakość zawsze się obroni.

Internet może pomóc, bo publikacji w nim co niemiara, ale może też być zwodniczy. Wielokrotnie weryfikowałem rankingi choćby na Tripadvisor. Okazywało się, że w knajpie z pierwszej piątki nie było żywej duszy, a jeśli nie ma w niej żywej duszy, to znaczy, że jest tak chujowa, że nawet Tripadvisor jej nie pomógł. Poza tym to często wydmuszka – jeśli masz wystarczająco dużo czasu, to sam możesz założyć sobie sto maili i kont na portalu, a z nich powystawiać sobie recenzje. Jeśli masz mniej czasu, to możesz poprosić o to znajomych. Efekt – karmisz chujowo, ale recenzje masz miodzio i w rankingu pniesz się w górę aż miło.

Jeśli przymierzasz się do zawieszenia szyldu i rozstawienia stolików, to przyda ci się w knajpie jakiś personel. Już wiesz, że szkołom gastronomicznym nie do końca można ufać – podobnie jak każdej innej szkole w tym kraju – jak trafisz na bęcwała, to i piętnaście fakultetów mu nie pomoże, a jeśli natkniesz się na ambitnego pasjonata, to choć niepiśmienny, będzie ci robił pyszne jedzenie. Nie ma zatem jednego cudownego źródła kadr do restauracji i trzeba zdawać się na łapanki i pocztę pantoflową. Jeśli masz kilka knajp, to puszczasz po prostu info do swoich kucharzy, że potrzebujesz nowych osób – ci znają innych kucharzy i prędzej czy później kierują ich do ciebie. Jeśli nie masz knajp, to właściwie robisz to samo – rozpowiadasz przyjaciołom i rodzinie, wrzucasz info na Facebooka, aż w końcu pojawiają się chętni. To ryzykowne, oczywiście, ale nie da się inaczej. Ogłoszenia to niebezpieczna gra – przecież choćbyś zrobił kandydatowi dwadzieścia testów i przeprowadził z nim siedemnaście rozmów kwalifikacyjnych, i tak nie wiesz, czy się nadaje, dopóki nie zacznie pracować. Osoby z polecenia – kolejny śliski temat. Kilka razy się naciąłem, bo poleciłem kogoś, kto wydawał mi się dobry i sumienny, a potem się nasłuchałem, że jest taki i owaki. Personel da się też podkupić. Mnie podkupiono. Ktoś stwierdził, że się nadajemy, poszukał kontaktu do nas i zaoferował lepsze warunki. I tyle – jego oferta po prostu wygrała. Jeśli jednak zdecydujesz się na podkupienie pracowników od konkurencji, to nie zdziw się, jeśli za kilka miesięcy ktoś ich podkupi od ciebie. Poza tym jest zupełnie normalnie: pośrednicy, ogłoszenia na branżowych portalach w internecie, headhunterzy. A do tego jeszcze armia ludzi, którzy aktywnie poszukują pracy, i spora grupa tych, którzy jej co prawda nie poszukują, ale gdyby pojawiła się ciekawa oferta, to kto wie. Nie spotkałem się natomiast z tym, żeby inwestor poszedł do dyrektora szkoły gastronomicznej i powiedział: „Daj mi dwóch najlepszych chłopaków, jakich masz". Tak naprawdę jeśli chodzi o szkolenie, to dopiero przecieramy szlaki.

Oczywiście poszukiwanie ekipy trzeba zacząć od szefa kuchni, bo on często sam potrafi przyciągnąć dwóch czy trzech rodzynków z poprzedniej restauracji. Szef ich zna, oni znają szefa, wszyscy się rozumieją, więc zalążek teamu gotowy.

Bezrobotnych szefów kuchni w zasadzie nie ma. Rynek pracy jest niezaspokojony. Najlepsze koty w branży nieustannie dostają jakieś propozycje. Jeżeli ktoś jest cieniasem, to może mieć trudności ze znalezieniem roboty, ale dobrego – lub chociaż względnie dobrego – kucharza ten problem nie dotyczy. Dobry szef kuchni, jeśli z jakiegoś powodu zostanie zwolniony lub zrezygnuje z pracy, najpierw pójdzie się napierdolić, żeby się zresetować, a jak wytrzeźwieje, to zacznie odbierać telefony. A po którejś z kolei rozmowie sam zadzwoni do kilku swoich starych współpracowników i powie: „Panowie, idziemy tam i tworzymy od nowa". Czasami jest to kwestia jakichś sześciu miesięcy, bo coś nowego się buduje i warto poczekać. W tym czasie szef odpoczywa, pracuje nad nową kartą, jedzie na staż. Wraca, kiedy lokal jest gotowy. I zabiera się do tego, co potrafi najlepiej.

Co właściwie robi właściciel?

Jak wygląda dzień pracy właściciela restauracji? – zapytasz, bo chcesz wiedzieć, czy warto się w to pakować. Bardzo rozsądnie! Ale taki dzień wygląda naprawdę różnie w zależności od tego, jaka formuła obowiązuje w danym miejscu. W niektórych lokalach są właściciele, których właściwie powinniśmy nazwać inwestorami. Wykładają siano na rozruch, a potem siedzą w fotelu, popalają cygaro, popijają drogą whisky i stawiają przed szefem kuchni zadanie: „Nie wiem, jak to zrobisz, ale mam mieć co miesiąc dziesięć tysięcy zwrotu z inwestycji i drugie dziesięć zarobku dla mnie". Dzień z życia takiego właściciela składa się z siedzenia, tycia, picia, jedzenia, ruchania, może przejażdżek drogim samochodem, rejsów jachtem i takich tam rozrywek dla bogatych. Jeśli jesteś kucharzem-właścicielem lub współwłaścicielem, albo nawet właścicielem, który po prostu angażuje się w pracę w miejscu, za które odpowiada, twoja codzienność wygląda zgoła inaczej. Przede wszystkim twój rytm życia wyznacza restauracja. Praca wpływa nawet na twoje życie rodzinne. Przez dwadzieścia cztery godziny na dobę od poniedziałku do poniedziałku jesteś związany ze swoją restauracją. Nie ma możliwości, żebyś sobie odpuścił weekendy albo pojechał na urlop i zapomniał o wszystkim. To jest możliwe wówczas, gdy wszystko w knajpie chodzi jak w zegarku, masz odpowiedzialnych ludzi i tak dalej. Zazwyczaj dzień zaczynasz od zapoznania się z listą rzeczy, które trzeba przywieźć lub zamówić – kucharze, magazynierzy i barmani zgłaszają ci wszystkie braki, a ty musisz się zająć ich uzupełnieniem. Jeśli zakupy robisz sam, to musisz je zrobić z samego rana, żeby kucharze zdążyli przygotować mise en place odpowiednio wcześnie. A zatem ponosisz odpowiedzialność za zamówienia lub akceptujesz listy przygotowane przez kucharzy bądź przez szefów kuchni. Jeśli jesteś właścicielem, to zazwyczaj przychodzisz do swojej restauracji pierwszy, a wychodzisz z niej ostatni, czyli otwierasz ją i zamykasz. Po pewnym czasie masz tego po dziurki w nosie, więc wyznaczasz jedną lub dwie zaufane osoby, które mają klucze i mogą otworzyć i zamknąć przybytek zamiast ciebie (kiedy już dochrapiesz się takiego totumfackiego, jest ci łatwiej, bo on jako twoja prawa ręka pomoże ci ze wszystkim). Ponadto układasz bądź akceptujesz przygotowane przez szefa kuchni lub pracowników grafiki pracy określające, którzy zawodnicy którego dnia przychodzą do roboty. Takie grafiki to też znój, jeśli nie masz wystarczająco dużo gotowej do pracy kadry. Każdy chciałby się wyrwać na jakiś urlop, komuś zmarła babcia, ktoś ma ślub, ktoś studiuje zaocznie, ktoś jest chory, ktoś inny w ciąży, a grafik musi to wszystko uwzględnić, połączyć i jeszcze zrobić to tak, żeby nie było strat w obsadzie i wszyscy byli zadowoleni. Oczywiście nie zawsze właściciel musi się mieszać w takie rzeczy. Bywa i tak, że nie ma on odpowiedniej wiedzy na temat osobistych uwarunkowań i talentów swoich pracowników, bo przecież najwięcej czasu spędza z nimi szef kuchni. I to szef kuchni wie, że nie może ustawić dwóch młodych kucharzy samych na dyżurze, bo się pogubią. Wie też, że w piątek należy spodziewać się większego ruchu niż w środę, więc potrzebna jest większa lub chociaż sprawniejsza obsada. Ale zna swoich ludzi i wie, jak ich zestawić. Jeśli jesteś po prostu inwestorem, to wyznaczasz kierownika restauracji, dyrektora, albo jak go tam chcesz nazwać, i on zajmuje się tymi pierdołami, a ciebie o to głowa nie boli. W małych lokalach jednak zazwyczaj to szef kuchni ustawia grafik, a osoba decyzyjna go zatwierdza. Do obowiązków właściciela należy też opieka nad wszelkiego rodzaju rozliczeniami, dokumentami, aktami osobowymi, raportami finansowymi. To on musi znaleźć księgową albo sam zajmować się sprawami fiskalnymi. Musi ogarniać budżet i kontrolować to, co robi z nim szef kuchni. Na szczęście istnieją programy komputerowe, które ułatwiają im życie.

Jak widzisz, nie ma jednego obowiązującego modelu. Wszystko jest kwestią wielu indywidualnych uwarunkowań, ale chyba najczęściej trafiałem na typ półinwestora, który zajmował się sprawami papierkowymi, a resztę zostawiał szefowi kuchni, choć wiele jego decyzji zatwierdzał i miał na nie wpływ. Szef prezentował mu na przykład projekt nowej karty, która będzie funkcjonowała w sezonie letnim, ale to właściciel był decydentem, bo przecież wykładał na to swoją kasę. W sieciowych restauracjach hotelowych jest inaczej – menu czy wystrój muszą być akceptowane przez centralę, która znajduje się na przykład w Stanach Zjednoczonych. Ale są też hotele sieciowe, przy których działają niesieciowe restauracje. W takim wypadku hotel i restauracja żyją w symbiozie, hotelowi goście nawet nie wiedzą, że knajpa to inna działalność, bo przecież pełni funkcję hotelowej. Ale nad wszystkim czuwa właściciel restauracji lub szef kuchni, a nie centrala w Miami.

Ciekawym aspektem, z którym każdy właściciel prędzej czy później będzie musiał się zetknąć, jest odpowiednie wyważenie działalności swojej knajpy i znalezienie złotego środka między „mieć" a „być". Nie czarujmy się: jeśli będziesz sprzedawał chłam, ale w dużych porcjach i tanio, to drzwi nie będą ci się zamykały. Możesz też na tym nieźle zarobić. Gorzej, jeśli będziesz ambitny i spróbujesz sprzedawać dobre jedzenie z dobrych składników, ale w równie konkurencyjnej cenie. Wtedy twoje „być" może się mieć nieco gorzej. Ale nie załamujmy rąk, bo wydaje mi się, że sytuacja się zmienia, a Polacy zaczęli cenić również dobre jedzenie. Choć wciąż dominuje opcja „dużo i tanio", to jednak gastronomia stała się modna, a klienci i kucharze są coraz bardziej świadomi. Nie zawsze też fakt, że na talerzu jest dużo, oznacza automatycznie, że muszą to być pomyje. Jeśli dasz komuś szmelc raz, to drugi raz nie dostaniesz od niego szansy. Nikt przy zdrowych zmysłach nie wpakuje się świadomie na minę dwa razy. Dlatego rynek weryfikuje i, o dziwo, pomaga szefom kuchni znaleźć złoty środek, bo nie może być ani za tanio, ani za drogo, ani za dużo, ani za mało. Ograniczeń jest więc na tyle dużo, że umiejscowienie się pośrodku jest względnie łatwe. Trzeba się zawsze liczyć z foodcostem. Niektóre potrawy mogą być na niższym, ale inne powinny być na wyższym. Trzeba komponować dania z głową – droższy składnik można uzupełnić tańszym dodatkiem, na przykład do mięsa dać zwykłe ziemniaki zamiast drogich frytek z batatów. Musi się opłacać restauratorowi, ale cyfry muszą też dobrze wyglądać w menu. Co to za problem poukładać dania po 400 złotych? Ale kto je kupi?

Jeszcze do niedawna pokutował mit, który wielu z powodzeniem wcielało w życie, że możesz puścić w restauracji byle rzygowiny, ale jeśli nazwiesz je ładnie po francusku albo jakiemuś innemu, to będą hulały aż miło. Czasy się zmieniły. Ludzie się wyedukowali, jeżdżą po świecie i nawet nie próbuj im wciskać kitu, bo szybko będziesz musiał przywitać się z komornikiem. Ten czas się skończył. Nikogo też nie nabierzesz na swoją światowość. Śledź to po francusku *hareng*, a po fińsku *silli*. Brzmi ładnie, ale czy to powód, żeby płacić za niego cztery razy więcej?

No i nie próbujcie mi wmówić, że nie można dobrze i ciekawie nakarmić klienta w niskiej cenie. Rynek jest zglobalizowany. W delikatesach słoiczek egzotycznego dodatku będzie wydawał się drogi, ale w hurcie już niekoniecznie, dlatego afrykańskie czy azjatyckie restauracje wcale nie muszą oferować horrendalnie drogich dań. Choć mogą, jeśli celują w koneserów takiej kuchni.

Dobre komponowanie potraw uwzględniające foodcost, a przede wszystkim kombinowanie, co z czym połączyć, żeby dobrze smakowało i nie cisnęło po kieszeni, to rzecz kluczowa.

Użeranie się

Zapewne zorientowałeś się, że kilka stron temu namalowałem pewien obraz Sanepidu. Nie jest to obraz zbyt sympatyczny, bo działanie tej instytucji wielokrotnie ogranicza się do czepiania się pierdół w dobrze wykonanym i przemyślanym projekcie oraz olewania zgłoszeń o karaluchach w barze pod dworcem, bo prowadzący go pan Henryk tak ładnie się uśmiecha. Ale czasami sam fakt użerania się z Sanepidem może uświadomić niedoświadczonemu restauratorowi, że na niektóre kwestie, takie jak higiena, trzeba zwrócić uwagę. Serio, nie wszyscy zdają sobie z tego sprawę, tak jak nie wszyscy wiedzą, że obcinanie paznokci u nóg w restauracyjnej kuchni nie jest spoko. Inni owszem, wiedzą, ale mają to w dupie. A jednak miecz Damoklesa w postaci Sanepidu zmusza ich do pilnowania pewnych rzeczy i – choć czasami trudno to przyznać – wychodzi im to na dobre. Im oraz ich gościom. Cokolwiek by powiedzieć o Sanepidzie – a jego działanie naprawdę często mija się z logiką i woła o pomstę do nieba – to jego istnienie jest niezbędne i pewnie wiele razy uratowało nam życie, kiedy przyszło nam się zmierzyć z grochówką z plastikowego talerzyka w barze w przejściu pod dworcem.

Panie i panowie z Sanepidu mają prawo przeprowadzać kontrolę w lokalach gastronomicznych, żeby weryfikować, czy ich poprawki i zalecenia zostały wdrożone, i żeby trzymać rękę na pulsie. Czasami muszą ruszyć w miasto z powodu skarg lub doniesień klientów lokali czy ich sąsiadów. Jeśli coś im nie pasuje, mogą nałożyć kary finansowe, cofnąć pozwolenie na prowadzenie działalności gastronomicznej lub nawet wpakować restauratora za kratki. Pomijając możliwość siedzenia w pierdlu lub zamknięcia biznesu, bardzo często boleśniejszą od grzywien karą jest sama konieczność zadawania się z pracownicami Sanepidu.

Wstyd to pisać, ale w 2016 roku wciąż najłatwiejszym sposobem dogadania się z Sanepidem są łapówki. Iluż restauratorów uniknęło pierdolenia się z niekończącymi się poprawkami w projekcie tylko dzięki zwykłemu podarkowi w postaci butelki czegoś dobrego! Stara gwardia lubi dostać kopertę. Czasami kontrolerzy sami to wymuszają – przychodzą w środku lata i czepiają się, że lata mucha albo że jest para nad garnkiem, ewidentnie domagając się, żeby ich uciszyć zwitkiem banknotów wepchniętym do ręki. W wielu wypadkach po prostu wiem, że dla świętego spokoju babki z Sanepidu były opłacane i żyły bardziej z łapówek niż z pensji.

Najśmieszniejsze jest to, że inspektor z Sanepidu musi wcześniej skontaktować się z restauracją i ustalić termin kontroli. Jedynie w wyjątkowych sytuacjach (zagrożenie zdrowia, życia lub środowiska naturalnego) inspektorzy mogą wpaść z zaskoczenia. Dlatego działalność Sanepidu często mija się z celem – jego pracownicy trafiają na kuchnię specjalnie przygotowaną do kontroli, czyściutką i błyszczącą, podczas gdy na co dzień karaluchy reagują już na imiona. Kontroli nie można odmówić, lepiej jej też nie utrudniać, bo inspektorzy mają prawo wlepić przeszkadzającemu przedsiębiorcy grzywnę i chętnie to zrobią, bo zawsze fajnie udupić kogoś, jak cię wkurwia. Za każdym razem przedstawiony musi być cel i ogólny zakres inspekcji, żeby nie było, że kilku typów pokazuje legitymację, wchodzi i po prostu szuka dziury w całym. Na tę okoliczność restaurator lub osoba przez niego upoważniona powinna przygotować papiery – oprócz standardowych umów i pozwoleń również umowę na wywóz nieczystości, sprawozdania z badań próbek wody, protokół pomiarów wydajności i głośności wentylacji (tak, tak, takie rzeczy trzeba mieć).

Uczulam – choć kontrole są zapowiedziane i dzięki temu masz czas, żeby doprowadzić restaurację do stanu używalności, to jednak nie uda ci się to, jeśli standardowo masz tam armagedon. Inspektorzy z Sanepidu to nie dzieci z przedszkola – wiedzą, o co chodzi, jak powinno wszystko wyglądać i czego się spodziewać. Po prostu znajdą dowód na to, że na co dzień nie jest tak fajnie, jak mówisz. Nie wyplenisz na amen mrówek w dwa dni. Nie usuniesz myszy ani karaluchów (a one pojawią się oczywiście w najmniej pożądanym momencie). Ta głupia nornica znowu zrobi ci podkop do spiżarni, a w pośpiechu zapomnisz wyrzucić ten zgniły kawałek mięsa z chłodni. Lepiej pilnować wszystkiego na co dzień, bo jeśli inspektor spyta twoich pracowników, jakie formularze muszą wypełniać, jakich zapisów dokonywać, a oni zrobią wielkie oczy, to leżysz. Twoi debilni kucharze podpadną też, jeśli będą używali brudnych naczyń, stawiali rzeczy na podłodze czy próbowali potraw palcem. Do tego jeszcze takie pierdoły, jak instrukcje mycia rąk, kosze na śmieci, dezynfekcja, przechowywanie wszelkiej chemii, ścierki do naczyń, sprawność sprzętu, książeczki zdrowia, dokumentacja HACCP... Punktów, do których inspektor Sanepidu może się przypieprzyć, jest na tyle dużo, że dopilnowanie wszystkiego w krótkim czasie jest właściwie niemożliwe. Dlatego lepiej dbać o to na co dzień.

Inspektorzy Sanepidu mają tę przypadłość, że nie udają się na kontrole wieczorami, tylko w godzinach swojej pracy. Dla większości restauracji to dobrze, przynajmniej nikt nie będzie się wpieprzał tu i tam w porze największego obłożenia.

Ogólnie rzecz biorąc, Sanepidowi nie opłaca się dopierdalać do wszystkiego i dążyć do pozamykania jak największej liczby knajp. Tu nie o to chodzi. Jeśli pozamykają wszystko w pizdu, to ucierpi na tym gospodarka i odetną się od łapówek. Ich zadaniem jest tak naprawdę pilnowanie jakości obsługi, a dziwne nieraz przepisy mają to wymusić. Ale znów – zależy, na kogo trafisz. Jak trafisz na uzbrojony w papiloty relikt poprzedniej epoki w żakiecie z 1979, to jest duża szansa, że w jego głowie kołacze się mocno zawirusowany system operacyjny, który podpowiada: „Im więcej knajp, tym więcej pracy". Dlatego relikt może stwierdzić, że fajnie byłoby wszystko pozamykać, a wtedy można by sobie siedzieć w biurze, jeść czekoladki i układać pasjansa na komputerze z Windowsem 95. Jeśliś młody i wykształcony, to pewnie masz skojarzenia ze słynnymi paniami z dziekanatu i bardzo słusznie – na oba te stanowiska często rekrutuje się obywateli ósmego kręgu piekła. Z kolei im więcej knajp, tym lepiej – pod tym względem – dla restauracji, bo nawet zasoby ludzkie Sanepidu i ósmego kręgu piekła są ograniczone, a przecież wszystkie lokale trzeba raz na jakiś czas obskoczyć.

Ale właśnie – raz na jakiś czas, czyli jak często? Zależy od miejsca. Jeżeli kontrolerzy nie znaleźli większych uchybień, jeżeli na ich biurkach nie mnożyły się skargi i donosy na daną knajpę, to wpadali raz na pół roku czy na rok. Jeśli zaś pani relikt przypieprzyła się do czegoś, na przykład odkryła, że brakuje szafki na chemię i w majestacie urzędu nakazała to naprawić, to potrafiła wpadać i co miesiąc, żeby sprawdzić, czy jej słowa stały się ciałem. Ale zdarzało mi się pracować w restauracjach, których właściciele postanawiali iść na wymianę ciosów z Sanepidem – wtedy Sanepid zaglądał do nas systematycznie i za każdym razem wlepiał za coś mandat. Dwie czy trzy stówki płaciło się z miejsca i był spokój na następne dwa tygodnie. Nie ma zasady, że w danej restauracji kontrola Sanepidu musi odbyć się przynajmniej raz do roku. Inspektorzy ruszają w miasto, jeśli mają podejrzenie uchybień w restauracji, dostali jakiś donos, ktoś im czymś podpadł. Jeśli wszystko jest okej, to wpadają wtedy, kiedy im się przypomni – nie ma żadnych odgórnych regulacji w tej materii. Urzędnicy działają według harmonogramów, które oczywiście można zmieniać, ale jeśli u ciebie szafa gra, to mogą wpaść na przykład raz na trzy lata, bo wiedzą, że pilnujesz czystości i nie ma sensu tracić na ciebie czasu.

Nie znam kwot łapówek, jakie się wręcza (a może wręczało?) starej sanepidowskiej gwardii. Cennik zależał pewnie od tego, jak bardzo dana restauracja była zapuszczona i ile gotówki mógł na to przeznaczyć jej właściciel. Często zamiast banknotów stosowano podarunki rzeczowe – fajna whisky, siatka dobrych mięs, może jakaś specjalność zakładu.

Gwiazdy, celebryci, indywidua i inne psiekrwie

Na zachodzie działa instytucja eksperta tudzież recenzenta kulinarnego. W Polsce wiem o istnieniu jednego człowieka, którego można nazwać tym mianem, bo Piotr Adamczewski już niestety nie żyje. Pewnie funkcjonuje też z powodzeniem jeszcze kilku, których nie miałem okazji poznać. Media mamy takie, jakie mamy, a na dodatek upowszechnienie się internetu pozwoliło każdemu byle bęcwałowi przywdziać szaty eksperta w jakiejś dziedzinie, więc mamy kilku profesjonalnych recenzentów, kilka liczących się blogów i pewnie z milion blogów, blożków, blogasków pseudorecenzentów i pseudoekspertów, których kompetencje kończą się na ugotowaniu makaronu. Są też tacy, którzy pracują dla lokalnych mediów, prowadzą na regionalnych portalach rubryki, w których recenzują nowo powstałe lokale, ale piszą herezje, bo się po prostu nie znają. Gdyby był pośród nich jeden, który faktycznie zna się na rzeczy, na przykład był kucharzem, który zrezygnował z pracy w kuchni na rzecz pisania o niej, to czapki z głów – ja takiego jeszcze nie poznałem. Oczywiście mamy Macieja Nowaka, który cieszy się jakąś renomą, recenzuje restauracje, jest poczytny, jego teksty trzymają się kupy i są rzetelne. W niektórych restauracjach kelnerzy są wyposażeni w jego zdjęcie z adnotacją: „Jeśli ten pan się pojawi w restauracji, to macie giąć się w pokłonach i wszystko ma być tip-top". Są też blogerzy – część restauratorów się ich boi, część nie. Blogerów jest na tyle dużo, że można ich pogrupować według lig. Ci, którzy są najpoczytniejsi, znają się na rzeczy i tak dalej, nie mogą sobie pozwolić na nierzetelność, bo spadną im liczby odsłon, a co za tym idzie – przychody z reklam. Reszta – wolna amerykanka. Osmarują restaurację A, bo restauracja B zaproponowała im za to bon zniżkowy na lunch. Gdzieś pomiędzy zaczyna funkcjonować typ cichociemnych, czyli recenzentów z przewodników. Ich trudno poznać, nie robią zdjęć komórką, nie mają twarzy Macieja Nowaka ani żadnego innego rozpoznawalnego osobnika z branży medialnej czy kulinarnej. Przychodzą, jedzą, w domu piszą, a potem się dowiadujesz, że dostałeś w jakimś przewodniku pół czapki albo cztery siódme chochli. Warto jednak uściślić, że przewodniki nie są mimo wszystko szczytem rzetelności.

W czasach, kiedy każdy ma możliwość publikowania, ekspertem możesz zostać i ty. Tylko po co? Czy uda ci się przekonać ludzi, że to właśnie twojemu gustowi powinni zaufać, bo się na tym znasz jak mało kto? Założysz sobie bloga, opiszesz swoje wrażenia z KFC i baru mlecznego. Smak to kwestia subiektywna. W dobie internetu każdy może pisać, ale jest różnica między profesjonalistą i uznanym ekspertem a typkiem, który poszedł do knajpy i mu smakowało albo nie – jeden ma przynajmniej podstawy teoretyczne (a często i praktyczne) i potrafi o nich pisać niekoniecznie fachowym językiem, tak że jest zrozumiały dla szerszego grona odbiorców, drugi nie ma żadnej wiedzy o opisywanej przez siebie materii, a jego umiejętność posługiwania się językiem polskim w piśmie wywołuje spazmy śmiechu nawet u gimnazjalistów. Pracując w jednej z pierwszych w Polsce restauracji azjatyckich, trafiłem do rubryki z recenzjami kulinarnymi w jakimś babskim piśmie. Sęk w tym, że redaktor na co dzień zajmował się motoryzacją. Może dlatego o sushi pisał „suszona ryba". Kuchnia to subiektywne doznania, ale jeśli chcesz o nich pisać czy mówić, to potrzebujesz też wiedzy. Musisz dostarczyć konkretnej informacji o produkcie. Wiedzieć, jak odróżnić metody obróbki, techniki. I musisz mimo wszystko zdobyć się na jak największy obiektywizm. Absolutny obiektywizm to utopia, ale nawet reklamować można rzetelnie. Tymczasem nierzetelni i pozbawieni wiedzy publicyści, blogerzy, youtuberzy to zło tej ziemi.

Jak się zatem z blogerskim elementem obchodzić? Zapoznaj się z najlepszymi publicystami. Współpracuj tylko z tymi, których sam uznasz za rzetelnych. Ale nie traktuj ich jak bogów. Nie nadskakuj, nie całuj po nogach, byleby tylko napisali o tobie coś miłego. W restauracji panuje demokracja. Obsłuż ich tak samo jak innych. Bloger jest tak naprawdę twoim narzędziem. Ma sprowadzić do ciebie rzesze ludzi, jeśli jesteś tego oczywiście godny. Ale jeśli blogerowi będzie u ciebie jak w niebie i opisze wszystko w samych superlatywach, a zachęcony jego tekstem klient dostanie u ciebie pomyje, to i tak stracisz tego klienta. A na dodatek sam niewinny autor wyjdzie na niewiarygodnego. Jeżeli ktoś napisze o twojej knajpie coś złego, to wyciągnij wnioski. A te mogą być dwojakie – albo wiesz, że wszystko było dobrze i z jakiegoś powodu recenzent pierdolił smuty, albo rzetelnie wskazuje ci rzeczy, które można jeszcze podciągnąć.

Wydaje mi się, że wśród dziennikarzy jest troszeczkę lepiej, bo sprawniej operują językiem, no i – przynajmniej ci starsi – wciąż opierają się na weryfikacji danych. Ponadto ponoszą odpowiedzialność (jak skrewią, to wylecą z roboty i nie będą mieli za co opłacić rachunków) i jakość piśmiennictwa jest pilnowana przez redaktora naczelnego czy wydawcę, a koniec końców również przez czytelników. To zresztą podobny system jak w wypadku blogerów, którzy wybili się na tyle, by móc żyć – albo przynajmniej czerpać wymierne korzyści finansowe – z bloga – jeśli będą nierzetelni i po prostu słabi, to spadną im dochody.

Zagłębianie się w krytykę w mediach tradycyjnych czy cyfrowych, a już nie daj Boże w opinie bezimiennych internetowych trolli i komentatorów, to samobójstwo. Próba jakiejkolwiek polemiki z nimi to samobójstwo połączone z udupieniem całego rodu do trzech pokoleń wstecz i wprzód. To po prostu nie ma sensu. Najlepsza reakcja na krytykę? Podejść do niej z dystansem, bez emocji. Wybrać te aspekty, które faktycznie niedomagają. Zabrać się do poprawy stanu rzeczy. Resztę olać. Artykuł opublikowany na stronie czy w gazecie możesz sprostować, jeśli podano w nim błędne informacje. Lecz jeśli były to opinie – a stwierdzenie „nie smakowało mi" jest opinią – to możesz się swoim sprostowaniem podetrzeć. Komentarz jakiegoś użytkownika napisany pod takim artykułem możesz sobie co najwyżej wsadzić w tyłek. Ewentualnie możesz próbować skontaktować się z wydawcą serwisu i prosić o usunięcie konkretnego wpisu, bo jest krzywdzący albo obraźliwy, jeśli ktoś już pojechał po bandzie. Ale sam fakt, że w ogóle na ten komentarz trafiłeś, że zagłębiłeś się w ten internetowy basen z szambem, powinien dać ci do myślenia. Bierz pod rozwagę jedynie opinie ludzi, którzy mieli jaja się pod nimi podpisać. Reszta niech dla ciebie nie istnieje.

Jest jeszcze jeden rodzaj osobowości gastronomicznych – kulinarni celebryci. Celebryci to nie gwiazdy. Jedni i drudzy są znani i mniej lub bardziej rozpoznawalni, ale gwiazdy mają jakieś konkretne osiągnięcia w danej dziedzinie, a celebryci nie. Na rynku kulinarnym jest kilka nazwisk ludzi wykonujących zawód szefa kuchni, którym udało się wykreować, którzy potrafią brylować w mediach, ale w rywalizacji z innymi kucharzami na umiejętności kucharskie, zarządzanie restauracją, wiedzę o kuchni, kreowanie potraw i łączenie smaków przepadają z kretesem. Słowem – branża ma z nich bekę i traktuje ich jako wydmuszkę. Szef kuchni powinien być w swojej restauracji i pilnować jakości wydawanych posiłków oraz obsługi. Jeżeli restauracja, delikatnie mówiąc, nie zbiera najwyższych not, ale szef kuchni całe dnie spędza w telewizyjnym lub radiowym studio, to raczej jest skutecznym PR-owcem niż dobrym szefem. Media mogą zrobić gwiazdę z kogoś, kto o kuchni ma pojęcie nie większe niż przeciętna pani domu, a czasami nawet mniejsze, ale za to ma ładną buzię czy ciekawe nazwisko. To tyle o celebrytach.

Co innego gwiazdy – cały czas powtarzam, że smak to rzecz subiektywna, ale nikt przy zdrowych zmysłach nie będzie się upierał, że taki Gordon Ramsay albo na polskim podwórku Wojciech Amaro czy Karol Okrasa nie mają osiągnięć i są nieudacznikami. Można lubić ich kuchnię lub jej nie lubić, można lubić ich medialny wizerunek lub wręcz przeciwnie, ale wszyscy trzej (takich przykładów jest na szczęście jeszcze kilka nawet w kraju nad Wisłą) mają wiedzę, umiejętności i SUKCESY, które na dodatek trwają. Prowadzone przez nich restauracje słyną z jakości i świetnie prosperują. Oni sami dopracowali się statusu świetnych szefów kuchni, profesjonalistów, ekspertów w swojej dziedzinie. To, że potrafią dobrze wypaść w mediach, że kamera ich lubi, że dostają propozycje występów w programach, które przyjmują, w ten sposób zdobywając nowych fanów i klientów swoich restauracji, to tylko dodatkowy atut. Osiągnięcie etapu „gwiazda mediów" zostało jednak poprzedzone latami rzetelnej pracy i wspinania się po szczeblach jakości. Zatem gwiazdy – tak, celebryci – do nauki.

Nie zrozumcie mnie źle – nie namawiam do gwiazdorzenia. Bardziej niż medialne gwiazdy, niezależnie od ich wielkich niekiedy osiągnięć, cenię sobie kucharzy, którzy robią fenomenalną robotę, świetnie karmią, prowadzą kapitalnie działające restauracje, do których ludzie walą drzwiami i oknami, a z których wychodzą zadowoleni. Wolę skromnych, cichych, ale ambitnych i zdolnych. Największym sukcesem w tej branży nie są drogie samochody ani sesje zdjęciowe i wywiady, ani nawet gwiazdki czy przewodniki. Największym sukcesem jest nieustający pochód zadowolonych i powracających do twojej restauracji gości.

Jeśli ludzie będą przychodzić do ciebie, to nie uderzy ci do głowy woda sodowa, lecz jeśli ty zaczniesz łazić do telewizji, to kto wie. Muszę jednak szczerze przyznać, że kulinarne gwiazdy, a nawet ci cholerni celebryci swoje dla całej gastronomii zrobili. To w dużej mierze dzięki ich obecności na okładkach Polacy wyleźli spod kamienia, znaczy z domu, i zaczęli stołować się na mieście, szukać nowych smaków, próbować nowych doznań kulinarnych. Za to czapki z głów, ale na krótko, żeby im sodówka nie odwaliła.

Celebryci, o dziwo, są chętnie zatrudniani, ale w sumie nie wiem dlaczego. Przecież dzisiaj są, a jutro ich nie będzie. Nałapią ci klientów dziś, ale jutro już nie. Miesiąc, dwa, trzy, a potem przyjdzie nowa twarz. Podejrzewam jednak, że bycie celebrytą się opłaca. Jeśli zaproszą takiego na pokaz, to może on wprawdzie zażądać kilku tysięcy za zrobienie mielonych, ale za to przyciągnie ludzi, podczas gdy anonimowy kucharz potrafi za sześćset złotych zrobić cuda, ale nikogo to nie będzie interesowało.

Z wszelkiego rodzaju modami trzeba uważać. Celebryci i gwiazdy się w tym mieszczą. Żeby nie wypaść z obiegu, żeby z czasem nie trącić myszką, trzeba te mody śledzić i próbować za nimi nadążać, ale znów – rozsądnie. Jak popadniesz w paranoję, to co tydzień po kolejnym odcinku ulubionego programu telewizyjnego będziesz zmieniał kartę. A wystrój nawet codziennie, po każdym seansie telewizji śniadaniowej. Innymi słowy – odwali ci do reszty. Umiejętność odsiewania ziarna od plew, dobierania sobie z wszelkiego rodzaju mód tego, co najlepiej będzie się komponowało z wypracowaną drogą, jest po prostu bezcenna. Trzeba twardo stać na ziemi, żeby taką umiejętność w sobie wykształcić, nie uczą tego w szkołach. Wydaje mi się też, że jeśli będziesz potrafił przeciwstawić się jakiejś modzie, która z siłą tsunami wdziera się do każdej knajpy w kraju, to z natury rzeczy będziesz się wyróżniał z tłumu. Przykłady można mnożyć – najpierw ładne nazywanie potraw niemające nic wspólnego z ich opisem, potem kuchnia molekularna, nieco później kuchnia regionalna, potem znowu wszystko sous-vide, nawet pierogi, w kolejnych miesiącach pianki i żele… Warto to wszystko znać, pewnie, ale nie można tracić głowy. Jeśli nauczysz się wszystkich technik, będziesz eksperymentował z fakturami i nie wiadomo czym, a nie będziesz potrafił zrobić dobrego naleśnika, to sorry – nie będziesz kucharzem, tylko jakąś chwilową odpowiedzią na równie chwilowe zapotrzebowanie. Wielu szefów kuchni potwierdzi, że często przychodzą do nich kandydaci do pracy, którzy przechwalają się, że potrafią robić czipsy, pianki, umieją emulgować i sferyfikować. Ale gdy zapytasz takiego, jak zrobić sos holenderski i czym on się różni od sosu bearneńskiego, to będzie robić wielkie oczy i drapać się po łysinie.

Jak samemu kreować mody w kuchni? Przede wszystkim musisz mieć odbiorców. Jeśli już osiągniesz pozycję szefa, którego inni obserwują i którego ludzie starają się naśladować, to pierwszy schodek za tobą. Potem – idź za instynktem, wyobraźnią. Mody powstają dlatego, że popularny robi się ktoś, kto obrał własną, oryginalną ścieżkę. Ktoś zaczął gotować bez użycia mięsa, ktoś inny zrezygnował z różnych powodów z jajek, ktoś inny wyeliminował gluten, a jeszcze jeden wyrzucił z kuchni cukier albo sól. Ktoś nadawał swoim daniom ciekawe formy, ktoś inny gotował przy użyciu nowoczesnych technologii, a ten z naprzeciwka korzystał ze starodawnych receptur. Ścieżki okazywały się nie tylko oryginalne, ale i pociągające dla odbiorców, więc inni poszli w jego ślady. W międzyczasie ktoś o jednej z nich napisał, ktoś inny zaczął opowiadać, jeszcze ktoś się zachwycił i zaprosił kogoś na pokaz – wirus zaczął się szerzyć. Ale prędzej czy później każdy z trendów się znudzi i większość restauracji powstałych na tej fali albo przestanie istnieć, albo zmieni profil. Pozostaną tylko ci, którzy robili to najlepiej, najciekawiej, najsmaczniej. Do tworzenia mód potrzebna jest wiedza. Sir Benjamin Thompson, który pod koniec XVIII wieku rozpoczął całą akcję z gotowaniem próżniowym, próbował po prostu opracować jakiś fajny sposób konserwowania żywności. Inni eksperymentatorzy interesowali się na przykład procesami chemicznymi, jakie zachodzą w danych produktach żywnościowych, i wpadali na kolejne pomysły na obróbkę termiczną. Jeszcze inni próbowali ustalić, jak dane potrawy i produkty smakowały wieki temu, więc odgrzebywali w przepastnych archiwach starożytne receptury i techniki. Ktoś, kto po raz pierwszy wydoił krowę, zapewne wcześniej obserwował, jak się zachowywały cielęta. Wszystkich łączyło jedno: mieli wiedzę, a chcieli jej mieć jeszcze więcej. Byli ciekawscy. Nie wiem, jak to jest być odkrywcą, ale z dużą pewnością mogę stwierdzić, że ciężko coś wynaleźć, siedząc na kanapie z pilotem w ręku i czekając, aż na głowę spadnie z sufitu oświecające jabłko. Gastronomia jest tak naprawdę powiązana z każdą dziedziną naszego życia, bo jedzenie jest naszym napędem. Wykorzystujmy zatem zarówno wiedzę o nas samych – psychologię, anatomię, antropologię – jak i nowe zdobycze techniki. Sprawiajmy, że jedzenie będzie zdrowsze, smaczniejsze, że będzie można je pozyskać bez szkody dla środowiska naturalnego, że będzie lepiej dostosowane do naszych indywidualnych potrzeb i upodobań. Nowe technologie to zresztą bardzo intrygująca dziedzina do nieustannego adaptowania jej w kuchni. Właśnie dzięki nim systematycznie wprowadzamy do jadłospisu składniki, które wcześniej uznawaliśmy za niejadalne lub nie przyszło nam do głowy, by ich spróbować. Bo przecież nie wiemy, czy odpowiednie potraktowanie kory brzozy nie sprawi, że stanie się ona znakomitym dodatkiem do wieprzowiny. A może za chwilę będziemy zajadać się także odpowiednio spreparowanym budyniem z drobnego bornholmskiego piasku? Obecnie jest to nie do pomyślenia, ale naukowcy i kucharze cały czas eksperymentują, tworzą, ponoszą porażki i odnoszą sukcesy. Na dodatek świat nieustannie się zmniejsza, więc poznajemy inne kultury, również kulinarne. Jadłeś już ślimaki? Pająka? Świnkę morską? Gąbkę? Zupę z gniazd salangan?

Kiedyś wiedzę o gotowaniu i pomysły na nowe dania czerpano z książek. Ludzie, którzy znali się na kuchni, pisali, wydawnictwo wydawało, ludzie, którzy chcieli się poznać na kuchni, kupowali, księgarnie sprzedawały. Na tomiszczu *Kuchnia polska* pod redakcją Stanisława Bergera przez pół wieku wychowywały się panie domu i prawdopodobnie na niejednym strychu wciąż można znaleźć jakiś pożółkły egzemplarz. Jedną z pierwszych cenionych autorek, które przetarły szlaki, była Lucyna Ćwierczakiewiczowa, która swoje książki publikowała w drugiej połowie XIX wieku. Kiedy przychodziła na świat, żyli jeszcze Mickiewicz i Chopin. To była być może nasza pierwsza kulinarna gwiazda. Jedną z jej książek kupiłem na straganie w Warszawie. Wciąż ją mam – pachnie strychem i pleśnią, ma pożółkłe i luźne kartki. Ćwierczakiewiczowa już wtedy miała ponoć dość cięty język – widać to nieodzowne w tej branży.

Kolejną wartą wzmianki autorką książek kulinarnych jest Hanna Szymanderska, w moim odczuciu godna następczyni Ćwierczakiewiczowej. Przekazywała wiedzę w ciepły i sympatyczny sposób. Opublikowała kilkadziesiąt książek, a sporo z nich dotyczyło kuchni staropolskiej. Zbierała stare przepisy i kleciła z nich kompendia wiedzy. Zginęła w wypadku samochodowym, w którym uczestniczył również inny znany z telewizji kucharz – Grzegorz Komendarek.

Dzisiaj wszyscy piszą książki kulinarne lub kucharskie, a w dowolnej księgarni znajdziesz całe regały zapchane tym szmelcem. A najlepsze jest to, że większość tych książek została napisana (albo przynajmniej podpisana) przez ludzi, którzy nie mają nic wspólnego z jakimkolwiek profesjonalnym gotowaniem. Kasia Cichopek napisała już ze dwie. Taki regał to zresztą plejada nazwisk gwiazd, które zniknęły z firmamentu lub nie do końca dobrze sobie na nim radzą. Szybki rzut oka na stronę internetowej księgarni: Anna Jurksztowicz, Beata Pawlikowska, Ewa Chodakowska, Agnieszka Maciąg, Sophia Loren, Cezary Gmyz,

Anna Popek. Czy żeby mieć jakiekolwiek szanse na sprzedaż książki kucharskiej, trzeba ją firmować jakimś znanym nazwiskiem, nawet jeśli posiadacz tego nazwiska nigdy nie stał w kuchni? Szanowne wydawnictwa, proszę się wypowiedzieć.

Opublikowanie książki kucharskiej często przykleja się do ogólnego medialnego wizerunku danej osoby lub jest jego wynikiem. I tak mamy na przykład panie, które chcą uchodzić za wzór nowoczesnej żony i matki, więc publikują książkę kucharską. Mamy też panie, które w mediach słyną z promowania zdrowego stylu życia, ćwiczeń i zamiany jedzenia steków na jedzenie otrębów, więc publikują książkę kucharską o rzekomo zdrowej kuchni. W jednym i drugim wypadku image takiej osoby przykleja się do niej jak plaster i trudno mi sobie wyobrazić, żeby ktoś zdecydował się zatrudnić posiadającą taki plaster aktorkę do jakiejś poważnej roli innej niż rola pani domu w telewizyjnym tasiemcu. Ten plaster nie przyczepił się chyba tylko do Bogusława Lindy. Tak, on też wydał pod swoim nazwiskiem książkę kucharską, ale jego wizerunek był już wtedy od dawna ustabilizowany. Poza tym nikt przy zdrowych zmysłach nie podskoczy Bogusławowi Lindzie.

Oczywiście swoje książki na półkach sklepowych ma też plejada mniejszych i większych gwiazd kuchni, co jest akurat bardziej zrozumiałe: Makłowicz, Wachowicz, Oliver, Moran, Ramsay, Lawson, Jakubiak, Gessler, Child, Sowa, Amaro, Kuroń, Okrasa. Jeśli ktoś ma pisać poczytne książki kucharskie, to właśnie takie persony.

Wśród pracowników naukowych panuje moda na wydawanie krótko przed emeryturą swojej biografii. Nudne to jak cholera i nikomu niepotrzebne (jedną taką jako ghostwriter popełniłem, więc wiem, co mówię). Pośród szefów kuchni nie ma natomiast mody na pisanie książek kucharskich. Jasne, są kozacy, którzy jakieś tam tworzą, wydają, można je kupić, ale zazwyczaj nie jest o nich głośno, bo ich nazwiska niewielu osobom cokolwiek mówią. Poza tym szefowie kuchni nie mają zbyt dużo wolnego czasu, który mogliby poświęcić na takie pierdoły. Jeśli uda się wyłuskać 2–3 godziny, to lepiej przeznaczyć je dla rodziny, póki jeszcze nie doszło do rozwodu. Na pisanie zostaje noc, a noce też służą do czegoś innego, bo gatunek sam się nie przedłuży, a i 500 złotych na drugie dziecko zawsze się przyda. Można więc zrobić rozróżnienie – albo jesteś szefem kuchni i książki oraz programy masz w poważaniu, bo brak ci na to czasu, albo jesteś gwiazdą lub celebrytą, który z programów i książek żyje, więc po prostu traktujesz je jako swój zawód lub jego przedłużenie. Oprócz celebrytów i osób ze świata kulinarnego książki kucharskie publikuje też masa ludzi, którzy są po prostu nieznani. Jacyś zwykli kucharze bez specjalnych osiągnięć, ale za to ze znajomościami w wydawnictwie, redaktorzy, siostry zakonne, ktokolwiek – jeśli akurat wydawnictwo chce taką książkę opublikować, to znalezienie autora wydaje się rzeczą banalną. W rezultacie mam czasem wrażenie, że chyba tylko ja nie napisałem jeszcze książki kucharskiej.

Dziś ludzie nie czerpią pomysłów z książek. No, może trochę. Główny nacisk przeniósł się na programy kulinarne w telewizji, a potem na internet.

Nie wiem, kiedy powstał pierwszy program kulinarny, ale wydaje mi się, że to forma stara jak telewizja. Najdziwniejsze jest to, że niewiele się w nich zmieniło przez dziesiątki lat. Kiedy dziś odpalam kanał kulinarny w telewizji, wciąż widzę nijakie, zupełnie niecharakterystyczne kobiety i nudnych facetów, którzy w równie ślamazarny i pozbawiony charakteru sposób pokazują, jak ugotować makaron. Chryste. Pastelowe ubrania, czyściutkie, lśniące kuchnie i gadka jak do przedszkolaków. Zero energii, zero humoru, zero rzeczywistości, zero charakteru. Kto to ogląda? Czy puszcza się to więźniom w Guantanamo?

Pośród programów kulinarnych są chlubne wyjątki, aczkolwiek w polskiej telewizji zadomowił się chyba tylko jeden.

Zagraniczne telewizje kręcą swoje serie na całym świecie, każą swoim prowadzącym odkrywać dziwne potrawy z innych kontynentów, oprowadzają ich po zakładach przetwórstwa, fundują im przygody, które są filmowane i pokazywane. Coś się w tych programach dzieje – jest akcja, jest wiedza, jest prowadzący, który jest JAKIŚ. Może nie jest najprzystojniejszy i najlepiej ubrany, ale ma charyzmę, poczucie humoru, potrafi opowiadać, dzieli się z widzami swoją wyobraźnią i wiedzą. W naszym kraju chyba jedynie Robert Makłowicz potrafił przekuć talent w sukces, jakim bez wątpienia był prowadzony przez niego program.

Kiedy w 2008 roku w TVP pojawił się cykl „Podróże kulinarne Roberta Makłowicza", inni prowadzący i producenci programów kulinarnych mogli sobie co najwyżej strzelić w głowę. W programach Makłowicza było wszystko – kultura, historia, etnografia, gastronomia, geografia, podane w bardzo przyjemny sposób, okraszone dawką humoru i przyozdobione pięknymi ujęciami. W tych programach się po prostu coś działo. Przepisy (których sporą część niezwykle trudno było zrealizować w domowej kuchni ze względu na dostępność składników) Makłowicz prezentował nie w kuchni, lecz w terenie, we właściwym dla nich kontekście. Do tego opowiadał o sztuce, historii, odcyfrowywał dla widzów nieznane kulturowe kody i pojęcia. Bobek (tak do Roberta mówią znajomi) pokazywał nam to, o czym wszyscy marzyliśmy – cały świat. Podróżowaliśmy razem z nim, nie wstając z fotela. Jego program był podręcznikowym połączeniem nauki i rozrywki.

„Podróże..." wyprodukowała Ewa Wachowicz, była Miss Polonia i rzeczniczka rządu, a od lat producentka telewizyjna. Obecnie prowadzi ona własny program kulinarny, który jest zwyczajnie nudny. Trzeba jednak dodać, że jej program jest kierowany do innej publiczności – do kur domowych. A program Makłowicza – cholera wie, chyba do wszystkich na świecie i w okolicach.

Makłowicz został wypromowany przez Ewę Wachowicz. On sam może się obruszyć na takie zdanie, bo przecież wcześniej też się pojawiał w mediach, coś pisał, wiązał gdzieś krawaty, ale ja tak to widzę – przed „Podróżami..." nazwisko „Makłowicz" nic mi nie mówiło. A teraz bez dwóch zdań Robert jest jedną z najbardziej rozpoznawalnych postaci w kraju. Nie ma chyba osoby w Polsce, która nie poznałaby go na ulicy. Ludzie nie wiedzą, kim jest Maciej Nowak, ale wiedzą, kim jest Robert Makłowicz.

Programy Makłowicza przestałem oglądać, kiedy zacząłem z nim pracować. Nie dlatego, że mi zbrzydły, lecz dlatego, że nie miałem czasu, nudziłem się, bo wiedziałem, co w nich będzie. Trochę też dlatego, że czasami widziałem, że coś w montażu poszło nie tak. Zdarzały nam się fantastyczne ujęcia, totalnie przecudne i kosmiczne, które wylatywały w montażu, bo przyczepiała się jakaś bladź, która stwierdzała, że scenę trzeba wyciąć, bo to jest reklama wina.

A jak trafiłem do ekipy Makłowicza? Kiedyś wymyśliłem sobie, że chciałbym mieć własny program kulinarny. Okazało się, że jeden z moich znajomych był fryzjerem Ewy Wachowicz. Dostałem od niego jej adres mailowy, na który wysłałem wiadomość o tym, co bym chciał, co potrafię i kim w ogóle jestem. Zostałem zaproszony na przesłuchania (to był moment, kiedy Robert zastanawiał się nad swoją przyszłością w TVP i Ewa Wachowicz na wszelki wypadek szukała dla niego zastępstwa). Pojechałem i wróciłem na tarczy. To była być może największa porażka w moim życiu, ale się nie poddałem. Nękałem ją i wierciłem jej dziurę w brzuchu, aż w końcu (może po to, żebym się wreszcie odczepił) zaprosiła mnie do ekipy Makłowicza w charakterze pomocy technicznej. Moja praca z Robertem to był jeden z najpiękniejszych okresów w moim życiu. Podczas podróży z nim kilka razy poczułem, że złapałem Pana Boga za nogi.

Wszyscy Robertowi zazdroszczą, że podróżuje, smakuje, pije wino. Mało kto wie, jaka to katorga. Owszem, to nie jest najgorsza praca na świecie, ale nie jest też jak w bajce. Przez dziesięć miesięcy w roku jesteś poza domem. Większość czasu spędzasz na dupie w samolocie, samochodzie, na walizkach, w hotelach. Jesteś zmęczony, a przed kamerą musisz się uśmiechać i pokazywać piękno świata. Wcześniej musisz zrobić research. Przed nagraniami Robert jeździł z ekipą na dokumentację. Wyszukiwał miejsca, ludzi, wtedy też zapewne wynajdował przepisy, które chciał zaprezentować w programie. Czasami pokazywał palcem na jakąś górę i mówił: „dzisiaj kręcimy tam", więc zapierdalaliśmy pod górę ze stołem, garami, butlą gazową, kamerami i tak dalej. Od targania tego byłem ja. Fantastyczne było to, że gdziekolwiek się pojawialiśmy z kamerą, by pokazywać piękno danego miejsca, ludzie od razu robili się przemili. Starali się jak najlepiej nas ugościć, wpuszczali do miejsc, do których normalnie nie da się wejść – do gorzelni, winiarni, kuchni restauracyjnych, do masarni, mleczarni, zakładów cukierniczych… A my oglądaliśmy, chłonęliśmy, uczyliśmy się. Nauka to piękna sprawa.

Czasami telewizja kłamała. Pamiętam jakieś drobne ptaszyska, chyba przepiórki, które się zepsuły i strasznie jebały, ale przed kamerą trzeba było je ugotować zgodnie z przepisem, skosztować i mówić, że są rewelacyjne. A waliło w promieniu dziesięciu metrów tak, że nie dało się wytrzymać. Były też inne przygody. Na Węgrzech po raz pierwszy poczułem tak naprawdę ostrość papryki. Jako pomocnik przygotowywałem składniki do potraw – kroiłem i obierałem warzywa, które potem lądowały w tych miseczkach, filetowałem mięso i tak dalej. Wtedy kroiłem ostrą paprykę, a potem poszedłem w krzaki się odlać. Resztę dopowiedzcie sobie sami. Poza tym, żeby nagrać taką dwudziestominutówkę, na planie trzeba spędzić kilka, a czasem kilkanaście bitych godzin, więc do hotelu albo do samochodu wracaliśmy resztkami sił.

Co ciekawe, Robert Makłowicz nie jest kucharzem i nigdy nim nie był. Nigdy też się tego nie wstydził, bo i czego tu się wstydzić.

Słyszałem anegdoty, że podczas kręcenia pierwszych odcinków zdarzało mu się dzwonić do mamy, żeby zapytać, co się robi z żelatyną. Wielu kucharzy zarzucało mu (pewnie z zazdrości), że nie potrafi gotować, że chujowo kroi i tak dalej. Ale Robert nigdy nie twierdził, że jest kucharzem. Jest historykiem, więc opowiadał o miejscach, o potrawach. A przecież kuchnia też ma swoją historię i swoją kulturę. Chciałbym, żeby taki przeciętny kucharzyna miał 1% tej wiedzy na temat kulinariów i gastronomii, jaką posiada Robert Makłowicz.

Prywatnie Robert jest normalnym, wesołym człowiekiem, który ma wyjątkowe poczucie humoru i duży dystans do siebie. Cały czas jeździ i gotuje i cały czas jest w tym bezkonkurencyjny. Czapki z głów.

Ale przecież Robert nie jest pierwszym znanym telewizyjnym kucharzem, nawet w Polsce, która telewizyjną historię ma dość ubogą. Szlaki przecierał przecież nieżyjący już niestety Maciej Kuroń. Obecnie jest trochę inaczej. W telewizyjnych programach kulinarnych brakuje charyzmatycznych prowadzących, a jeśli już tacy się trafią – wszak choćby Karolowi Okrasie charyzmy odmówić nie sposób – to ich nagrania nikną gdzieś w tłumie, bo się niczym nie wyróżniają. Kiedy telewizje kupują formaty zagraniczne, często próbują wypromować za ich pomocą osoby, które z gastronomią nie mają kompletnie nic wspólnego. Kreuje się je na gwiazdy kulinarne, ale to nie działa, jeśli są pozbawione osobowości. Robert Makłowicz także nie jest zawodowym kucharzem, ale ma osobowość, a to jest przed kamerą najważniejsze.

Taką osobowość miała choćby Julia Child, która uczyła kuchni francuskiej połowę pań domu w Stanach Zjednoczonych. Child to nie była ówczesna wersja Nigelli Lawson – świetnie wyglądającej, seksownej i przebojowej prezenterki telewizyjnej, która trochę przypadkiem wylądowała przy garach. Child w trudnych powojennych czasach jako pierwsza kobieta ukończyła paryską Le Cordon Bleu, co dało jej solidne podstawy do pisania i opowiadania o kuchni. Nie nauczyła się tam jednak mówić. Miała wiecznie zatkany nos, oddychała przez usta i jej sapanie było doskonale słyszalne w programie, o czym możecie się przekonać, oglądając archiwalne odcinki w internecie. Ale to wszystko dodawało programowi życia. Oprócz wiedzy i umiejętności miała właśnie takie podstawowe z punktu widzenia dzisiejszej telewizji wady, które czyniły ją charakterystyczną. Na dodatek miała takie zwyczajne, proste podejście – opowiadała o tym, co robi, normalnie, po ludzku, bez jakiegoś protekcjonalizmu. Oglądając jej programy, nie mam wrażenia, że mówi do mnie jak do przedszkolaka (a takie wrażenie odnoszę nieustannie, gdy oglądam program Ewy Wachowicz). Kiedy w Stanach popularność zdobywało szybkie żarcie – mrożonki, mikrofale, puszki – Julia Child pokazywała ludziom, jak zrobić od podstaw sos beszamelowy, jak upiec kaczkę. Ponadto jej programy były żywe – jeśli kaczka wyśliznęła się Julii z rąk i pierdolnęła o blat, to tak to było pokazane w telewizji. Nikt tego nie ciął, nie montował, nie nagrywał jeszcze raz, bo takie sytuacje się przecież w kuchni zdarzają.

Zanim zobaczyłem pierwsze odcinki polskiej edycji „Top Chef", widziałem jakąś jego azjatycką wersję. Wydała mi się megasłaba. A potem zobaczyłem polską i było jeszcze gorzej. Niektóre programy się jakoś ratują. Magda Gessler w polskiej wersji „Rewolucji kulinarnych" daje radę, bo faktycznie podobna jest w pewien sposób do Ramsaya. Nie przepadam za „Rewolucjami", bo opierają się na agresji i na pewnego rodzaju przemocy, ale trzeba oddać Gessler, że być może po raz pierwszy pokazała szerokiej publiczności, jak niektóre restauracyjne kuchnie naprawdę wyglądają, i udowodniła, że można w nich coś zmienić. Chuj tam, że ci restauratorzy w dużej mierze nie ogarniają jej zmian i nie są w stanie pociągnąć dalej na odpowiednim poziomie – to nieważne, to już wina samych restauratorów, że nie chcą się uczyć. Ramsay w swoich programach – czy to w oryginalnej wersji „Rewolucji", czy w „Hell's Kitchen" – jest naturalny. Kiedy mówi do kogoś „pierdol się", to jest to naturalne, bo w kuchni na co dzień też mówi do wszystkich „pierdol się". Nie wiem, ile w tym prawdy, ale słyszałem, że w pierwszych odcinkach polskiej edycji „Hell's Kitchen" ktoś musiał pisać Wojciechowi Amaro teksty, bo ten po prostu nie jest typem agresora.

Ciekawostka, bo pewnie już tego nie pamiętacie: wspomniany wcześniej Bogusław Linda, znakomity przecież aktor, też miał swój program kulinarny w TVN. Nazywał się „Co ty wiesz o gotowaniu?". Delikatnie mówiąc, nie była to jego rola życia.

Telewizja to kuźnia celebrytów kulinarnych. Dzięki nim zawód kucharza przestał być obciachowy i znam już przypadki ludzi, którzy pracowali w biurze, korporacji, kancelarii prawnej, a po zrobieniu dwutygodniowego kursu mianowali się szefami kuchni i tatuowali sobie wagę i rybę. Niektórych ludków po programach ktoś zatrudnił jako twarz w restauracji. Ktoś inny przygotowuje im kartę, ktoś inny nadzoruje pracę kuchni, a oni robią jedynie za ekspertów w telewizji. Ale to wydmuszki. Znam kilka osób, które prowadzą swoje cykle w telewizji. Część z nich nawet jakieś tam pojęcie o gotowaniu ma, ale część to kompletny beton. Niektórzy pracowali wcześniej w charakterze szefów sali, kelnerów, inni prowadzili jakieś knajpy od strony menedżerskiej, ale z garami im było nie po drodze. Aż tu nagle włączam TV i tacy eksperci od niczego wyskakują mi jeden po drugim.

Może jestem idealistą, ale wydaje mi się, że naprawdę niewiele trzeba, żeby program kulinarny wzbogacić i uwolnić go od sztampy. Wystarczy spojrzeć na gotowanie z innej perspektywy, jak to się stało w wypadku „Podróży kulinarnych". W tej chwili mamy gros telewizyjnych kucharzy i kucharek, którzy gotują w swoich lśniących kuchniach, mają ładne ubrania, nowiutkie sprzęty, są mili do porzygania, nawet poczucie humoru mają stępione. Takie programy to jest definicja poprawności politycznej – nie pokażesz w nim oprawiania królika, nie pokażesz, że upadło ci jajko, nie przeklniesz. Jedyne, co możesz robić, to taplać się w nudzie.

Inna sprawa, że ludziom się wydaje, że stanąć przed kamerą i opowiadać o tym, co się robi, to najprostsza rzecz na świecie. A wcale tak nie jest. Kamera peszy. Aparat fotograficzny peszy. Dyktafon też peszy. Nawet jeśli próbujesz nad tym zapanować, to w głowie kołacze ci się niepokojąca myśl, czy dobrze wyglądasz, czy wyraźnie mówisz, czy masz zapięty rozporek, czy nie zrobisz z siebie debila. A musisz się jeszcze przecież skupić na gotowaniu. Pamiętam megawygadanego chłopaka z sushi baru, do którego wpadła kiedyś telewizja. Mieli nagrywać jakiś prosty materiał do serwisu informacyjnego o tym, że NASA zamierza wysyłać astronautom glony jako część racji żywnościowych. Chłopak miał się jako ekspert wypowiedzieć o ich właściwościach. Choć był najbardziej wyszczekanym kucharzem, to przed kamerą zapomniał, jak się nazywa. Sam przeżyłem to na wspomnianym przesłuchaniu u Ewy Wachowicz. Może ma jeszcze gdzieś w archiwum te nagrania. Jeśli ktoś je kiedykolwiek zobaczy, to ze wstydu zakopię się z dziesięć metrów pod ziemią. Szkło, czyli kamera, deprymuje. Nawet jeśli ktoś jest naturalny, energiczny, ma bogaty słownik, to kiedy ruszają kamery, oświetlenie, mikrofony, wówczas w głowie pojawia się pustka. Dlatego w cenie są doświadczeni prezenterzy, bo funkcjonowania w studio telewizyjnym trzeba się nauczyć.

Swoją drogą jakiś czas temu – oczywiście wzorem zachodnich telewizji, bo w Polsce najwyraźniej mieszka trzydzieści kilka milionów osób pozbawionych jakichkolwiek pomysłów – przejęliśmy kilka telewizyjnych formatów kulinarnych show, które opierają się na rywalizacji. Patent jest zawsze ten sam: uczestnicy (kucharze amatorzy, kucharze zawodowcy, dzieci, celebryci, politycy, zwierzęta parzystokopytne, przybysze z kosmosu – co tylko sobie wymyślą producenci) gotują, a jury (kucharze amatorzy, kucharze zawodowcy, dzieci i tak dalej) ocenia. Nie wiem, czy te programy są reżyserowane, czy nie, ale jestem przekonany, że nie zawsze wygrywa ten, którego danie faktycznie było najlepsze i przyrządzone wedle prawideł. To logiczne: gdybym był producentem takiego programu, wolałbym faworyzować kogoś, kto ma szansę stać się kolejną gwiazdą. Ma więc odpowiednią prezencję, dobrze wypada przed kamerą, jest przebojowy, medialny. Myślę, że to spora część oceny końcowej. Za takimi programami też nie przepadam, bo mam awersję do tego, co w telewizji sprzedaje się najlepiej, czyli do niezdrowej rywalizacji, niskich emocji, agresji. Uważam, że z gotowania nie powinno się robić zawodów, podobnie jak ze sztuki, dlatego muzycznych talent show również nie darzę specjalnym szacunkiem. Gotowanie to nie sport. Po co stawać w szranki i dołączać się do jakiegoś niezdrowego wyścigu szczurów na żywo, skoro można pysznie gotować w towarzystwie znajomych i świetnie się przy tym bawić? A tak na marginesie – współczuję osobom, które oceniają jedzenie w tych programach, bo mam poważne podejrzenie, że często jest to taki szrot, że wzięcie go do ust wiąże się z niezwykłym heroizmem.

Ostatnia rzecz – przewodniki i gwiazdki. Kolejny aspekt gastronomicznego życia, który wzbudza kontrowersje i tak naprawdę nie wiadomo, jak się do niego odnieść. Z jednej strony wyróżnienie w renomowanym przewodniku to prestiż, z drugiej – wszystko jest subiektywne i w istocie czapka czy gwiazdka nie świadczą o tym, że jesteś już na szczycie świata. Znalezienie się w Gault&Millau czy Michelin sprawi, że twój telefon się rozdzwoni, będziesz mógł podnieść ceny, zyski wystrzelą w górę. Marketingowo zadziała to jak nic. Ale są też mniejsze i mniej szanowane publikacje, w których możesz się znaleźć, jeśli zapłacisz. Czasami mówi się o wpłaceniu jakiejś kasy na fundację – niby darowizna, ale dzięki temu lądujesz w przewodniku i dostajesz jakieś wyróżnienie. Czasami wystarczy zorganizować catering albo kolację. Nie twierdzę, że wszyscy są przekupni – co to, to nie

– ale na dolnych szczeblach drabiny przewodników i wyróżnień możesz śmiało takich szukać.

Cieszę się, że w krótkim czasie w Polsce pojawiły się dwie pierwsze gwiazdki Michelin – jedna dla Atelier Amaro, druga dla Senses. Oby tak dalej, oby jeszcze. Cieszy sam fakt, że zostaliśmy zauważeni, i jestem pewien, że takich wyróżnień przybędzie. To sukces nie tylko szefa kuchni czy właściciela, nie tylko jednej restauracji, ale tak naprawdę całego środowiska – zdołaliśmy osiągnąć poziom, że nasi najlepsi są dostrzegalni na świecie i nie mamy się czego wstydzić. Jestem pewien, że gdyby recenzentom Michelin chciało się więcej pojeździć po Polsce, to znaleźliby jeszcze przynajmniej kilkanaście godnych wyróżnienia miejsc (trudno mi uwierzyć, że poza Warszawą i Krakowem nigdzie nie ma restauracji zasługujących przynajmniej na wyróżnienie Bib Gourmand lub choćby symbolem S, czyli sztućcami). Póki co są trochę leniwi, ale może uruchomienie Pendolino, otwarcie nowych dróg albo puszczenie większej liczby samolotów na trasach krajowych jakoś ich do tego zachęci. Wyróżnienia pokazują innym, że nie jesteśmy zaściankiem, że u nas nie tylko białe niedźwiedzie, ale też świetna kuchnia. Takie wydarzenia kreują i popularyzują kulturę kulinarną, a im więcej osób się tym interesuje, tym ciekawsza zawartość naszych lodówek i tym większa wiedza o dobrym żywieniu (dobrym, czyli nie tylko smacznym i sycącym, ale również zdrowym).

Paul Bocuse, facet, którego niektórzy uważają za papieża współczesnej gastronomii, miał kiedyś powiedzieć, że „gwiazdka Michelin to jedyne wyróżnienie, które się liczy". Znalezienie się w „Czerwonym przewodniku" Michelin to dla wielu cel życia, ale dla innych już niekoniecznie. Kiedy już raz się w nim znajdziesz, kiedy dostaniesz gwiazdkę, nagle spada na ciebie presja jej utrzymania, a to stres wprost niewiarygodny. Gordon Ramsay ponoć łkał, kiedy stracił swoje dwie gwiazdki. Bernard Loiseau zastrzelił się podobno z powodu medialnych plotek, że jego restauracja ma utracić status trzygwiazdkowej. (Inne źródła podają, że popełnił samobójstwo, bo Gault&Milleau ocenił go o dwa punkty niżej, niż to drzewiej bywało). Rzekomo z podobnych powodów pod koniec stycznia 2016 roku zastrzelił się w wieku 44 lat Benoît Violier. A wcześniej Alan Zick. To odstrasza. Ponadto włączając się do walki o gwiazdkę, trzeba skupić się nie tylko na doskonałym gotowaniu, ale również na wszystkim innym – dbać o wystrój, czyste szyby, odpowiednio dobrane obrusy, serwis, szyld, rynnę, po prostu wszystko musi być na najwyższym poziomie. A są przecież tacy, którzy zostawali szefami kuchni, by gotować i nie chce im się bawić w jakieś potyczki kulinarnych superbohaterów, skoro mogą karmić smacznie, tanio i jeszcze mieć z tego satysfakcję i pieniądze. Szczerze mówiąc, większość szefów kuchni wypowiada się o gwiazdkach Michelin właśnie w tym tonie, ale strzygą uszami na każdą plotkę o tym, że recenzenci mieliby się pojawić w ich mieście. A ewentualną otrzymaną gwiazdkę nosiliby z dumą na piersi przez dziesiątki lat. Dopóki jednak gwiazdki Michelin są w Polsce rzadkością i wielkim świętem, wszyscy cieszą się z wyróżnień, które przyznaje przewodnik Gault&Millau, a które cieszy się nieco mniejszą renomą.

Rozumiem to wszystko. Rozumiem też podniecenie towarzyszące każdej kolejnej edycji „Czerwonego przewodnika" Michelin. W końcu rokrocznie świat ekscytuje się rozdaniem Oscarów, a jedzenie jest ważniejsze niż kinematografia. Jeśli nie obejrzysz żadnego filmu przez trzy miesiące, to najwyżej wzrośnie ci IQ. Jeżeli nie zjesz nic przez trzy miesiące, to najprawdopodobniej pójdziesz do piachu. Gwiazdka Michelin to mistrzostwo świata w piłce nożnej, złoto olimpijskie w lekkoatletyce, Oscar w kinematografii, Nobel w nauce, Pulitzer w dziennikarstwie. Każdy kucharz i szef kuchni chciałby dostać czapkę Gault-Milleau albo gwiazdkę Michelin, ale jednocześnie większość pieprzy, że im na tym nie zależy. Nie daj się oszukać – to wrodzona skromność albo mydlenie oczu. Każdy przecież lubi być docenionym i mieć świadomość, że to, co robi, jest dobre. Milszewski chciałby mieć Pulitzera, żeby móc postawić go na parapecie w swoim wynajmowanym mieszkaniu, a Sadkowski chciałby prowadzić najlepszą Akademię Kulinarną w Europie. To oczywiste – każdy jest w jakimś stopniu pyszny. Tego typu docenienie w branży wiąże się też z większymi apanażami – odznaczony gwiazdką szef kuchni dostanie za pokaz nie tysiąc złotych, lecz na przykład piętnaście tysięcy. To nie problem, bo są tacy, co zapłacą. Ponadto twoja restauracja zapełnia się do granic możliwości (choć de facto, jeśli dostałeś gwiazdkę, to powinna się zapełniać już wcześniej). Nazwisko staje się marką, ale markę trzeba utrzymać. Rośnie stres, bo wymagania sięgają sufitu. Nie masz już marginesu błędu – nie możesz sobie pozwolić na nawet najmniejsze odstępstwo od jakościowej normy, która jest wyśrubowana do granic możliwości. A każda próba podniesienia jakości, zrobienia czegoś nowego jest ryzykiem. Jeśli chcesz czymś zabłysnąć, to musisz eksperymentować. Jeśli chcesz eksperymentować, to musisz liczyć się z tym, że komuś twoje eksperymenty mogą nie przypaść do gustu. A poza tym musisz mieć na to czas – będąc szefem kuchni w gwiazdkowej restauracji, możesz o tym raczej zapomnieć. Będziesz zaangażowany w milion nowych projektów, twój telefon będzie się urywał i może się okazać, że więcej czasu spędzasz w studio telewizyjnym lub w hotelach niż w kuchni własnej restauracji. Po prostu będziesz gwiazdą. Pokaż mi Polaka, który nie wie, kim jest Wojciech Amaro. A stał się rozpoznawalny w ciągu dwóch lat. Bobkowi Makłowiczowi zajęło to jakąś dekadę.

Ale są też tacy, którzy faktycznie nie chcą uczestniczyć w tym wyścigu o laury, choć by mogli. Są na świecie tacy, którzy dostawali gwiazdki, ale z nich rezygnowali albo zwyczajnie mieli je gdzieś i nie obeszło ich, jeśli ich status w przewodniku się zmienił. Po prostu nie życzą sobie być oceniani. Może mają taką samą awersję do robienia z kuchni rywalizacji, jak ja do telewizyjnych show? Może sami stawiają sobie inne cele i chcą dobrze karmić zamiast porzucać tę ideę dla laurów? A może mają jakąś wewnętrzną godność, która każe im zżymać się na każdą próbę poddania ich ocenie, bo znają swoją wartość? Niezależnie od powodów takie podejście jest charakterystyczne dla restauracji w Azji.

Między nami – o gwiazdkach można mówić, ale jeśli chcesz o taką na serio zawalczyć, to musi cię być na nią stać. Dążenie do doskonałości kosztuje. Nie podbijesz świata, zatrudniając jako kelnerów studentów psychologii za najniższą krajową. Wydaje mi się, że wielu szefów kuchni jest w stanie przyrządzić dania, które zachwyciłyby cały świat, ale nie mogą sobie pozwolić na kosztowną otoczkę, łącznie z marketingiem. Dlatego raczej nie przeczytamy o nich w kolejnych wydaniach przewodnika Michelin. Nie stać ich na to, żeby kupić 40 kilo kurczaka, a następnie zrobić z niego 5 litrów klarownego bulionu. Co nie znaczy, że w tych restauracjach nie można fajnie zjeść za sensowne pieniądze. Nie sztuką jest zrobić superdanie, jeśli ma się na nie milion polskich złotych. Sztuką jest zrobić supermanie, gdy w lodówce pustki.

Jak są przyznawane gwiazdki? Zwyczajnie – inspektorzy wpadają, jedzą, płacą, wychodzą. Nawet nie wiesz, że to oni. Nie chwalą się tym. Nie rozdają wizytówek na prawo i lewo. Nikt nie wie, że się tym zajmują. Michelin stara się, jak może, żeby ich personalia nie wyszły na jaw. Restauratorzy ich nie znają. Dziennikarze ich nie znają. Szefowie wydawnictwa ich nie znają. Ba, nawet rodzice inspektorów nie wiedzą, że ich dzieci się tym zajmują. Recenzenci nie mogą się ujawnić. Nie mogą rozmawiać z mediami. Dyskrecja, której polscy politycy mogą jedynie pozazdrościć. Recenzenci jeżdżą po świecie, jedzą (nie robią zdjęć smartfonami jak blogerzy), piszą krótkie raporty, a potem spotykają się w biurach Michelin na całym globie (może spotykają się w kominiarkach, żeby nie poznać się nawzajem?), porównują wrażenia, opracowują oceny. Tak to ponoć wygląda. Ponoć, bo odkąd przewodnik Michelin istnieje, nikt jeszcze nie puścił pary. Może się okazać, że recenzentem Michelin jest twój sąsiad, który niby nigdzie nie pracuje, ale często wylatuje za granicę, jeździ drogim samochodem, chodzi w garniturach od najlepszych projektantów i ma jakieś takie staroświeckie maniery. Uważam, że ktoś kiedyś powinien nakręcić o tym towarzystwie film. Ale nade wszystko chciałbym w takim przewodniku pracować – jeździć po świecie, smakować i żyć z tego. Raj!

Chociaż jak się zastanowić, to jednak nie do końca. W kulturze, w której otrzymanie gwiazdki lub jej utrata bywa sprawą życia lub śmierci, tacy recenzenci muszą nie mieć sumienia. Odebranie odznaczenia komuś, kto swojej pracy poświęcił całe życie, jest jak odebranie mu sensu egzystencji. Podcięcie żył. Wyrzucenie dorobku całego życia do rynsztoka. To brutalne.

Jeśli jednak chcesz zaistnieć za granicą, to nie masz wyboru – przewodniki, gwiazdki, portale i rankingi internetowe, to wszystko musi stać się twoim żywiołem.

Słowniczek

Aperitif – łyczek czegoś mocniejszego, który ma pobudzić apetyt. Ponoć pija się go na stojąco, ale jeszcze nie zauważyłem, żeby ktoś się do tej zasady stosował.

Bankiet – impreza, ale na sztywno, bez tańców i hulanek, przynajmniej dopóki na zewnątrz nie zrobi się ciemno, a wewnątrz wszyscy się nie nawalą.

Catering – obsługa gastronomiczna imprez, które odbywają się poza lokalem gastronomicznym.

Czekadełko (amuse-bouche, przedstarter) – kęsik czegoś fajnego, czym na pewno się nie najesz, ale co sprawi, że nie będziesz się tak denerwował, że czekasz na rosół już dwadzieścia pięć minut.

Deserownia – sekcja w kuchni restauracyjnej, w której robi się desery. Mogłeś się domyślić, proszę cię.

Frytura – tłuszcz jadalny, który zazwyczaj służy do wielokrotnego smażenia czegoś. Potocznie chodzi też o wszelkiego rodzaju urządzenia używane do smażenia na głębokim oleju.

Glazura – ogólnie rzecz biorąc, jest to szklista powłoka. Może to być warstwa lodu na mrożonej rybie albo warstwa cukru na ciastku, albo też warstwa jakiegoś szkliwa na płytkach w kiblu.

Karta, menu, jadłospis – spis wszystkiego, co możesz w siebie wepchnąć i wlać przez otwór gębowy w restauracji, oczywiście za pieniądze. Naprawdę trzeba było to wyjaśniać?

Kupon, bon – świstek papieru, często dość urzędowy, na którym zapisane są wszystkie informacje dotyczące twojego zamówienia.

Manko – bardzo ładne słowo, nieprawdaż? Powstaje wtedy, gdy w kasie jest mniej hajsu, niż powinno być, albo w spiżarni mniej marchewki, niż pokazuje system.

Mise en place – w dużym skrócie przygotowanie wszystkiego i rozłożenie na odpowiednich miejscach w restauracyjnej kuchni, żeby kucharz nie musiał się już pieprzyć z obieraniem ziemniaków ani ze zmywaniem sztućców.

Obróbka termiczna – poddawanie składników albo całych dań działaniu temperatury. Zazwyczaj robi się to po to, żeby było smaczniej, zdrowiej, ale najczęściej po to, żeby w ogóle dało się zjeść.

Ogródek piwny – ogródek, w którym rośnie piwo.

Półprodukt – coś, co jest wstępnie przygotowane do tego, żeby stać się czymś innym. Pokrojona marchewka jest półproduktem używanym w sałatkach. Ugotowane jajko jest półproduktem potrzebnym do zrobienia pasty jajecznej. Uczeń 2 klasy gimnazjum jest półproduktem człowieka o wykształceniu podstawowym.

Przetwarzanie żywności – poddawanie szamki różnym procesom (na przykład obróbce termicznej), dzięki którym nie umrzesz po niej, a może nawet będzie ci smakowała.

Przystawka, starter – niewielkie danie serwowane przed daniem głównym.

Sekcja – określone stanowisko w kuchni, gdzie kucharz i pomocnicy zajmują się konkretnym rodzajem obróbki produktów lub konkretnym rodzajem produktów. Zazwyczaj nie ma nic wspólnego z sekcją zwłok. Zazwyczaj nie znaczy nigdy.

Serwis – w gastronomii jest to po prostu całość obsługi klienta.

Sezon – okres w roku, w którym z różnych powodów do knajpy zwalają się tabuny przyjezdnych.

Stock – zapas w magazynie.

Superata – sytuacja, w której okazuje się, że w kasie jest więcej szmalu, niż powinno, lub w spiżarni więcej danego produktu, niż pokazuje system bądź wyliczenia.

Tabaka – w żargonie gastronomicznym ogólny zapierdol i masakra.

Umami – jeden z podstawowych smaków odczuwanych przez człowieka. W dużym skrócie można go scharakteryzować jako smak mięsny, ale występuje też w innych produktach. A szczególnie w glutaminianie sodu, dlatego kostka rosołowa sprawia wrażenie, jakby miała coś wspólnego z mięsem.

Wydawka (pas startowy, okno wydawcze) – miejsce w kuchni restauracyjnej, w którym szef kuchni lub sous chef zostawia gotowe potrawy. Stamtąd dania zabiera kelner, by je dostarczyć do stolika.

Zmywak – stanowisko służące do zmywania wszystkiego, co w restauracyjnej lub hotelowej kuchni da się zmywać. Również pracownik tegoż stanowiska.

Lars Mytting

Porąb i spal.
Wszystko, co mężczyzna powinien wiedzieć o drewnie

(przekład Witold Biliński)

„Tę książkę po prostu musisz mieć na półce nad kominkiem" – pisał o *Porąb i spal. Wszystko, co mężczyzna powinien wiedzieć o drewnie* recenzent norweskiego dziennika „Dagbladet". To w pewnej mierze poradnik dla fascynatów, takich jak jej autor Lars Mytting – książka pełna praktycznych informacji i subtelnego humoru, w której pobrzmiewa tęsknota za prostym życiem odbieranym wszystkimi zmysłami. To także deklaracja miłości do ciała i przyrody oraz zachęta do korzystania z dobrodziejstw natury. Mytting pokazuje, że każdy ma swoją filozofię rąbania drewna, będącą odzwierciedleniem filozofii i stylu życia. Pokazuje też, jak silna jest dziś potrzeba ucieczki od cywilizacji, bycia sam na sam ze sobą i obcowania z czysto fizycznymi siłami, z naturą. Jego książka przedstawia historie ludzi i miejsc związanych z drewnem, całych pokoleń: dziadków, ojców, synów i wnuków. Mężczyzn, ale też fascynujących kobiet.

Mytting to genialny gawędziarz, który w dowcipny i pełen ciepła sposób przelewa na papier swoją miłość do drewna. To także pasjonat i znawca, który dzieli się z czytelnikami swoją bogatą wiedzą, anegdotami, kulturowo-obyczajowymi ciekawostkami o wszystkim co mniej lub bardziej wiąże się z norweską tradycją rąbania, suszenia i palenia tego nadzwyczajnego surowca.